普通高等教育新文科建设系列规划教材

语言的逻辑基础十讲

杨黎黎 主编

苏州大学出版社
Soochow University Press

图书在版编目(CIP)数据

语言的逻辑基础十讲/杨黎黎主编. -- 苏州：苏州大学出版社，2024.2
ISBN 978-7-5672-4735-2

Ⅰ.①语… Ⅱ.①杨… Ⅲ.①语言逻辑学－研究 Ⅳ.①H0-05

中国国家版本馆 CIP 数据核字(2024)第 045349 号

语言的逻辑基础十讲
YUYAN DE LUOJI JICHU SHI JIANG
主编　杨黎黎
责任编辑　万才兰

苏州大学出版社出版发行
(地址：苏州市十梓街1号　邮编：215006)
苏州市古得堡数码印刷有限公司印装
(地址：苏州市高新区御前路1号3幢　邮编：215011)

开本 787 mm×1 092 mm　1/16　印张 13.25　字数 296 千
2024 年 2 月第 1 版　2024 年 2 月第 1 次印刷
ISBN 978-7-5672-4735-2　定价：48.00 元

图书若有印装错误，本社负责调换
苏州大学出版社营销部　电话：0512-67481020
苏州大学出版社网址　http://www.sudapress.com
苏州大学出版社邮箱　sdcbs@suda.edu.cn

前言

本书受到苏州大学 2019 年教材培育项目的支持，源于苏州大学文学院 2015—2023 学年本科专业必修课"逻辑学"、专业选修课"自然语言逻辑"的课程讲义，同时融入了语言学的核心课程"语言学概论""现代汉语"的一些内容，涉及逻辑学和语言学的交叉部分，是有关逻辑学和语言学的入门教材。本书主要面向汉语言文学、秘书学等专业的学生，或者需要学习逻辑学作为自己专业支撑的学生。

逻辑学是一门可以渗透到任何学科中的基础学科，在交叉研究中，逻辑学对有关学科的影响往往可以形成新的思想或学科生长点。比如，逻辑学和语言学的交叉研究产生了形态语义学，促进了现代语法理论的创新发展；逻辑学与计算机科学的交叉融合推动了计算机科学技术、人工智能的发展。一般来说，逻辑学的方法性质大多通过对有关学科的交叉研究体现出来。

本书主要探讨语言中的逻辑学基础知识。语言与逻辑是紧密结合的，主要表现为自然语言分析是逻辑的起点，语言实践为逻辑的发生发展提供素材。在古希腊时代，逻辑学和语言学是同根同源的。以对语言意义的形式转化为基础，逻辑学研究构造了形式语言，它是进一步分析自然语言意义的工具。本书以亚里士多德的形式逻辑为基础，包含形式逻辑的概念、命题、推理三大版块。概念的语言表达形式即为语词，命题的语言表达形式即为语句，推理的语言表达形式即为复句或句群。每一种思维形式都有其对应的语言载体。另外，本书还探讨了形式逻辑之外的论证逻辑，作为对语言学和逻辑学交叉融合的补充。

无论是形式逻辑还是自然语言逻辑，无论是逻辑语言分析还是自然语言分析，逻辑学和语言学研究致力于解决的核心问题都是语言的意义问题。逻辑学家所考察的很多问题同时也是大多数语言意义研究的中心问题，如：哪一类对象或实体是语言表达式的意义？语言表达式是怎样与外在世界中的事物产生联系的？我们怎样用有限的语义规则去描写无限的语句意义？等等。即使对这些问题的现有回答并不完善，但传统逻辑学和生成语法的有益尝试表明，我们仍然可以透过相关问题中的分歧和局限获得关于语言的新理解。

从逻辑学视角出发，语言意义的形式化研究有效地推进了自然语言分析的发展，尤其是自然语言逻辑研究的兴起在一定程度上弥补了形式逻辑和传统语法的欠缺。尽管自然语言逻辑还未形成明确的学科体系，但是相应的逻辑学和语言学研究都或多或少地预示了相关研究的未来发展趋势。如何将逻辑工具更有效地运用于自然语言分析、如何更好地把逻辑学和语言学研究相结合等是这门新兴交叉学科所面临的重要问题。

逻辑思维能力是指人们在观察和实践的基础上，进行分析与综合、抽象与概括、判断与推理，从而进行有效的或合理的思维活动的能力。换个角度说，它包括辨析概念、合理判断、有效推理、归纳类比、合理论证、合理思维等多方面的能力，即在观察、实践和认识的基础上明确概念、进行恰当判断，并进行各种有效推理和合理论证的思维能力。而在新媒体时代，语言传播形式越来越多样化，大众传播媒介带来的语言表层化使语义分析流于形式，使理性丧失了深度，似乎文字游戏比深刻的思想更打动人。很多人缺乏一些逻辑训练，导致思维缺乏严格性和论证性，不善于用逻辑的方式阐述论点、反驳和揭露谬误。所以，逻辑思维能力在新媒体时代显得尤为珍贵。

本书有关形式逻辑的部分跟大多数教材一样，包括概念及其语言形式（第二讲）、简单命题及其语言形式（第三讲）、推理及其语言形式（第四讲）、复合命题及其推理（第五讲）、逻辑的基本规律及其语言应用（第七讲）。相较以往的形式逻辑教材，我们增加了归纳推理、类比推理及归纳逻辑的现代发展（第六讲）。为了更多地体现逻辑和语言的关系，我们着重增加了几个部分：在导论部分着重论述了语言、思维与逻辑的关系（第一讲第四节）；将逻辑的基本规律运用到具体的语言表达中（第七讲第五节）；增加了论证逻辑部分，以此强调自然语言分析（第八讲）；开辟专讲论述逻辑中的语言学知识，引入语言学中的"预设"和"蕴涵"的概念（第九讲）；开辟专讲论述语言中蕴藏的逻辑学知识，说明概念、命题、推理与语言的关系，并列举了语言文字的逻辑错误（第十讲）。

本书由杨黎黎主编，参与编写的有华中师范大学文学院的张磊、西北大学文学院的杨炎华、郑州大学文学院的孙嘉铭、武汉大学文学院的田源。

目 录

第一讲 导论 ··· 001
 第一节 逻辑的含义 ·· 001
 第二节 逻辑的历史与现状 ·· 004
 第三节 逻辑学的概述 ·· 009
 第四节 语言、思维与逻辑 ·· 011
 第五节 逻辑学的性质与作用 ·· 016
 第六节 形式逻辑之"形式" ·· 018

第二讲 概念及其语言形式 ··· 022
 第一节 概念的概述 ··· 022
 第二节 概念的语言表现形式 ·· 024
 第三节 概念的种类及关系 ·· 025
 第四节 利用内涵和外延的关系明确概念 ··· 030

第三讲 简单命题及其语言形式 ·· 036
 第一节 命题的概述 ··· 036
 第二节 性质命题 ·· 039
 第三节 关系命题 ·· 046
 第四节 模态命题 ·· 047
 第五节 规范命题 ·· 049

第四讲 推理及其语言形式 ··· 053
 第一节 推理的概述 ··· 053
 第二节 性质命题的直接推理 ·· 055
 第三节 三段论 ··· 059

第五讲　复合命题及其推理 ······ 071

- 第一节　复合命题与命题联结词 ······ 071
- 第二节　联言命题及其有效推理 ······ 073
- 第三节　选言命题及其有效推理 ······ 075
- 第四节　假言命题及其有效推理 ······ 081
- 第五节　二难推理 ······ 090

第六讲　归纳推理、类比推理及归纳逻辑的现代发展 ······ 093

- 第一节　归纳推理 ······ 093
- 第二节　类比推理 ······ 099
- 第三节　归纳逻辑的现代发展——概率与统计方法 ······ 101

第七讲　逻辑的基本规律及其语言应用 ······ 109

- 第一节　逻辑的基本规律概述 ······ 109
- 第二节　同一律 ······ 111
- 第三节　矛盾律 ······ 114
- 第四节　排中律 ······ 116
- 第五节　逻辑的基本规律在语言表达中的应用 ······ 120

第八讲　论证及其语言表现形式 ······ 128

- 第一节　非形式逻辑与论证逻辑 ······ 128
- 第二节　论证概述 ······ 136
- 第三节　论证的拓展结构 ······ 140
- 第四节　论证的种类与方法 ······ 144
- 第五节　论证的规范 ······ 149
- 第六节　论证的建构与评估 ······ 153
- 第七节　论证的削弱与强化 ······ 158

第九讲　逻辑中的语言学 ······ 163

- 第一节　逻辑学与语言学 ······ 163
- 第二节　语用预设中的逻辑 ······ 166
- 第三节　语义蕴涵中的逻辑 ······ 172
- 第四节　形式语义学 ······ 174

第十讲　语言中的逻辑学 …………………………………………………… 178

第一节　概念与语言 ……………………………………………… 178
第二节　命题与语言 ……………………………………………… 183
第三节　复句之间的逻辑关系 …………………………………… 188
第四节　语言文字的逻辑错误 …………………………………… 189

附　录 ……………………………………………………………………… 194

附录一　每讲重点内容的汇总 …………………………………… 194
附录二　部分重点内容的练习 …………………………………… 198

第一讲

导　论

第一节　逻辑的含义

一、"逻辑"的多义性

　　逻辑与我们的日常生活密切相关。在生活中，我们常常会遇到缺乏逻辑的人。比如，一个艺人在访谈节目中诉说自己的经历，然后下了一个结论，说："人强烈的自卑，会使你莫名其妙地变得非常无礼。所以，当有人对我无礼的时候，我想，他一定是太自卑了。"这就暴露出一个逻辑错误：强烈的自卑会导致无礼，但无礼不一定是因为自卑。再比如，在一个名为"决策与市场"的大型论坛上，某主持人介绍一位嘉宾是"法律硕士"，而嘉宾纠正他说："我是在职研究生，而在职研究生是没有学位的，因此我不是法学硕士。"一句话，纠正了主持人的两个表达错误。该主持人反驳说："学法律的人应该比较严谨，但是某某（指嘉宾）给人的印象是比较激进的。"这里主持人犯了逻辑错误，即"激进等于不严谨"或"激进就会不严谨"。但实际上，是否严谨与观点是激进还是保守没有必然关系；无论是激进还是保守，都有可能犯不严谨的毛病。激进的反面是保守，严谨的反面是疏漏。短短几句话，既有概念错误、事实错误，又有逻辑错误。

　　逻辑思维能力是指正确、合理地思考的能力，即对事物进行观察、比较、分析、综合、抽象、概括、判断、推理，采用科学的逻辑方法，准确而有条理地表达自己的思维过程的能力。逻辑思维能力是智力的核心要素，决定性地影响着人们的分辨能力、表达能力、学习能力和创新能力。首先，逻辑思维影响人们的分辨能力。要保证逻辑推理的结论为必然，必须同时做到两点：一是据以推理的前提真实；二是得出结论的推理过程遵守逻辑规则。前提是否真实，要靠专业知识去判断；推理是否遵守逻辑规则，要靠逻辑知识来回答。专业素养和逻辑素养欠缺其一，思想内容就难免出错。其次，逻辑思维影响人们的表达能力。在日常工作和生活中，人们通过说话或写文章来表达思想、交流情感，这些都涉及表达能力的具体体现。提高表达能力，离不开逻辑思维水平的提高。因此，要想保证写文章、说话、论证等过程的正确性，注重逻辑思维的训练是必不可少的。再次，逻辑思维影响人们的学习能力。具体学科是由概念、命题、推理或论证等构成的知识系统，而逻辑学揭示了概念、命题等思维形式的一般结构和规律，从而为学习提供了通用的一般方法。从一定意义上说，学习就是对众多概念和规则进行逻辑分析、消化吸收的过程。因此，能否掌握逻辑思维方法，关乎能否富有成效地持续学习、终身学习。逻辑思维是一种一般性的思维能力，与学科思维不同。学科思维是专业性的思维，是某个特定领域的思维。学科思维以一般性思维能力为基础。如果不具备一般性思维能力，那么学科思维的发展会受到限制。最后，逻辑思维影响人们的创新能力。学科只是个人生活的一部分，而在学科或职业之外，还有更广阔、丰富的人生内容，因此，仅加强学科思维是不够的。逻辑思维能够开发人们的创新能力。钱学森曾说，创新的思想往往开始于形象思维，从大跨度的联想中得到启迪，然后再用严密的逻辑加以论证。也就是说，创新始于形象思维，终于逻辑思维，是这两种思维的有机结合。另外，思路设计是体现创新精神和创新能力的关键步骤。进行思路设计时可以尽情展开形象思维，捕捉灵感，设想方案，而比较方案、落实方案则需要逻辑思维的参与。培养创新能力，应将逻辑思维和形象思维有机结合起来。

"逻辑"一词，在我们的日常工作和生活中经常出现。它是一个多义词，有如下几个义项。

1. 指客观事物发展的必然规律

例：中国特色社会主义政治发展道路，是近代以来中国人民长期奋斗历史逻辑、理论逻辑、实践逻辑的必然结果。

这里的"历史逻辑""理论逻辑""实践逻辑"都是指一种必然性规律。

2. 指思维活动的规律、规则

例：他的发言条理清晰，很有逻辑性。

这里的"逻辑"是指思维活动的规律。又如"这个推理合乎逻辑""得出合乎逻辑的结论"等，其中的"逻辑"都是指推理规则。

3. 指某种说法、观点或言论

例：按照他的逻辑，一名歌手只要嗓子好，就能成为歌唱家。

这里的"逻辑"是指一种说法或观点。此种用法常常是套用某种逻辑关系的形式，表述不合事理的言论。又如"奇怪的逻辑""强盗逻辑"等，在"逻辑"前加上"奇怪""强盗"等，用来指斥某种荒谬的观点或言论，如"把侵略说成'保护'，真是强盗逻辑"。

4. 指逻辑科学

例：大学生需要学习逻辑。

这里的"逻辑"是指逻辑学。又如"逻辑是一门基础科学""逻辑不是哲学"等，其中的"逻辑"都是指逻辑学。

"逻辑"一词还有许多其他相关的释义，如指"理性"（如"逻辑分析"）、"说服、论证"（如"逻辑性强""逻辑力量"）、"思考方法、思维工具"（如"运用逻辑"

"掌握逻辑")、"完整的思想体系"（如"逻辑起点""逻辑结构"）、"必然性关联"（如"逻辑环节""逻辑程序"）。

我们从小就学过的既卖矛又卖盾的成语小故事，它就说明了逻辑的重要性。"自相矛盾"一词出自《韩非子·难一》：有一个楚国人既卖矛又卖盾，说他的盾坚固得很，不管是用什么都戳不穿；又说他的矛锐利得很，不管是什么都戳得穿。围观的人问道："用你自己的矛刺你自己的盾会怎么样?"此人无以对答。后来"自相矛盾"形容别人或自己的行为或言语前后不统一，也指不连贯的性格或心情。后又用来比喻人的语言或行为前后抵触。与此类似，还有很多有关逻辑的小故事或小品文。

《吕氏春秋》中也有一段小故事体现了逻辑思维。秦王与赵王签下盟约，其中规定：从现在开始，凡秦国所要做的事，赵国都要予以协助；凡赵国所要做的事，秦国都要予以协助。过了没多久，秦国发兵攻打魏国，赵国想去救魏国。秦王很不高兴，派人对赵王说："盟约中规定，对于秦国想做的事，赵国应该协助；对于赵国想做的事，秦国应该协助。现在我们想要攻打魏国，你们却去救魏国，这是违背盟约的。"赵王将这些话转告给了平原君，平原君无奈，又去求助于公孙龙，公孙龙说："赵王也可以派使者去对秦王说，赵国想救魏国，秦国却不助赵国，这也是违背盟约的。"这样的答复令秦王无话可说，体现了公孙龙作为中国古代逻辑学家的智慧。

二、"逻辑"的词源

"逻辑"一词的英文为 logic，源于希腊文的"逻各斯"(logikos)。逻辑又称理则、论理、推理、推论，是对有效推论的哲学研究。"逻辑"的基本词义包括"言辞""理性""规律""思想""推理""论证"等。

古希腊的亚里士多德是逻辑学的创始人。尽管亚里士多德著有最早的逻辑学著作《工具论》，但他并没有使用过"逻辑"一词。据逻辑史记载，亚里士多德之后的斯多葛学派使用过"逻辑"这个词，认为它包括论辩术和修辞学两个部分。亚里士多德之后的逍遥学派和古罗马的西塞罗则比较正式地使用了"逻辑"一词。而只有到了近代，西方学者才在较为一致的意义上使用"逻辑"一词。

作为一门学科或科学，逻辑从明代开始传入中国。早先，中国的学者并没有将 logic 译为"逻辑"或"逻辑学"，而是译为"名学""辩学""名辩学""论理学"等。著名思想家严复是将 logic 译为"逻辑"的第一人。严复在《穆勒名学》（1902 年译著）中将 logic 音译作"逻辑"，这是"逻辑"一词在汉语文献中首次出现，但是严复仍用意译的"名学"来行文。当时，除了"名学"外，还有"辩学""名理学""论理学""理则学"等多种称谓。之后，著名学者、逻辑学家章士钊著有《逻辑指要》（写于 1917 年）并力主用"逻辑"命名。20 世纪 30 年代初，著名哲学家、逻辑学家金岳霖著有《逻辑》（清华大学讲义，于 1937 年出版）。此后，采用"逻辑"一词者渐多，沿用至今。

第二节　逻辑的历史与现状

一、传统逻辑的产生

古代世界有三大逻辑理论：亚里士多德的古典形式逻辑、印度的因明学和中国的墨辩学。它们几乎同时出现在不同的国度，从不同的角度和层次揭示了一些人类思维中具有普遍性和规律性的问题。古希腊的《工具论》、古印度的《正理经》、中国的《墨经》三部著作被认为是世界逻辑科学的源头。它们本身都具有划时代的意义，而且基本上形成了各自文化传统中的逻辑理论的轮廓。但是，不可否认，相比较而言，以几何学为直接基础，具有演绎性质和形式化的亚里士多德的古典形式逻辑是最成熟和系统的。

1. 古希腊的逻辑思想

古希腊是西方逻辑的主要发源地。亚里士多德被公认为逻辑学的创始人。亚里士多德之前的逻辑学研究是不太成熟的且没有形成系统，与哲学方面的本体论研究成就相比有着相当大的差距。亚里士多德关于逻辑学的著作，是后来由他的注释者整理汇编而成的，并取名为《工具论》而出版，其书名意为"知识的工具"，包括《范畴篇》《解释篇》《前分析篇》《后分析篇》《论辩篇》《辨谬篇》等六篇独立的短篇专论。在《工具论》中，亚里士多德较为系统地研究了范畴（语词）、命题、三段论、论证、谬误等问题。

《范畴篇》主要讨论实体、量、关系、质等范畴（语词）的问题。《解释篇》讨论由对词、句的研究至关于命题的学说。《前分析篇》阐明推理。《后分析篇》讨论证明的性质。《论辩篇》着重讲述证明的各种方法。《辨谬篇》是《论辩篇》的续篇，专门剖析和驳斥论辩。

亚里士多德还著有《形而上学》一书，在其中，他明确提出了作为逻辑规律的矛盾律和排中律，同时也涉及了同一律的内容。亚里士多德所创立的逻辑，逻辑史上称之为传统形式逻辑，它是建立在对范畴（语词）的研究基础之上的。因此，后人也将亚里士多德的形式逻辑称为语词逻辑。

亚里士多德对范畴、命题、推理及思维规律研究都做出了贡献。范畴是科学中最基本、最一般的概念，是人们的思维对事物的普遍性、本质的概括和反映。亚里士多德是对范畴做系统、深入研究的第一人，把它看作对客观事物的不同方面进行分析归类而得出的基本概念。他提出十个范畴：实体、数量、性质、关系、地点、时间、姿态、状况、活动、遭受。

在命题方面，亚里士多德最先系统地研究命题。他认为，语句表达思想，但并非每一个语句都是命题；只有本身含真、假的语句才是命题。他进而对命题进行分类。他先把命题分为肯定命题和否定命题。在引进量项后，他又把命题分成 A（全称肯定型）、E（全称否定型）、I（特称肯定型）、O（特称否定型）四类，一共有八种形式。

在这个基础上，他还研究了命题之间的关系，提出了"矛盾关系""反对关系""下反对关系"等概念。

推理是亚里士多德逻辑的核心，他在著作中对此论述甚多，特别是有关三段论的。他也认为自己的主要功绩在于发现了三段论。亚里士多德在《前分析篇》第一卷中详细探讨了三段论的各种有效形式，确定了三个"格"、十四个"式"，并且制定了三段论的四条规则，以保证三段论推理的正确性。亚里士多德把推理和论证分为三种：证明的推理、辩论的推理和诡辩的推理。证明的推理要求前提的真实性与推理过程的正确性达到真正的统一，如果前提不真，那么谈论一个证明的三段论的形式是否正确也就没有意义了。辩论的推理是通过双方的问答来揭露议论中的自相矛盾之处。诡辩的推理则是一种强词夺理。

亚里士多德有关思维规律的阐述，主要在《形而上学》里体现。在亚里士多德看来，矛盾律是最基本的。他揭示了矛盾论、同一律和排中律的本质。

继亚里士多德之后，麦加拉学派、斯多葛学派对亚里士多德逻辑进行了发展，研究了有关假言命题、选言命题、联言命题等命题理论，极大地丰富了传统形式逻辑的内容。

综上所述，亚里士多德对范畴、命题、推理及基本思维规律做了系统的研究和阐述。他的逻辑学说是完整的，他的"形式逻辑的创始人"的头衔是当之无愧的。

2. 古印度的逻辑思想

古印度的主要逻辑思想是因明，"因"是指推理的依据，"明"是指知识、学说，因明就是古印度关于推理的学说，是佛家逻辑的专称。因明思想的主要代表著作有陈那的《因明正理门论》、商羯罗主的《因明入正理论》等。这些著作的作者研究了推理与论证的方法，形成了古印度特有的逻辑思想。

3. 中国古代的逻辑思想

中国也是逻辑学的发源地之一。虽然中国古代没有出现过"逻辑学"的概念，也没有出现今天所谓的专业逻辑学家，但是中国古代思想家的政治、法律、伦理、哲学思想中也包含朴素的逻辑思想。比如，我国先秦时期的名辩学就包含丰富的逻辑学说，其主要内容表现在惠施、公孙龙、荀况、韩非等人的著作之中，其中后期墨家的《墨经》一书在逻辑学上的成就最高。

《墨经》包括《经上》《经下》《经说上》《经说下》《大取》《小取》等六篇，较为系统地讨论了"名""辞""说"等理论。《墨经》中的"名"，相当于今天逻辑学所讲的"概念"或"语词"，"辞"相当于"命题"，"说"相当于"推理"或"论证"。此外，《墨经》还对矛盾律等今天所谓的逻辑规律的内容进行了论述，因此可以说，《墨经》是我们学习中国古代逻辑思想的最好教材。

二、逻辑学在近代的发展

在中世纪结束到现代逻辑产生之前的这一时期，是逻辑学发展的近代时期。正如自然科学在这时开始了其划时代的发展一样，这个时期的逻辑学也有了进行历史性转折的迹象。这种历史性转折迹象表现在两个方面：一是逻辑从对演绎的注重转向对归纳及思维方法的注重；二是在传统形式逻辑的基础上，出现了现代逻辑的萌芽和构想。

在古希腊产生的逻辑科学，经过欧洲学者，特别是近代英国、法国和德国学者的思考，开始了其理论创新的发展阶段。研究这一转折迹象的主要学者是英国的哲学家弗朗西斯·培根（Francis Bacon）和约翰·穆勒（John Mill），以及德国的哲学家戈特弗里德·威廉·莱布尼茨（Gottfried Wilhelm Leibniz）等。

培根是近代英国经验论哲学的创始人之一，同时也是古典归纳逻辑的创立者。他毕生致力于逻辑法的革新，在逻辑史上独树一帜，首创了科学归纳法，确定了近代归纳逻辑的第一个形态，有力地推动了当时欧洲实验科学的发展，奠定了近代归纳逻辑进一步发展的基础。培根在激烈批评中世纪经院哲学和经院逻辑的同时，也对亚里士多德的传统演绎逻辑进行了批判，认为它不能提供新知识，因此需要有一种新工具、新方法为发现真理提供帮助，这个新工具和新方法就是培根所讲的归纳法。为了与亚里士多德的逻辑理论相对应，培根写作了古典归纳逻辑名著《新工具》。

培根的科学归纳法诞生于17世纪20年代，与当时自然科学的发展状况有着密切的联系。在当时的欧洲，由于受经济发展的刺激和推动，近代实验科学应运而生，在天文学、机械力学、数学等领域都取得了重大的研究成果，涌现出伽利略、波义耳、牛顿等举世闻名的科学家。传统的逻辑方法已不再适应实验科学的进一步发展，需要新的逻辑方法。在当时的欧洲，无论是在实验科学的研究水平上，还是在传统逻辑的学术水平上，英国都处于领先地位。因此，在英国出现培根的科学归纳法具有历史的必然性。

19世纪中叶，另一位英国逻辑学家穆勒集前几代学者的归纳思想之大成，构建出了一个比较完整的古典归纳逻辑体系。

而近代逻辑史中最重要的人物当属莱布尼茨。在逻辑史上，莱布尼茨是继亚里士多德之后最伟大的逻辑学家之一。莱布尼茨不仅是德国著名的哲学家、科学家、数学家，而且是现代逻辑的奠基者。现代逻辑许多领域的发展都和莱布尼茨的天才构想有关。他在逻辑方面的贡献主要体现在两个方面：一是尊重传统逻辑，对传统逻辑进行数学化。二是在逻辑哲学方面，提出充足理由原则，区别了充足理由原则和矛盾原则；区别了事实真理与理性真理；提出可能世界的思想，认为现实世界是可能世界中最好的一个，是被实现的可能性。三是提出建设数理逻辑思想及实施这一理想的计划。此外，莱布尼茨还明确提出了数理逻辑的指导思想，主要包括两个方面：一是尝试创造一套"通用的符号语言"，这种符号语言由表意的符号组成，每一个符号对应一个概念，就像数学符号一样。二是提出一个完善的符号语言系统同时应该是一个"思维的演算"。而这两个方面正是现代数理逻辑的特征。

莱布尼茨认为，使用自然语言不能实现理性演算，必须使用一种人工语言。这种人工语言被称为"普遍语言"。莱布尼茨希望用一种百科全书的方式来整理一种普遍适用的数学语言和演算规则，用数学语言的方式将任何事物的任何一方面都表达出来，而这些命题之间的逻辑关系通过演算规则将一目了然。为此他希望创造一台机器来完成这些演算。莱布尼茨说认为符号科学应该能形成和排列符号，使这些符号能够表达思想，或者说使它们之间具有和这些思想之间的关系相同的关系。如果一个表达式是一些符号的组合，那么这些符号应该能表象被表示的事物。表达式的规律如下：如果被表示的那个事物的概念是由一些事物的概念组成的，那么那个事物的表达式也是由这些事物的符号组成的。为实现这一思想需要配备一种适合于思维的合理的"普遍语言"。这种"普遍语言"必须满足三个条件：第一，该语言系统所使用的符号与所思考的对象之间有一一映射关系；第二，系统的符号的复合与对象的组合要一一对应，复杂的事物要用复杂的符号；第三，初始符号按条件联系、组合与对象一致的符号串，把一般思维过程的推论规则转换为符号演算规则。

三、现代逻辑的产生与发展

虽然莱布尼茨提出了建立现代逻辑即数理逻辑的构想，但他自己并没有实现这一理想。1847年，英国数学家乔治·布尔（George Boole）建立了逻辑代数，即第一个成功的数理逻辑系统。1879年，德国数学家、逻辑学家弗里德里希·路德维希·哥特洛布·弗雷格（Friedrich Ludwig Gottlob Frege）在《概念文字：一种模仿算术语言构造的纯思维的形式语言》这部著作中发表了历史上第一个初步自足的、包括命题演算在内的谓词演算公理系统，从而创建了现代数理逻辑。所以，弗雷格也被称为"现代逻辑学之父"。之后，英国哲学家、逻辑学家伯特兰·罗素（Bertrand Russell）和阿弗烈·诺夫·怀特海（Alfred North Whitehead）于1910年发表了两人合著的三大卷的《数学原理》，建立了带等词的一阶谓词系统，从而使得数理逻辑发展与成熟起来了。

四、中国的逻辑史

中国逻辑思想的发展源远流长。从先秦诸子典籍到明末清初诸子学，我们都可以从中发现丰富的中国逻辑思想。但是关于中国逻辑思想的研究，除了晋代鲁胜在《墨辩注序》中有过简要的阐述外，到19世纪末几近中断。随着西学东渐，西方传统逻辑开始传入中国，逐步成为中国逻辑思想研究的主要方法，并使后者成为一个独立的研究领域。

西方传统逻辑传入中国有两个阶段：第一个阶段为明末至清初，西方传统逻辑的基本体系构架和以中世纪逻辑为主的部分内容开始传入中国；第二个阶段为清末至民初，西方传统逻辑体系大范围地完整传入中国，并逐步成为中国逻辑思想研究的主流方法。

在西方传统逻辑传入中国的第一个阶段，来华传教士以"学术传教"为策略，试图与中国士大夫阶层结合，从而达到传教的目的。由于逻辑在西方知识体系中居于基础地位，传教士也自然把西方传统逻辑引入中国。这一时期的传教士和信教士大夫主要有利玛窦（Matteo Ricci）、高一志（Alfonso Vagnoni）、艾儒略（Giulio Aleni）、傅汎际（Francois Furtado）、南怀仁（Ferdinand Verbiest）、徐光启、李之藻等，典型文献有《几何原本》《西学》《西学凡》《名理探》《穷理学》等，这些文献对第二个阶段的学者接受西方传统逻辑，进而开展中国逻辑思想研究产生了一定的影响。

目前可知的记载传入中国的西方传统逻辑的最早文献是1603年刊印的利玛窦的《天主实义》，其中谈到了亚里士多德的"十范畴"。他提出："夫物之品宗有二，有自立者，有依赖者。"①"自立者"是亚里士多德"十范畴"中的实体范畴，"依赖者"是其他九个范畴。第一个阶段传播的文献大多涉及这一问题。第一次把西方的演绎观念介绍到中国的是1607年出版的利玛窦与徐光启合译的《几何原本》前六卷，该书后九卷由中国科学家李善兰和英国人伟烈亚力（Alexander Wylie）于1857年合作翻译完成。《几何原本》的演绎体系与观念，对清末的一些学者产生了重要影响。比如，康有为在1888年左右初成、1900年前后修订的《实理公法全书》一文，完全按照《几何原本》的体系和形式，运用演绎的逻辑方法，论证了其"大同之义"的社会理想，其论证方式受到西方传统逻辑观念与方法的直接影响。

清末至民初是西方传统逻辑在中国传播的第二个阶段。这一阶段的传播途径主要是创办杂志和编译著作，代表刊物有《中西闻见录》（1872年创刊）、《格致汇编》（1876年创刊）、《万国公报》（1868年创刊）等。英国传教士艾约瑟（Joseph Edkins）在1875年第32号的《中西闻见录》上发表了《亚里斯多得里②传》一文，又于当年被《万国公报》第338卷上转载，用较多篇幅介绍了亚里士多德逻辑。他将亚里士多德逻辑译为"详审之理"，认为"所谓详审之理者，在昔无人论及，斯学亚为首创之也"，把三段论中的"大前提"、"小前提"和"结论"译为"初级"、"中级"和"终级"，简单明了地介绍了三段论的基本内容，即西语名为西罗吉斯莫斯（syllogism，三段论），而亚之此学则名为罗吉格（logic，逻辑）。③ 这是三段论的内容第一次得以公开传播。1868年起，英国人约翰·傅兰雅（John Fryer）任江南制造局翻译馆译员，编译《西国近书汇编》，自编27种《格致须知》科学入门读物，1898年出版的《理学须知》是其中一种。此书对穆勒的《逻辑体系》全书做了简明而完整的介绍，这是《逻辑体系》的基本内容第一次传入中国。徐维则辑、顾燮光补辑的《增版东西学书录》评价"其书专揭分晰事物之法，于理学为论辨，于辨学为理辨，与艾约瑟所译《辨学启蒙》相出入，而文词之明白过之。学者欲穷格致之要，宜读此以植其基"④。梁启超在《读西学书法》中提出，"傅兰雅所译《格致须知》……每本不过二十余页，力求简明，便于初学。……欲粗通大略，此书亦可省观也"⑤。此外，严复从1902年至1905年间翻译出版了《穆勒名学》（《逻辑体系》前半部），1909年又翻译出版了《名学浅说》（与《辨学启蒙》系同一底本）。1902年，《译书汇编》刊登高山

---

① 利玛窦. 利玛窦中文著译集［M］. 朱维铮，主编. 上海：复旦大学出版社，2001：18.
② 即亚里士多德。
③ 转引自翟锦程. 近代中国逻辑思想研究源论［J］. 中国高校社会科学，2016（1）：51—64.
④ 转引自翟锦程. 近代中国逻辑思想研究源论［J］. 中国高校社会科学，2016（1）：51—64.
⑤ 转引自翟锦程. 近代中国逻辑思想研究源论［J］. 中国高校社会科学，2016（1）：51—64.

林次郎著、汪荣宝翻译的《论理学》，文明书局出版清野勉著、林祖同翻译的《论理学达旨》。1903年，商务印书馆出版了田吴炤翻译的日本十时弥的《论理学纲要》。1906年，上海泰东书局出版了胡茂如翻译的大西祝的《论理学》。1908年，王国维翻译出版了《辨学》〔其底本是英国逻辑学家杰芳斯（W. S. Jevons）1870年出版的《逻辑基础教程》〕。这些译作完整准确地介绍了西方传统逻辑体系和内容，比较广泛地传播了逻辑的基本观念与方法。①

从以上梳理可以发现，清末投身于中国逻辑思想研究的大部分学人，对第一次传入的西方传统逻辑有所了解，对第二次传入的西方传统逻辑则更为熟悉，甚至直接参与到传播的过程中，对中国逻辑思想研究的形成产生了重要的影响。

第三节　逻辑学的概述

一、逻辑学的研究对象

逻辑学的研究对象也有一个历史演变过程，在不同的历史时期有着不同的研究特点。在古代，西方传统逻辑、中国的名辩逻辑和印度的因明，都是结合当时论争的需要，以对话和辩论的原则与技术为一个重要的研究对象，是和当时的修辞学、语法学密切结合的。长期以来，经过不断充实、发展，形成了传统的形式逻辑。而近现代发展起来的现代逻辑，则以推理形式为主要研究对象，较多地运用形式化方法构造各种逻辑系统。

传统的形式逻辑，一般被定义为研究思维的逻辑形式及其规律的科学。狭义上的理解仅指演绎逻辑，广义上的理解则包括归纳逻辑。普通逻辑则是在传统形式逻辑的基础上，增加一些现代逻辑内容和认识现实的简单逻辑方法。普通逻辑虽然也吸收了数理逻辑的一些研究成果，但较少运用形式化语言，而是较多地运用自然语言来描述逻辑问题，并注意逻辑理论的应用。

本书主要涉及普通逻辑的研究对象，即研究思维的逻辑形式及其基本规律和简单的逻辑方法；在理论上更简明，主要介绍与日常思维有关的逻辑理论，并注意分析语言表述中的逻辑问题。

二、思维的逻辑形式

简单地说，逻辑学所研究的思维形式，指的不是那种具体的（含有具体内容的）概念、判断和推理，而是撇开了它们的具体内容，仅仅抽象出其最一般结构的概念、判断和推理，即思维形式的结构。更具体一些说，主要是指各种判断或命题、推理形式。

任何思维都有思维内容和思维形式两个方面。思维内容是指思维所反映的特定对

---

① 转引自翟锦程. 近代中国逻辑思想研究源论［J］. 中国高校社会科学，2016（1）：51－64.

象及其属性，思维形式是指思维内容的组织结构，即思维内容之间的联系方式。逻辑形式则是指用符号和公式表示的思维形式。①

例：① 所有的国家都会受到温室效应的影响。
② 所有的金属都是导电的。
③ 如果气温再继续升高，地球就可能变成一个巨大的"热室"。
④ 如果地球距离太阳远一些，太阳对它发生的引力作用就小一些，地球就会走得慢一些。

例①②的思维内容不同，却具有相同的思维形式，其逻辑形式为"所有的 S 都是 P"。其中，S、P 为逻辑变项，"所有的……都是……"为逻辑常项。

例③④的思维内容不同，却具有相同的思维形式，其逻辑形式为"如果 p，就 q"。其中，p、q 为逻辑变项，"如果……就……"为逻辑常项。

再如：
⑤ 所有的教师都需要教师资格证，
小李是教师，
所以，小李有教师资格证。
⑥ 凡是人都会死，
苏格拉底是人，
所以，苏格拉底会死。

例⑤⑥的思维内容不同，却具有相同的思维形式。如果用 S、P、M 分别表示其中三个不同的概念，其逻辑形式为"所有的 M 都是 P，所有的 S 都是 M，所以，所有的 S 都是 P"。

由上例可知，任何逻辑形式都是从具有同类形式的思维内容中抽象概括出来的。没有思维内容，也就不可能有思维的逻辑形式。逻辑形式中的"变项"是思维内容的载体，"常项"则是思维内容之间的联系方式的符号。我们可以根据逻辑常项的逻辑性质，分析命题和推理中的各种逻辑关系，并总结出如何正确运用这些命题和推理的规则与规律。

思维是人脑对现实世界能动的、概括的、间接的反映过程。逻辑学则是研究思维形式、思维规律及逻辑方法的科学，具有工具性、基础性和规范性等特征，也是人类理性思维的基石和获得新知识的重要工具，是各门科学产生与发展的必要条件。

三、基本的思维规律

逻辑学在研究逻辑形式时，并不仅限于概括出各种思维形式的结构，还要从这些逻辑形式中探求规律，目的是总结出人们运用这些形式的行之有效的方法和规则。而思维的最一般的规律，不论重复多少次，都是有效的，对思维活动具有普遍的指导意义。因此，思维规律是人类长期思维经验的总结，是思维活动必须遵守的共同准则。

---

① 有的教材对"逻辑形式"与"思维形式"不做区分。有的教材不区分"判断"和"命题"。

逻辑学中把对人类思维具有普遍意义的一般规律叫作逻辑思维的基本规律。逻辑思维的基本规律有同一律、矛盾律和排中律。这三条规律是使思维具有确定性、无矛盾性和明确性的保证。对于这三条规律的具体内容,后面的第七讲会做详细讲解。

逻辑思维规律是思维的规律,不是客观事物的规律,只对如何正确思维提出要求是逻辑规律的基本性质。但这并不是说,逻辑思维规律是完全脱离客观的,它也不是人们主观臆造或天赋的。逻辑思维规律是人们在长期思维实践中,经过亿万次的重复固定下来的正确思维的规范。归根结底,它是对客观事物之间的必然联系的反映。

四、逻辑方法

除了研究思维的逻辑形式及逻辑规律外,普通逻辑还研究一些简单的逻辑方法。逻辑方法是指人们根据事实材料或科学原理,按照逻辑规律、规则的要求,运用概念、判断和推理,对思维进行分析或加工的方法。而普通逻辑中所指的简单的逻辑方法,主要是指概念的限制法、概括法、定义法、划分法,以及观察法、试验法、求因果法、证明和反驳等。

第四节　语言、思维与逻辑

一、思维与思维形式

对于语言和思维的关系,哲学家和语言学家曾经从不同的学科领域出发做过多种解释。弗雷格指出,语言是思想的外壳,是表达思想必不可少的工具。[①] 这种观点是在斯大林的《马克思主义与语言学问题》一书的基础上形成的,即认为语言是思维的"物质外壳",思维是语言的"内核",语言是思维的工具,思维是在语言材料的基础上产生和发展的,两者互为依存,是同时产生的。从语言和思维的关系来看,思维和语言共同构成了一个"思维—语言"的统一体,语言构成这个统一体的形式方面,而思维则构成这个统一体的内容方面。

根据唯物辩证法的观点,人的认识可以分为感性认识与理性认识两大部分。所谓感性认识,就是人凭自己的感觉器官对对象所进行的认识,我们通常讲的"我看到……""我听见……""我闻到……"就是感性认识的通俗形式。感性认识是通过感觉、知觉与表象来认识对象的,它对对象的认识是具体的、生动的、直观的、表面的。所谓理性认识,是指在感性认识的基础上,对思维对象的本质的、抽象的、间接的、内在的把握,它是通过概念、命题、推理与论证来认识对象的。思维是对对象的理性认识。这里,我们给思维下一个定义,即思维是人的认识过程的理性阶段,即运用概念、判断和推理来反映客观事物本质及规律的认识过程。

---

① FREGE G. The foundations of arithmetic:A logico-mathematical enquiry into the concept of number [M]. Oxford:Blackwell,1959:10.

思维包括思维内容与思维形式两个部分。所谓思维内容，就是思维所反映的对象情况，即认识对象，它包括自然界、人类社会与思维自身。所谓思维形式，是指思维内容得以存在或展开的框架或结构，它包括语词、命题、推理、论证等。例如，当我们将张三、李四、王五等各种各样具体的人作为思维对象时，我们以"人"这一语词来概括和反映他们，"人"这一语词就是我们思维时的思维形式；当我们说出"人是能使用工具和制造工具的社会动物"这一命题时，我们实际上是通过命题这一形式来反映或展示我们思维的内容。

二、语言与思维

1. 语言的功能

人类的"语言"是大家再熟悉不过的了，我们每天都在使用语言。语言的功能主要有两个：社会功能、思维功能。

语言的社会功能分为信息传递功能和人际互动功能。信息传递功能是语言最基本的功能。除了语言外，手势、文字、旗语、信号灯、电报代码、数学符号、公式等也可以传递信息。手势等非语言形式独自传递的信息有限，多半是辅助语言来传递信息；文字是建立在语言基础之上的再编码形式；旗语之类则是建立在语言或文字基础之上的再编码形式。但是，语言是人类社会信息传递第一性的、最基本的手段。语言的人际互动功能指的是人们通过语言建立或保持某种社会关系。语言的互动包括两个方面：一是说话者在话语中表达自己的情感、态度、意图；二是这些又对受话者施加了影响，出现语言或行动上的反馈，从而达到某种实际效果。

2. 思维的功能

思维是知识的认知、获取和运用过程，是一个信息加工过程。在人际交往中，信息的传递是社会现象，但信息的生成和理解是在大脑中进行的，是一个思维过程。客观的现实通过认知转化成主观化的信息必须有一套符号，符号的使用又使主观信息有了客观存在的物质载体。语言思维功能的生理基础是大脑。1861年，法国医生皮埃尔·保尔·布罗卡（Pierre Paul Broca）发现大脑皮层的一个专门区域（在左半球额下回后部）与言语的生成有关，该区域的损伤会导致患者发音断断续续，或者虽然能说下去，但不能组成表示一定内容的话语。1874年，德国生理学家卡尔·韦尼克（Carl Wernicke）发现，大脑皮层的另一个区域（在左半球颞叶后部）控制着言语的接收和理解，这个区域受损的患者无法理解别人所说的话，甚至完全不能分辨语音。上述两个皮层区域，后来被分别命名为"布罗卡区"和"韦尼克区"（图1-1）。

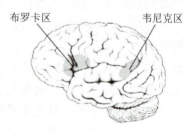

图1-1 大脑中的布罗卡区和韦尼克区

3. 语言和思维的关系

西方心理学界对于语言和思维的关系的看法，大体可以被归纳为五种：第一，思维等同于语言；第二，思维决定语言；第三，语言决定思维；第四，语言影响思维；

第五，思维和语言相互独立。下面介绍影响比较广泛的前三种。

"思维等同于语言"是行为主义心理学所持的观点。美国心理学家约翰·布鲁德斯·华生（John Broadus Watson）是这个观点的主要倡导者。华生认为，思维与自言自语没有丝毫不同之处。他把思维完全看成是无声的语言，只是因为这时身体的活动是隐蔽而微弱的，所以用通常的方法难以观察。事实上，这是他提出的行为主义理论的一部分。他通过动物行为研究创立了心理学行为主义学派，强调心理学是以客观的态度去研究外在可观察的行为。华生还认为，人的所有行为性格都是后天习得的。他以宣称能用适当的行为技术将任意"一打"健全的婴儿创造成想要的任何类型的人而著称。他在对动物反应的研究中，认识到人与动物之间并没有分界线。人的行为，连同其所有的精巧与复杂，只构成行为主义者的总体研究计划的一部分。依照行为主义理论，一个婴儿的天赋和能力不起作用，因为并不存在天赋、先天才能之类的东西。华生把这些概念与心理的其他内容，如观念、信仰、欲望等情感，一并从心理学驱逐了出去。他认为这些都是主观的、无法测量的事物，无法对其进行科学研究，而科学只研究客观的、可以测量的事物。行为主义认为，认知的内容，包括观念、思想、计划等，都属于语言现象，每个人都能听到，都能把这些内容写下来，即华生所认为的思考其实包含了嘴巴和喉咙的细微动作。后来的新行为主义者伯尔赫斯·弗雷德里克·斯金纳（Burrhus Frederic Skinner）也采取了类似的立场，他认为思维是无声的或隐蔽的或微弱的言语行为。一个证据就是，当人进行思维活动时，发音器官的肌肉可以表现出类似于说话时的收缩变化。

"思维决定语言"的观点历史悠久，可以追溯到 2500 年前，当时亚里士多德就提出思维范畴决定语言范畴。瑞士心理学家让·皮亚杰（Jean Piaget）也支持该观点，他认为，对聋哑儿童、盲童与健全儿童的比较研究证明，聋哑儿童没有语言但是有思维，他们的逻辑思维发展仍然正常。此外，许多没有语言的动物物种也拥有复杂的认知能力。

"语言决定思维"的观点在西方心理学界最早是由美国语言学家爱德华·萨丕尔（Edward Sapir）提出的，后来又由本杰明·利·沃尔夫（Benjamin Lee Whorf）做了进一步发展①，被称为"萨丕尔-沃尔夫假说（Sapir-Whorf hypothesis）"。假说大致包括两点：一是语言决定论（强假说），即一个人的思维完全由母语决定，因为一个人只能根据其母语中编码设定的范畴和区别定义来认识世界。语言决定思维、信念、态度等，语言不同的民族，其思维方式不同。二是语言相对论（弱假说），即语言结构有无限的多样性，因为一种语言系统中所编定的范畴类别和区分定义为该语言系统所独有，与其他语言系统中所编定的范畴类别和区分定义不同。语言反映思维、信念、态度等。但后来有学者质疑强假说，认为名词分性别并不代表名词所代表的事物真的拥有性别，语言里缺失"左"和"右"的词汇并不代表母语者无法区分左右、进

---

① WHORF B L. Science and linguistics [M] // ARROLL J B eds. Language, thought, and reality. Cambridge：The MIT Press，1956：207—219.

行旋转。萨丕尔-沃尔夫假说的弱假设,也就是"语言使用影响人类行为"这一点,最经典的实验当属相对位置的表述和颜色的辨认:母语里强调"东西南北"的人更倾向于使用绝对方向描述,而母语里经常使用相对方向的人则会以"前后左右"为描述的基准;人们在为颜色命名时,往往会对母语里有相应单词的颜色做出更快的判断,而蓝和绿的界限是最难判断的,因为在很多语言里,会有同一个单词被用来泛指这两种颜色。这么看来,母语的词汇、结构的区别,的确会在某些方面影响人的行为。

4. 劳动创造语言

恩格斯指出:"语言是从劳动当中并和劳动一起产生出来的,这是唯一正确的解释。"① "随着手的发展、随着劳动而开始的人对自然的统治……不断地发现新的、以往所不知道的属性。另一方面,劳动的发展必然促使社会成员更紧密地互相结合起来,因为它使互相帮助和共同协作的场合增多了,并且使每个人都清楚地意识到这种共同协作的好处。一句话,这些正在形成中的人,已经到了彼此间有什么非说不可的地步了。"② 从"劳动创造语言"这一原理可以推断,在语言被创造出来之前,人类就已经有了思维。原始人类在劳动过程中,接受了外界各种信息,认识了外界的事物及其属性,认识了外界事物及其属性与自身生存的关系,认识了共同协作的好处,形成了看法和意见,形成了思维和思想,最终才到了"彼此间有什么非说不可的地步"。是先有要说的东西,然后才有说的动机与行为。原始人有了思维和思想需要彼此交换,然后才有"非说不可"的动机和行为。没有思维的中介,客观的需要不可能与语言活动产生直接的联系。所以,劳动催生了创造语言的需要,实质上也是思维的发展催生了创造语言的需要。原始人类有了思维以后,有声语言作为最合适的交际工具并不是一开始就确定下来的,而是在漫长的过程中从多种表达方式中通过比较、淘汰、选择才确定下来的。在有语言之前,原始人的劳动本身就是表达思想的重要方式。劳动的结果符合预期的目的,便最好地表达了劳动者的思想。原始人起初那种单调的、没有什么变化的"吭育、吭育"的声音,未必比在劳动中锻炼出来的灵活的双手更能准确地表达思想感情。德国心理学家威廉·冯特(Wilhelm Wundt)、苏联语言学家尼古拉·雅科夫列维奇·马尔(Nikolay Yakovlevich Marr)等学者都认为有一个"手的语言"阶段,并且这个阶段持续了 100 万—150 万年。有声语言作为较复杂的表达方式显然是最后才确定下来的。人类要把那种单调的"吭育、吭育"的声音转变成音节分明的,具有词汇系统、语法系统的有声语言绝不是轻而易举的,而是经历了漫长的创造过程。由此也可以推断,"劳动创造语言",应当是劳动首先创造了具有思维能力的人,然后再由思维的创造功能把人所发出的声音改造成有意义的并具有交际作用的语言。虽然恩格斯也曾说过,语言从劳动当中并和劳动一起产生出来,但是不难理解这是从宏观的历史尺度上说的;这种说法并不排斥思维与语言在实际的产生过程中

---

① 恩格斯. 劳动在从猿到人转变过程中的作用 [M] //中共中央马克思恩格斯列宁斯大林著作编译局. 马克思恩格斯选集:第三卷. 北京:人民出版社,1972:511.

② 恩格斯. 劳动在从猿到人转变过程中的作用 [M] //中共中央马克思恩格斯列宁斯大林著作编译局. 马克思恩格斯选集:第三卷. 北京:人民出版社,1972:510—511.

存在先后顺序。思维与语言不是同时产生的，当然不可能是"等同"的，二者也没有那种必然性的联系。从历史生成论的视角看，思维和语言都不是人的先天的本质，而是在人的实践活动过程中生成的，具有深刻的历史性。我们必须从社会历史的视角出发，将思维与语言视为在人的实践活动之中生成的结果，才能真正阐明思维和语言之间的关系问题。[①]

当然，不管是思维还是思维形式，都和语言密不可分，因为思维是看不见、摸不着的，要展示你的思维过程，要让人知道你的思维内容，必须通过语言来表达。从这一点来说，语言是思维的物质外壳。与概念、命题、推理、论证等思维形式相对应的语言形式就是语词、语句或句群、话语等。

三、自然语言和人工语言

何谓语言？从逻辑的观点来看，语言是由基本符号、语形规则、语义规则三部分组成的一个特殊的、复杂的符号系统。所谓基本符号，是指语言系统中的语词；所谓语形规则，是指将语词组合成词组或句子的规则；所谓语义规则，是指在语言系统中对语词或句子意义的解释。

语言可以有不同的分类，比如，可以有口头语与书面语之分，也可以有自然语言与人工语言之分。应该强调的是，现代逻辑所注重的是自然语言与人工语言之分。

自然语言，又称日常语言，是指人们在日常生活中、在一定的语言范围内所使用的某种民族语，英语、汉语、法语等民族语均是自然语言。人工语言则是指人们根据特殊需要而自觉创造的符号或符号体系，其根本属性是人工制造。人工语言有广义与狭义之分，广义的人工语言泛指一切人为地创造的各种作为交际与思维工具的符号，信号灯、旗语、通信电码、手势、科学理论上的各种符号、公式等均可属于其中；狭义的人工语言则专指数学与逻辑学科等构造的形式化语言，它实际上是借助一些特制的人工符号，将其应用于演绎体系，以使其严格化的一套程序或方法，一个形式化语言实质上也就是一个形式系统。

无论是自然语言还是人工语言，它们都具有符号性与指谓性两个基本特征。所谓符号性，是指自然语言或人工语言的本质都是符号系统，它们都是用来代表思维对象以表情达意的。所谓指谓性，是指语言的主要功能是用来指称或谓述思维对象的。指称，是指某一语言符号跟某个对象存在一定的对应关系，即该语言符号代表了某个对象；谓述，是指某语言单位对某个或某些对象的性质或情况有所说明、有所描述。语言的符号性，使语言成为可感知的；语言的指谓性，表明语言不是空洞的、无意义的符号，而是有实际意义的。

自然语言与人工语言各有特点。例如，自然语言具有多义性，而人工语言具有单义性；自然语言具有模糊性，而人工语言具有精确性；自然语言具有民族性，而人工语言具有普遍性。自然语言与人工语言的这些不同的特征，使得前者更适用于定性思

[①] 刘燕. 语言与思维的关系述评 [J]. 外国语文, 2012 (2): 89—92.

维与模糊思维,而后者更适用于定量思维与精确思维。

自然语言与人工语言的这种不同,对逻辑学的发展具有重要作用。如果把逻辑分成传统逻辑与现代逻辑,那么我们可以认为,尽管传统逻辑与现代逻辑的划界并非绝对分明,但它们的根本区别之一就是前者使用的表述语言是自然语言,而后者使用的表述语言是人工语言。由于逻辑是一门追求严密性与精确性的科学,因此自然语言与人工语言的上述不同特点,就决定了现代逻辑相对于传统逻辑要更精确、更严密、包容量更大、处理与解决问题的能力更强。应该说,使用人工语言,是现代逻辑的发展趋势。

第五节 逻辑学的性质与作用

一、逻辑学的性质

任何一门科学的性质都是由它的研究对象决定的。逻辑学的研究对象,决定了逻辑学具有共有性、基础性和工具性三种基本性质。

共有性是指逻辑学的研究内容对所有人一视同仁,没有阶级性,也没有民族性。任何国家、任何民族、任何阶级的人,都有思维,都要运用相同的思维形式,都要符合思维规律才能正确进行表述和论证。人们如果思维杂乱无章,就不可能有条不紊地表达思想,也就无法有效地实现思想交流,不同语言之间的翻译也会无法进行。因此,逻辑学是一门全人类的科学。

基础性是指逻辑学的基本理论是普遍适用于一切科学的原则和方法。中世纪意大利哲学家托马斯·阿奎纳(Thomas Aquinas)认为一切科学都要依据逻辑,它教给我们在一切科学中的思考方法。[①] 掌握逻辑的理论和方法,对于建立一个由概念、命题和推理构成的知识体系来说,是十分必要的。逻辑是各门科学建立的思维基础,也是学习和研究各门科学的思维前提。孙中山曾说,逻辑"为诸学诸事之规则,为思想之行为门径也"[②]。逻辑学不仅对科学的学习和研究具有基础意义,而且是培养人的基本素质和培育人的理性精神的基础科学,具有广博的人文内涵。联合国教科文组织1974年编制的学科分类,即数学、逻辑学、天文学和天体物理学、地球科学和空间科学、物理学、化学、生命科学,把逻辑学列在第二位。

工具性是指逻辑学不能为人们提供任何具体的科学知识,而是给人一套思之有效的思维工具。它不同于各种具体操作的实用工具,是运用于思维中的隐性工具。离开它,人们就无法思考和表达,也无法进行对话、演说和论辩。由于具有隐性,因而它常被忽略。人们习惯于对语言材料进行语法修辞分析,而往往忽略对语言材料的逻辑

---

① AQUIAS T. Commentary on Aristotle's Metaphysics. Notre Dame,Indiana:Dumb Ox Books,1995.
② 广东省社会科学院历史研究室,中国社会科学院近代史研究所中华民国史研究室,中山大学历史系孙中山研究室. 孙中山全集:第6卷·1921.12—1922.12 [M]. 上海:中华书局,2006:185.

分析，这也是容易造成逻辑缺失的原因之一。其实，逻辑从一开始就是在百家论争中应运而生的，为人们提供正确思维的方法及规则，用来规范思维及语言表达，从而把论辩引向科学，以利于探求真理。亚里士多德的逻辑经典被称为"工具论"，培根的归纳逻辑被称为"新工具"，都是把逻辑作为认识真理、发现真理的思维工具。

二、逻辑学及学习逻辑学的作用

1. 逻辑学的作用

逻辑学作为思维的科学，主要有两大作用。

第一，逻辑学是认识客观世界的辅助工具。思维要正确地反映客观世界，就必须以正确的世界观为指导，通过丰富的实践得到真实可靠的感性材料，并对这些材料进行科学的抽象和概括，从而形成概念、做出判断、进行推理，上升到理性认识。在人们认识客观世界的过程中，丰富的实践与正确的世界观起着主要的作用。但是，逻辑学知识也是不可缺少的辅助。

正确反映客观世界的思维，必然是内容真实、形式正确的思维，而逻辑学就是关于正确思维形式的科学。因此，逻辑学知识，能帮助我们进行正确的思维，帮助我们的思维正确地反映客观世界。人们的认识源泉是实践。但是，人们根据经过实践验证过的真实知识，通过正确的推理，也可以获得原来不知道的知识。在人们的认识活动中，逻辑学的规律是普遍有效的。无论是认识简单的事物还是认识复杂的事物，无论是认识相对静止的事物还是认识迅速变化的事物，都需要遵守逻辑学的规律。

逻辑学撇开了思维的内容，撇开了思维的发展，它所能提供的知识只是思维形式方面的知识。离开了实践，离开了各门具体科学，仅仅应用逻辑学是不能解决认识真理和认识现实的问题的。

第二，逻辑学是论证思想和表达思想的必要工具。逻辑学是关于思维形式及其规律的科学。因此，掌握了逻辑学知识，我们就能应用恰当的思维形式来论证和表达思想，就可以把思想明确地、准确地和有条理地组织起来与表达出来。说话和写文章应当具有准确性、鲜明性与生动性，这里既涉及思想内容方面和语法修辞方面的问题，也涉及逻辑方面的问题。逻辑学知识对于提高我们说话与写文章的准确性、鲜明性与生动性是有很大帮助的。虽然有些人没有学过逻辑学，但是由于其思维能力在长期的思维活动中得到了某种程度的锻炼，他们的思维常常是合乎逻辑的。但是，这是不自觉的，一遇到复杂的问题，他们就容易犯逻辑错误。现在有不少文章，存在着概念模糊、推理错误与条理混乱的缺点，缺乏逻辑学知识和思维训练是重要原因之一。

2. 学习逻辑学的作用

学习逻辑学可以掌握逻辑知识，为学习和工作服务。具体来说，学习逻辑学有以下三种作用。

第一，学习逻辑学有助于提高逻辑思维能力。逻辑思维能力不是先天具有的，而是通过后天的学习和训练得到的。没有系统地学过逻辑学的人之所以也能进行正常的逻辑思维，是因为他们从幼年开始所接受的各种教育中包含大量的思维训练内容。但是，没有逻辑理论指导的思维只是自发的思维，而不是自觉的思维，它在思维的正确性和敏捷性方面都受到一定的限制。逻辑思维过程包括形成概念的过程，运用概念构成命题的过程，运用各种推理形式从已知命题推出新命题的过程，综合运用各种推理形式和逻辑规律提出和验证假说、进行逻辑论证的过程，等等。我们通过学习逻辑学，掌握了概念、判断、推理、假说、论证及逻辑规律的基本知识后，就可以运用它们指导自己的思维，正确运用各种思维形式和思维方法，自觉遵守逻辑规律，从而极大地增强思维的敏捷性，同时避免逻辑错误。掌握逻辑学知识可以使自发思维上升为自觉思维，在正确性和敏捷性两个方面改善思维品质，从根本上提高逻辑思维能力。

第二，学习逻辑学有助于提高正确表达思想的能力。正确思维要应用逻辑，正确表达思想也需要应用逻辑。人们常常遇到这样的情况：你经过思考已经搞清楚某一个问题，但当你要将自己的理解或思维过程整理出来时，却又感到非常为难。这主要是因为你还缺少必要的逻辑知识，不了解自己的思维过程运用了什么样的推理形式。人们常常说某人的文章或演说"思路清晰"或"思路混乱"、"逻辑性强"或"缺乏逻辑性"，这说明表达思想也存在一个是否合乎逻辑的问题。具有逻辑性是衡量议论文或演讲水平的一个重要标准，是文章或演讲具有说服力的必要条件。概念要明确，判断要恰当，推理要有逻辑性，论证要有说服力，这是对写议论性文章或进行演讲的一些基本要求，而要达到这些要求，不掌握基本的逻辑知识是不行的。

第三，学习逻辑学有助于提高识别错误、揭露诡辩的能力。一切错误的、虚假的言论，不仅经不住实践的检验，而且在逻辑上是站不住脚的。如果我们掌握了一定的逻辑知识，就能从逻辑分析入手，发现一些错误。逻辑还是揭露诡辩的有力武器。诡辩就是故意用违反逻辑的方法为谬误辩护，因此掌握了逻辑知识可以帮助我们从逻辑上揭露诡辩。

第六节　形式逻辑之"形式"

一、形式的含义

逻辑是对推理、论证之形式结构的研究，但对"形式"有多种理解。在《从公理到对话》中，巴斯（E. M. Barth）、克雷伯（E. C. W. Krabbe）区分了"形式"一词的三种含义：一是来源于柏拉图所说的 form（相/型相/理念）。在这种意义上，传统的三段论逻辑是形式的，因为它是语词逻辑，而语词可以很自然地理解为柏拉图、亚里士多德等所提及的诸形式的名字。二是指现代逻辑系统中所理解的句子或命题的形式，也就是通常所说的逻辑形式，在这种意义上，大多数现代逻辑都是形式的。三是最初指那些依据某些规则被调整或系统化了的程序，尤其是那些有助于区分一个讨论之胜负的言语论辩术的形式，后来被非形式逻辑学家用来表明论证性话语有规范（norms），如规则（rules）、标准（criteria）、原则（standards）、程序（procedures）等。

二、形式逻辑的演化历史

"形式逻辑"是我国学术界最早引入的西方概念之一。在《先秦名学史》一书中，胡适就把西方的传统逻辑翻译为"法式的逻辑"（formal logic），这实际指的就是"形式逻辑"，"形式逻辑"也随即被认为是"逻辑学"的代名词，成为我国逻辑学研究中的一个基础性概念。但是，对于"形式逻辑"这个概念，人们公认的是，这个概念首先是由康德提出的，区别于他提出的"先验逻辑"。其实，在集中论述其先验逻辑理论体系的著作《纯粹理性批判》里，对于与先验逻辑对应的逻辑，康德更多地称之为"普遍逻辑"或"一般逻辑"。康德认为，普遍逻辑（或一般逻辑）可以分为两种：一种是"纯粹逻辑"，另一种是"应用逻辑"。其中，纯粹逻辑只管思维的形式，而不管思维的内容，是我们抽调了使我们的知性得以实行的一切经验性条件，如感官的影响、想象的游戏、记忆的规律、习惯的力量、爱好等；纯粹逻辑"只与先天原则接触，它是知性的法规，同样是理性的法规"①。与此相对应，如果普遍逻辑包含了对主观经验性条件下知性运用规则的关注，就成了应用的逻辑。康德认为，无论是纯粹逻辑还是应用逻辑，都抽调了一切知识与客体的关系，只考虑一般的思维形式。而思维是知识的重要来源之一，人们在纯粹的思维和经验的思维之间，还存在着一种先验的思维，它使我们认识到某些表象先天地被运用或只是先天地才有可能。先验逻辑也由此应运而生：这样一门规定这些知识来源、范围和客观有效性的科学，我们也许必须称之为"先验逻辑"，因为它只与知性和理性的法则打交道，但只是在这些法则与对象先天地发生关系的范围内，而不是像普通逻辑那样，无区别地既和经验性的知识又和纯粹理性的知识发生关系。通过康德的这些论述，我们可以发现，与"先验逻辑"对应的概念是"普遍逻辑"，"先验逻辑"这个概念也只能通过"普遍逻辑"才能说得清楚。康德认为，先验逻辑研究的是先验的知识，而所谓先验的知识，就是那些不是来源于经验，而是先天地与经验对象发生关系的可能性知识，也就是说，先验逻辑不仅研究思维的形式，而且研究思维的内容，而知识内容不是来自经验，而是来自先验。先验逻辑由此也与普遍的纯粹逻辑和普遍的应用逻辑区别开来，因为普遍的纯粹逻辑只研究思维的形式，而普遍的应用逻辑则与经验性知识相关。先验逻辑关注的是思维的形式和先验的内容，其研究内容正是在与普遍逻辑的区分中得到说明的。而关于普遍逻辑，康德虽然将其区分为纯粹逻辑和应用逻辑，但认为只有纯粹逻辑才是科学，因为逻辑学自亚里士多德以来就是一门严密、确定和明晰的学科。作为一个逻辑学教授，康德完全清楚逻辑学关注的对象与经验和心理学的知识是无关的，因为逻辑学所关注的规律都是必然的和普遍的，独立于任何经验，也独立于任何思维的体验和现象，因为这种思维的规律只与思维的形式有关，而与思维的质料绝对无关。

逻辑学也说明思维的实际发生过程，因为逻辑学关注的是知性在思维中应当如何活动，这一点就像康德在《逻辑学讲义》里所总结的那样，逻辑是一门理性的科学，

---

① 康德.纯粹理性批判[M].孙绍武，主编.呼和浩特：远方出版社，2011：34.

是一门关于思维的必然性法则的先天的科学，但不是关于特殊对象的，而是关于一切一般对象的。因此，逻辑是一般知性和理性的正确使用的科学，不是主观地使用（根据知性是如何思维的经验来使用），而是客观地使用（根据知性应当怎样思维的先天原理来使用）。在此基础上，康德总结出普遍的纯粹逻辑的两个基本特征：一是只关注思维的形式，二是与经验性原则和心理学知识无关。第二个特征是对第一个特征的进一步说明，也就是说纯粹逻辑只研究思维的形式，不研究思维的内容，也与任何的经验无关。所以，康德在《纯粹理性批判》接下来的论述中，有时会称这样的逻辑为"纯然形式"的逻辑。康德也由此成为逻辑史上第一个提出"形式逻辑"这一概念的逻辑学家。

三、形式逻辑与非形式逻辑

作为一门学科，逻辑学起源于古希腊，亚里士多德确立了逻辑学的学科地位。但是，作为一种思想，逻辑存在于古印度和古代中国。一方面，虽然在亚里士多德三段论基础上发展起来的演绎逻辑或形式逻辑成为我们这个时代的主流逻辑，但亚里士多德当时提出三段论理论的非形式动机相当清楚，那就是要规范日常生活中的论证与论辩。不过，亚里士多德之后，由于（形式）逻辑学的发展壮大，这一动机逐渐被逻辑学家们淡忘了。另一方面，以真实论证为对象的古印度逻辑（因明）和古代中国逻辑（墨辩）虽然从未脱离现实生活语境，但始终未发展成主流逻辑的分支。直到20世纪七八十年代，北美的非形式逻辑和批判性思维运动及欧洲论辩理论兴起，亚里士多德提出三段论的理论动机才重新受到重视。1958年，哈伊姆·佩雷尔曼（Chaim Perelman）的《新修辞学》法文版出版，这标志着论证理论家们走出形式演绎逻辑的泥潭，重新发现了亚里士多德的论证理论原貌。20世纪70年代后期，北美兴起了一场以逻辑学教学改革为核心的非形式逻辑与批判性思维运动。这场运动对培养和训练学生的批判性思维能力发挥了不可估量的作用。

在《新修辞学》中，佩雷尔曼认为，"证明"（proof）一词具有两种含义：一是指主要在数学领域使用的"演证"（demonstration），二是指主要在人文科学领域使用的"论证"（argumentation）。在探寻价值判断的逻辑基础过程中，他逐渐认识到以演证为研究对象的形式逻辑及其理性观的局限性，开始在演证之外寻求证明价值判断的方法。通过复兴亚里士多德对论辩性推理的研究及古典修辞学对听众的关注，他提出了以论证研究为核心的新修辞学。新修辞学认为，论证的目的在于促成或强化听众对结论的遵从，论证理论是去研究那些有助于实现论证目的的论证技术。就新修辞学与当代非形式逻辑的发展来看，一方面，非形式逻辑对新修辞学的态度经历了一个从无知到吸纳的转变；另一方面，新修辞学对论证本质的理解、对听众地位的强调、对论证技术的提炼及对理性概念的辨析等，都对非形式逻辑的当代发展产生了持续性的影响，以至于可以把作为论证理论的新修辞学看作非形式逻辑的具体形态之一。

非形式逻辑的定义至今在学术界未有定论。较为公认的是美国学者拉尔夫·H·约翰逊（Ralph H. Johnson）和J·安东尼·布莱尔（J. Anthony Blair）提出的定义，即"非形式逻辑是逻辑的一个分支,其主要任务在于为分析、解释、评价、批评以及重构在日常生活中发生的论辩提供非形式化的规则、标准、程序等"[1]。这一表述表明非形式逻辑具有两个特征:其一,它致力于阐述如何解释、评价、批评与重构论辩,并为这些活动制定相关的程序、规则、标准等,具有"规范性"(normative)的特征。其二,它反对先验论,将实践作为构筑理论的出发点和目的地,主要分析那些在报纸、杂志上刊登的发生在经济、政治等社会领域的真实论辩。这样一来,它与以分析"虚构的"(contrived)论辩为主的"形式逻辑"形成鲜明的对照,具有经验性与描述性的特征。

---

[1] JOHNSON R H. Manifest rationality: A pragmatic theory of argument [M]. New York: Routledge, 2000: 119—168.

第二讲

概念及其语言形式

第一节　概念的概述

一、概念的含义

概念是反映对象的本质属性（或特有属性）的思维形式。本质属性是指在一事物的众多属性中对该事物起决定作用的属性，如"商品"的本质属性是"用来交换的劳动产品"，"三角形"的本质属性是"三边封闭的平面图形"，等等。人们通过对事物的比较、分析、综合、抽象、概括等，得到对事物的本质认识，形成对一个个事物的科学概念。只知道事物的名称，并不等于对事物有了科学概念。

概念是对思维对象的反映，任何思维对象都有其自身的性质，如形状、颜色、美丑、善恶等。此外，对象之间还会发生一定的关系，如"甲大于乙""甲位于乙和丙之间"等。对象所具有的性质及其同其他对象之间的关系，被统称为"对象的属性"。任何对象都是多种属性的统一体。

例：在动物这一领域，人的属性是多方面的：A. 能思维，有语言，会制造和使用生产工具；B. 能直立行走；C. 能进行血液循环，用肺呼吸；D. 有的人是黄头发，有的人是黑皮肤，有的人是蓝眼珠。为了形成"人"的概念，我们往往是在人的多方面属性中撇开其各种偶有属性（D），抽象出固有属性（A、B和C），进而把握人区别于其他动物的特有属性（A和B）或本质属性（A），从而形成关于人的初步概念。一般认为，能思维、有语言、会制造和使用生产工具是人这一类对象所共有的，也是人和动物这一领域其他对象最根本的区别所在，因此"人"这个概念就是通过反映人的这一本质来反映人这一类对象的。

与感觉、知觉、表象等感性认识的形式不同，作为理性认识（思维）的一种形式，概念在反映对象时已经不再反映对象的表面现象及各个片面、外部的联系。

二、概念的内涵和外延

概念是思维的最小单位，人们正是通过一个个科学的概念不断扩大和加深对世界的认识，形成了各门科学的概念体系。概念是一种基本的思维形式，是对现实对象的反映。对象都有自身的属性和范围，概念作为对象的反映，也有其内容属性和确定的范围，这两方面就构成了概念的内涵和外延。概念的内涵和外延构成了概念最基本的逻辑特征。

内涵是指反映在概念中的对象的本质属性，外延是指反映在概念中的具有该本质属性的一切对象。

例："法律"作为一个概念，它的内涵是"由立法机关制定，国家政权保证执行的行为规则"，它的外延是"一切具有这一本质属性的对象"，即"所有的法律，如刑法、宪法、经济法等"。

"国家"这个概念的内涵是"阶级矛盾不可调和的产物，维护一个阶级对另一个阶级的统治的机器"。它的外延就是"反映上述特征的古往今来所有的国家，如奴隶制国家、资本主义国家等"。

概念的内涵与外延是相互依存的，一定的内涵决定着一定的外延。因此，要把握一个科学概念，首先要对对象有本质上的了解，然后才能明确它的范围。

内涵与外延都是思维层面上的反映，是人对客观事物的认识结果。人们暂时还没有认识到的事物，不会被反映到人的概念中来；由于受到主客观条件的限制，人们认识得不全面的事物，在概念中反映得也会不全面。因此，概念的内涵和外延并不等同于客观事物的本质及范围。随着客观世界的发展变化和人们的认识的不断深化，概念的内涵或外延都会发生变化。

对于概念的内涵和外延，我们可以看看下面两个例子，对比一下。

例：① 隐形飞机是通过运用多种隐形技术降低飞机的信号特征，使敌方雷达难以发现、识别、跟踪和攻击，以实现反雷达、反红外线、反电子、反声波探测目的，从而达到隐身效果的作战飞机。常见的隐形飞机有美国20世纪60年代的TR-1型飞机，20世纪90年代的F-117"夜鹰"隐形战斗机、F-22型先进战术战斗机和A-12"复仇者"海军舰载隐形攻击机等。

② 营养素指的是食物中具有营养的物质，包括蛋白质、脂肪、糖类、维生素、无机盐和水。

例①中的概念是"隐形飞机"，其内涵是"通过运用多种隐形技术降低飞机的信号特征，使敌方雷达难以发现、识别、跟踪和攻击，以实现反雷达、反红外线、反电子、反声波探测目的，从而达到隐身效果的作战飞机"，其外延是"美国20世纪60年代的TR-1型飞机，20世纪90年代的F-117'夜鹰'隐形战斗机、F-22型先进战术战斗机和A-12'复仇者'海军舰载隐形攻击机等"。

例②中的概念是"营养素"，其内涵是"食物中具有营养的物质，包括蛋白质、脂肪、糖类、维生素、无机盐和水"。这里的"蛋白质、脂肪、糖类、维生素、无机盐和水"并不是"营养素"的外延部分，而是其内涵部分。

第二节　概念的语言表现形式

思维是通过语言表达出来的，语言是思维的物质载体。作为思维基本形式之一的概念，其语言表达形式是语词（词或词组）。概念的内涵即语词的含义，概念的外延即语词所指的对象。比如，"人""人民""中国人民"等语词，分别表达着一个概念，各有其特定的内涵和外延。

概念与语词的关系体现在三个方面：其一，概念要通过语词表达，但并不是所有的语词都表达概念，如助词、叹词等虚词不表达概念。其二，同一个概念可以表达为不同的语词，如"大夫"与"医生"、"番茄"与"西红柿"、"母亲""娘"与"妈妈"等，都是用不同的语词表达同一个概念。其三，同一个语词可以表达不同的概念，如"红"既可以表示颜色，也可以表示兴旺；"健康"既可以表示身体健康，也可以表示思想健康或语言健康；等等。

语词有词义。词义就是某一语言的词汇系统中和词的语音形式相结合的，人们对客观对象的概括反映。①词义是词的内在方面，是客观事物在人的意识中的反映，词义与概念是什么关系呢？词义和概念具有一致性，表现在两个方面：其一，词义和概念都是对客观事物的反映。其二，词义和概念对客观对象的反映不仅是高度概括的，而且是对性质的概括。词义和概念又有区别，表现在五个方面：其一，语词是概念产生和存在的必要条件，每一个词都有词义，但并非每一个语词都有概念作为自己的基础，如感叹词虽然也有意义，但不表达概念。其二，概念属于思维范畴，不带感情色彩；有一部分词义带有感情色彩，所以词义有理性义、色彩义、文化义、联想义的分类。其三，概念是各民族共通的，而词义则具有明显的民族特征。其四，一个概念可以由几个词义的组合来表示；几个彼此联系的概念则可以由一个词来表示，这就是语言中的一词多义现象。其五，由于各个词义的相互制约，一个词的意义范围可能与相应概念的外延或内涵不一致。比如，现代汉语中"短"的概念的外延要比"短"的词义的外延广，因为"短"的概念是"长度小"，外延包括一切事物；而"短"的词义"长度小"，外延不包括人，现代汉语用"矮"来表示"人的长度小"。还有墙、树木等，都不能用"短"，可见"短"的词义外延比"短"的概念外延小。

这些情况说明，概念和语词的词义之间并不是完全对应的关系。因此，在使用语词表达概念时，首先必须明确要表达什么意思，也就是明确概念的内涵和外延，然后才能选择恰当的语词来表达。如果在语言表达中，不能准确把握概念的内涵和外延，就会出现下面几种错误。

1. 概念错用

概念错用是指在句中使用了一个被错误理解的概念内涵和外延而出现的表达

---

①　这是高名凯、石安石在其主编的《语言学概论》中对词义的解释，也是为国内大多数学者所普遍接受的一种解释。

错误。

例：张董事长以法人资格参加了谈判。

句中的"法人"是"依法享有民事权利和承担民事义务的组织"而不是指个人。如果是代表法人组织行使职权的负责人，应被称为"法定代表人"，不能被简称为"法人"。这里显然是把这一概念的内涵和外延都搞错了。

2. 概念不明

概念不明是指在句中使用了不能清楚明确地表达概念的内涵和外延的语词，形成模糊、不确定的印象。

例：由上海飞往北京的飞机，于今日凌晨二十分到达首都机场。

句中的"凌晨二十分"概念不明确。"凌晨"是指黎明前后一段时间，"凌晨二十分"无法确定准确钟点。概念内涵不明确，外延也就无法确定。

3. 概念混淆

概念混淆是指把两个含义不同或相近的概念混同使用。

例：这种油，每公斤售价250元，价值过高。

句中的"价值"是指凝结在商品中的人类一般劳动，不能用高低来表示，而应当用"价格"，因为"价格"是"价值"的货币表现，可以用高低来表示。这里混淆了两个概念的内涵与外延。

4. 概念歧义

概念歧义是指在句中使用了可作两种或多种解释的结构造成的概念错误。

例：本市有十五个出版社的门市部已将门面粉刷一新。

句中的"十五个出版社的门市部"，既可以解释为"十五个出版社"，也可以解释为"十五个门市部"。概念内涵两解，其外延也就不同。因此，语词的歧义也就造成了概念的歧解。

第三节　概念的种类及关系

一、概念的种类

（一）单独概念和普遍概念

根据概念外延所反映的数量多少，可以将概念分为单独概念和普遍概念。

1. 单独概念

单独概念是反映单个对象的概念。单独概念通常有两种语言表达方式：一是专有名词，如"黄河"；二是摹状词，即通过在一类对象中揭示出其中某一分子的特有属性来指称该特定对象的语词，如"世界上最高的山峰"。摹状词一般由表示唯一特性的限制词加普遍名词构成。在表达单独概念的语词前不需要也不应该有表示并非单一数量的限制词。

2. 普遍概念

普遍概念是反映一类对象的概念。它由普遍名词或词组来表达，如"人""马""山""学校""聪明的孩子"等。另外，动词、形容词也表达普遍概念，如"走""叫""勇敢""聪明"等，它们也是对一类事物某种共性的概括。一些名词还在古今历史变化中从表达单独概念演变成表达普遍概念，如"河"从古代汉语中表示"黄河"的专有名词变成了现代汉语中的普通名词。

（二）集合概念和非集合概念

根据概念外延所反映的是集合体还是个体，可以将概念分为集合概念和非集合概念。

1. 集合概念

集合概念是以同类事物的集合体为反映对象的概念。它可以由专有名词、普遍名词或词组来表达，如"安徒生童话全集""马匹""船只""森林""词汇""小说月刊""科技丛书"等。集合的属性并不为集合中的个体所具有，如"中华民族"中的每一个民族，不具有中华民族总体的属性，不能表达为"汉族是中华民族"。但是可以将普遍概念用作集合概念，如"青年是祖国的未来""高等学校分布在全国各地"，其中的"青年""高等学校"作为集合概念使用，而不是对其中的每个个体进行表述。

2. 非集合概念

非集合概念是以事物的个体为反映对象的概念。

例：① 中国人的能力并不比外国人差，不要总以为只有外国人才干得好。要相信我们中国人自己是能干好的。

② 我是一个土生土长的中国人。

例① 中的"中国人"作为一个普遍名词，在这里既不指称一个一个的中国人，也不指由所有中国人构成的类。由于"能力并不比外国人差"这个属性并不是每一个个体意义上的中国人都必然具有的属性，而只能是由许许多多的中国人构成的集合体的属性，因此例①中的"中国人"是一个集合概念。而例②中的"中国人"反映的是一个非集合概念，可以用数量词指称。

在语言表达中，常见的逻辑错误是"误用集合"，即在应当使用非集合概念的地方使用了集合概念，如"我买了两本历史丛书""他写错了这两个词汇"，其中的"丛书"应为"书"，"词汇"应为"词"。可见集合概念排斥数量词，不可用数量词指称。

（三）正概念和负概念

根据概念内涵所反映的对象是否具有某种属性，可以将概念分为正概念（肯定概念）和负概念（否定概念）。

1. 正概念

正概念是反映具有某种属性的对象的概念。它可以由各种实词或词组来表达，如"飞""疫苗""青霉素""经济危机"等。

2. 负概念

负概念是反映不具有某种属性的对象的概念。负概念相对于正概念而言，常常用否定性前缀加词根的构词法表达，比如，由"非""无""免"等前缀构成的"无罪""非卖品""非党员""无轨电车""亚健康"[①]"免洗""无菌"等。但有些带否定词的并不是负概念，如"不丹""非洲"等音译词。逻辑上所说的正概念、负概念不涉及对概念所指内容是非的评价，即正概念不等于是积极的概念，负概念不等于是消极的概念，如"无罪"是负概念，而"有罪"是正概念。由于负概念的外延较广，不易确定范围，逻辑上要求确定一对正概念和负概念的论域，如"金属"与"非金属"的论域是"化学元素"，这样，"非金属"的外延就限定在化学元素范围内的非金属。日常表达中使用负概念的地方很多，如"非本单位职工不得在此停车""无票者不得上车""这件事与我无关"等。

二、概念之间的关系

两个概念在外延上可以有如下几种关系。

（一）同一关系

同一关系也叫全同关系，即两个概念的内涵不同、外延完全重合的关系，如"一分钟"与"60 秒"、"《狂人日记》的作者"与"鲁迅"等。表达具有同一关系的概念的语句形式是"……就是……""……等于……""……即……"等。具有同一关系的概念并不是两个完全等价的概念，外延相同，但内涵不同，因此"西红柿"与"番茄"并不是具有同一关系的两个概念，因为二者的内涵和外延都相同。

具有同一关系的两个概念（a，b）图示（图 2-1）如下。

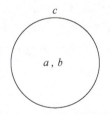

图 2-1　同一关系图示

（二）真包含关系

真包含关系即两个概念之间，如果一个概念包含着另一个外延较小的概念，那么前者对于后者具有真包含关系，如"文学作品"与"小说"、"画家"与"徐悲鸿"等。具有真包含关系的两个概念（a，b）图示（图 2-2）如下。

[①] 有人认为"亚健康"处于"健康"和"不健康"之间，不算是一个纯粹的否定性概念。但我们认为"亚健康"仍然是一个相对于"健康"的负概念。

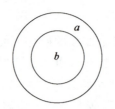

图 2-2　真包含关系图示

（三）真包含于关系

如果一个概念被包含在另一外延较大的概念中，那么前者对于后者具有真包含于关系，如"电视"与"电器"、"西安"与"城市"等。具有真包含于关系的两个概念（a，b）图示（图 2-3）如下。

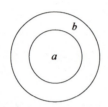

图 2-3　真包含于关系图示

在具有真包含关系或真包含于关系的两个概念中，外延较大的叫"属概念"，外延较小的叫"种概念"，这两种关系可统称为属种关系。属种关系在语言表达中常用的语句形式有"……是一种……""……是……之一""……中有一种……"等。具有属种关系的概念，一般不应并列使用，否则就会犯"属种不当并列"的错误。

例：他在学习之余开始接触古代文学和明清文学。

例句中的"古代文学"和"明清文学"具有属种关系，不应并列使用。

必须注意的是，属与种的关系并不等于整体与部分的关系，如"公司"的种概念可以为"房地产开发公司"，但是"公司"作为一个整体，"营业部"是其部分。

（四）交叉关系

交叉关系指的是两个概念的外延只有部分重合的关系，如"干部"与"青年"、"书法家"与"画家"等。具有交叉关系的两个概念（a，b）图示（图 2-4）如下。

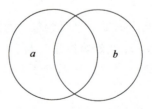

图 2-4　交叉关系图示

交叉关系在语言表达中常用的语句形式有"有些……是……""……兼……""既是……又是……"等。具有交叉关系的概念，一般不应并列使用，否则就会犯"交不当并列"的错误。

例：在业余时间，他喜欢研究香港电影和一些经典电影。

例句中的"香港电影"与"经典电影"具有交叉关系，不应并列使用。

但交叉概念并不意味着不能有共同拥有的成员，如"鲁迅是伟大的思想家、革命家、文学家""他是一个心灵美、语言美、行为美的人"等，即存在同时是思想家、革命家和文学家的人，存在同时具有心灵美、语言美和行为美的人。

（五）全异关系

全异关系指的是两个概念的外延没有任何重合的关系，如"太阳"与"巧克力"。对于全异关系，在一个限定的范围中进行考察，可以将其分为矛盾关系和反对关系两种。

1. 矛盾关系

矛盾关系是指在同一个属概念下，如果两个全异关系的种概念的外延之和等于属概念的外延，那么这两个种概念之间为矛盾关系，如"手机"下面的"国产手机"与"非国产手机"为矛盾关系。以 c 表示属概念，以 a、b 表示两个种概念，矛盾关系图示（图 2-5）如下。

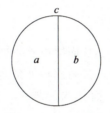

图 2-5　矛盾关系图示

2. 反对关系

反对关系是指在同一个属概念下，如果两个全异关系的种概念的外延之和小于属概念的外延，那么这两个概念之间为反对关系，如"颜色"下面的"白色"与"黑色"为反对关系。以 c 表示属概念，以 a、b 表示两个种概念，反对关系图示（图 2-6）如下。

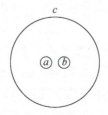

图 2-6　反对关系图示

矛盾关系与反对关系的区别，关键在于 a、b 之间有没有第三种可能。矛盾关系中没有第三种可能，语言表达为"不是……就是……""要么是……要么是……"等，公式为"$a+b=c$"。反对关系中有第三种可能，语言表达为"不是……也不是……"

"或是……或是……"等，公式为"$a+b<c$"。

在语言表达中要注意区别这两种关系，否则就会犯"以反对为矛盾"的错误。

例：他像一个机关的领导干部，不是个处长，就是个科长。

例句中的"处长"与"科长"是"机关干部"这一属概念下面的两个具有反对关系的种概念，不应用"不是……就是……"表达为矛盾关系。"他"还有可能是"司长""局长"等。

以上图解方式是由瑞士数学家莱昂哈德·欧拉（Leonhard Euler）提出的，故称"欧拉图解法"。

第四节　利用内涵和外延的关系明确概念

学习概念的基本理论，其目的是在日常思维和语言表达中明确地使用每一个概念。我们可以利用概念的内涵和外延的关系明确概念。逻辑学为我们提供了几种明确概念的逻辑方法，即限制法（又称缩小法）、概括法（又称扩大法）、定义法和划分法。

一、限制法

限制法是指通过增加概念的内涵从而缩小其外延的逻辑方法。

对于具有属种关系的两个概念，其内涵与外延之间存在一种反变关系规律，即一个概念的内涵越大，外延则越小；而其内涵越小，外延则越大。比如，在"人"与"中国人"之间，"中国人"的内涵大而外延小，"人"的内涵小而外延大。根据这种反变关系规律，我们可以提出一种通过增加概念的内涵、缩小概念的外延来明确概念的逻辑方法。比如，将"鞋子"限制为"运动鞋"，将"房子"限制为"住宅商品房"等。再如下面的一则笑话：

理想的丈夫

女孩对婚姻介绍所负责人说："我想找一个有教养又令人愉快的丈夫。他能说会道，又很风趣，能为我的生活增添色彩，并且还是一个消息灵通的人士，让我不出家门就能知道天下事。但是他必须经常待在家里，当我不要他说话的时候，他就应该立刻住口。"

婚姻介绍所负责人说："您要找的恐怕是一台彩电。"

可以看出，女孩对"丈夫"的要求很多，也就是对"丈夫"的内涵进行了扩大，那么其外延就变小了，也就是说，她能选择的范围就变小了，最后就没有了选择。

在语言表达中，限制一般表示为在名词前加定语，如"理想的丈夫"，"丈夫"是名词，"理想的"是中心语"丈夫"的定语。也可以是在动词或形容词前加状语，如"慢走""很聪明"等。但也有加定语并非表示限制的，如"劳动创造的商品"，并没有缩小商品的外延，在逻辑上不构成限制。也有不用定语但能缩小其外延的，表示限制，如把"水果"限制为"梨"，把"动物"限制为"老虎"，等等。限制也可连续进行，直到限制概念的外延的极限，即个体，如"作家→小说作家→中国小说作家→中国现代小说作家→巴金"。

再比如：

1948年10月26日，就《关于东北经济构成及经济建设基本方针的提纲》文件的起草，毛泽东致信刘少奇，建议将"决不可采取过早地限制私人资本经济的办法"改为"决不可过早地采取限制现时还有益于国计民生的私人资本经济的办法"。①

通过在"私人资本经济"这一概念已有内涵的基础上再增加"现时还有益于国计民生的"这一内涵，毛泽东对"私人资本经济"这一概念进行了限制，从而更为准确地表述了当时东北解放区在经济建设领域拟限制的对象。相对于"私人资本经济"而言，"现时还有益于国计民生的私人资本经济"就是它的一个种概念。

为了达到明确概念的目的，概念的限制必须根据概念本身的逻辑特性和具体论域来进行，否则就有可能犯"限制不当""缺乏限制""多余限制"的逻辑错误。

例：① 遵照死者生前遗愿，丧事从简。
② 今年粮食产量超过了任何一年。
③ 他常常回忆过去的往事。

例①中"遗愿"指的是生前没有实现的愿望，用"生前"去限制"遗愿"，使人们觉得遗愿似乎有生前遗愿和死后遗愿之分，反而使"遗愿"这一概念变得不明确了，因此犯了"限制不当"的逻辑错误。例②则犯了"缺乏限制"的逻辑错误，因为其中的"任何一年"外延过宽，可以指过去、现在或将来的任何一年，应当加以适当限制，如将其限制为"历史上的任何一年"。例③中的"往事"指的就是过去的事，限制语"过去的"是多余的，犯了"多余限制"的逻辑错误。

二、概括法

概括法是指通过缩小概念的内涵来扩大概念的外延的逻辑方法。例如，对"中年人"减去"中年"这一属性，就可以扩大到"人"。概括法适用于指明事物的所属范围，反映出事物的一般性质，如"鲁迅是中国著名的文学家"是用概括法表明事物的所属范围。再比如鲁迅在《战士和苍蝇》一文中写道：

谁也没有发现过苍蝇们的缺点和创伤。然而，有缺点的战士终竟是战士，完美的苍蝇也终竟不过是苍蝇。②

这里，从"有缺点的战士"到"战士"，从"完美的苍蝇"到"苍蝇"，都是对概念的概括。概括也可连续进行，如"文学→古代文学→明清文学→明清小说"。

语言表达中概括不当的错误主要有两种。

一是外延过宽（以属代种），是指在句中使用了一个外延过宽的概念，不能准确表达意思。

---

① 毛泽东.致刘少奇（一九四八年十月二十六日）[M]//中共中央文献研究室.毛泽东书信选集.北京：中央文献出版社，2003：281.

② 鲁迅.战士和苍蝇[M]//鲁迅全集：第三卷.北京：人民文学出版社，2005：40.

例：爱迪生发明了灯。

句中的"灯"泛指一切灯，应改用"电灯"或"白炽灯"。

二是概括不当，是指在句中对列举种类概括不当。

例：我国的江河湖泽盛产鱼、虾、盐、碱等水产。

句中的"盐""碱"并非"水产"，属于"概括不当"错误。

三、定义法

1. 定义法的含义及下定义的方法

定义法是指通过给概念下定义，从而明确概念内涵的逻辑方法。

下定义是揭示概念内涵的逻辑方法，或者说是用简短的语句指明对象的本质特征。定义由被定义项（对其下定义）、定义项（用它来下定义）和定义联项（联结定义项和被定义项的语词，如"就是"或"是"）三部分组成。例如：

电灯就是利用电能发光的灯。

被定义项：电灯

定义项：利用电能发光的灯

定义联项：（就）是

下定义的基本方法是"属加种差法"，即先确定被定义概念的属概念，然后找到被定义概念与其并列的其他种概念之间的差别，把种差与属相加构成定义。公式为

被定义项＝种差＋属

这样，"电灯"的定义就是"电灯（被定义项）就是（＝）利用电能发光的（种差）灯（属）"。

2. 下定义的规则

下定义的规则有以下四种。

一是定义项必须与被定义项的外延重合。违反这条规则，就会犯"定义过宽"或"定义过窄"的错误。

定义过宽，即定义项的外延大于被定义项的外延。

例：正方形就是四边相等的平面图形。

定义项"四边相等的平面图形"还包括"菱形"。

定义过窄，即定义项的外延小于被定义项的外延。

例：商品就是商店里出售的劳动产品。

定义项"商店里出售的劳动产品"的外延小于"商品"的外延。

二是定义不应循环。违反这条规则，就会犯"循环定义"的错误。

例：科学家就是被人称为科学家的人。

定义项中也含有"科学家"，这属于循环论证了。

三是定义不应做否定陈述。违反这条规则，就会犯"否定定义"的错误。

例：教条主义不是本本主义。

定义项中包含了判断动词"不是"。

但如果被定义项本身是负概念，定义时就可以用否定表达。

例：无菌环境就是没有细菌生存的环境。

被定义项"无菌环境"是负概念，可以用否定性定义。

四是定义不应使用比喻。违反这条规则，就会犯"比喻定义"的错误。

例：牡丹花是百花之王。

教师是辛勤的园丁。

这两句均为比喻，不宜作为定义。

四、划分法

1. 划分法的含义

划分法就是以对象的某种属性为标准，将反映该对象的概念分成若干个种概念，以明确其外延的逻辑方法。除了可以借助定义来揭示一个概念的内涵外，还可以通过了解其外延来明确这个概念。外延很大甚至是无限的概念，如果要用列举的办法来明确其外延可能就不必要或者是根本不可能，这时就需要用划分法。

例：根据是否与当事人存在血亲或姻亲关系，继承法上所说的子女，包括婚生子女、非婚生子女、养子女和有扶养关系的继子女。

以是否与当事人存在血亲或姻亲关系为标准，把"继承法上所说的子女"分为"婚生子女""非婚生子女""养子女""有扶养关系的继子女"，就使人们对"继承法上所说的子女"这个概念的外延有了比较明确的理解。究其实质，划分是通过在思想上把一个属概念所反映的对象分为若干个小类来明确这个属概念的外延。

值得注意的是，单独概念反映的是独一无二的对象，对这种概念进行划分显然既无必要也不可能，因此单独概念是划分的极限。换句话说，划分只适用于普遍概念。

任何划分都由三个要素构成：一是划分的母项，即被划分的概念，也就是需要通过划分来明确其外延的那个概念；二是划分的子项，即划分后所得到的概念，也就是用来明确母项外延的那些概念；三是划分的标准，也称划分的根据，即把母项分为若干子项的根据。划分的标准有时在语句中可以被省略。从内容上看，划分的标准即为母项的某种属性。由于对象总是多种属性的统一体，因此划分的标准并不是唯一的。基于不同需要而采用不同的标准对同一概念进行不同划分，可以揭示母项不同方面的外延，具有不同的认识意义。至于选择对象的何种属性作为划分标准，则取决于实际的需要。如以下例子中下划线部分皆为不同的划分。

例：根据<u>高考分数线</u>可以将大学分为一本、二本、三本、高职院校。根据<u>高校学科专业覆盖面，按照教育部对学科的划分和大学各学科的比例</u>，可以将大学划分为综合类、文理类、理科类、文科类、理学类、工学类、农学类、医学类、法学类、文学类、管理类、体育类、艺术类等13类。根据<u>高校人才培养类型</u>，可以将大学划分为研究型、应用型、高职型。

也可以将几个标准作为一个依据对概念进行划分。

例：有色金属可以根据<u>密度、特性、价格及蕴藏量</u>，分为有色轻金属、有色重金属、抗腐蚀金属及稀有金属四类。有色轻金属为密度小于 4.5 g/cm^3，且蕴藏量较多的金属，包括铝、镁、钠、钾、钙、锶、钡。这种金属的活性较强，其氧化物及氯化物相当稳定，很难还原。有色重金属为密度大于 4.5 g/cm^3，且蕴藏量较多的金属，包括铜、镍、铅、锌、锡、锑、钴、汞、镉及铋。抗腐蚀金属包括金、银和铂、铱、钯、钌、铑、锇等铂系元素。其特性是与氧和其他试剂不容易发生反应，在地壳中含量少，价格也较一般金属贵。稀有金属为在自然界中含量很少，分布稀散或不容易提取的金属。

2. 划分和分解

在日常语言表达中，划分和分解具有近似的形式：A 可以分为 A_1，A_2，…，A_n。但划分不同于分解，不能将二者混淆。划分是将母项分成若干子项，其基础是概念间的属种关系；被划分的母项是属概念，划分后的子项是种概念，故可断定"A_1 是 A"。分解则是把一个对象分成若干个组成部分，其基础是整体与部分的关系，被分解的是整体的概念，分解后得到的是其组成部分的概念。在分解中，A_1、A_2 等是 A 的组成部分，并不必然具有 A 这个整体的所有属性，因此不能断定"A_1 是 A"。

例：地球可以分为南半球和北半球。

"地球"是单独概念，不能被划分，故"南半球""北半球"只是反映地球组成部分的概念，这是分解，而不是划分。再比如，主语、谓语只是主谓句的组成部分，所以我们不能说"主语是主谓句""谓语是主谓句"，这也不是划分，而是分解。

3. 划分的种类

（1）一次划分和连续划分。

根据划分层次的不同，划分可以分为一次划分和连续划分。一次划分，就是只包含母项和子项两个层次的划分。连续划分，就是并非只有母项和子项两个层次的划分，而是把分得的子项的全部或部分再作为母项划分为更小的子项的划分。

例：刑罚可以分为主刑和附加刑。主刑又分为管制、拘役、有期徒刑、无期徒刑和死刑，附加刑又分为罚金、没收财产和剥夺政治权利。

连续划分有助于人们比较完整地把握概念的外延及其层次关系。至于是否需要对概念进行连续划分，以及连续划分究竟要进行多少次，则要根据明确概念外延的实际需要来决定。

（2）二分法和非二分法。

根据子项在外延间关系的不同，划分可以分为二分法和非二分法。二分法是以对象有无某种属性为划分标准所进行的划分。二分法的特征：每次划分所得到的子项只有两个，其中一个是正概念，另一个是负概念，它们之间是矛盾关系。

例：根据战争是否具有正义性，可以将战争分为正义战争和非正义战争。

由于负概念只反映不具有某种属性的对象，因此二分法所得到的那个负概念，其外延仍然是不明确的，即不清楚它究竟反映哪些具体的对象，以及这些对象又具有什么样的属性。不过，为了突出具有某种属性的那部分对象，人们还是经常使用二分法。

例： 出席这次会议的代表中有50%是妇女代表。

这个例子表述了将"代表"按二分法分成"妇女代表"和"非妇女代表"后，对"妇女代表"的人数比例进行统计的结果，它突出了"妇女代表"这部分对象，明确了"妇女代表"的外延情况。

拓展知识

唯实论和唯名论之争

罗马之后，欧洲进入中世纪。中世纪所谓的"七艺"中，语法、辩论术、修辞学是最重要的"三艺"。其中一个涉及语法、逻辑等方面的最著名的争论就是唯实论和唯名论之争。争论者们注意到有些名词如"苏格拉底"指称的是个体，有些名词如"人"指称的是类。因此，应当区分两类名词：一是专名，二是通名。唯实论者认为通名像专名一样也指称实在的对象，唯名论者持相反的观点。唯名论的重要代表法国哲学家皮埃尔·阿伯拉尔（Pierre Abelard）从个别高于一般的基本立场出发来区分专名和通名，专名如"苏格拉底"是有所指的，指的就是苏格拉底本人，作为专名，它的所指是唯一的。通名如"人"却没有一个同样明确的对象与之对应，"人"固然是有意义的，但它的意义不在于有所指，而在于它是代表一个类的记号。另一个著名的唯名论者奥康姆（William of Occam）也持类似的观点，他是中世纪最重要的逻辑学家之一。在逻辑学研究过程中，他发现必须对语词做出新的分类，如需要区分实体语词和形式语词，前者如"桌子"，后者如"有些""有的""所有的""不"等，后面的这些词很接近于后世所谓的"逻辑常项"。

第三讲

简单命题及其语言形式

第一节 命题的概述

一、命题的含义

在对命题下定义之前，我们需要先明白什么是判断。

判断是对思维对象有所断定的思维形式。例如，"苏州的留园是中国大型古典私家园林""拙政园不是留园""拙政园距离狮子林很近""只有买门票才能进去"等，这些都是判断。思维对象可以是客观事物，也可以是创造的形象、符号等。所谓"有所断定"是指对思维对象的性质、关系、状态等的肯定或否定。

判断是一种基本思维形式，它由概念构成，又是推理的组成部分。人们凭借判断揭示出各种事物的本质和规律，从而不断扩大和加深对世界的认识。

判断有时也称为命题，一些教材中直接用"判断"代替了"命题"。但二者有所区别。命题是未被主观断定的陈述，而判断是已被主观断定的陈述。例如，某人说："张三是凶手。"对于此人来说，他做了主观断定，这是一个判断；而对于法院来说，在查证核实之前，这只是一个未被断定的命题。一个陈述是判断还是命题，关键在于有没有主观上的断定。在非严格意义上，判断和命题也可以同义使用，所以有的教材并未区分命题和判断。我们这里也是略做区分，目的其实是想说明"判断"这个词似乎更贴近思维形式，如果全部都用"命题"代替，则表达不出思维形式的过程。

命题是逻辑中最基本的概念。对确定的对象做判断的陈述句就是命题。如果判断正确，则称命题为真；如果判断错误，则称命题为假。"真""假"是命题的固有属性，我们称之为"真假值"（包括真和假），分别用"T"（或"1"）和"F"（或"0"）表示。

什么样的语句是命题呢？我们来看几个实例。

例： ① 雪是白色的。

② $2+2=5$。

③ $X+Y>10$。

④ 您贵姓？

例①是陈述句，是对"雪"的颜色做出的判断，其中"雪"是确定的对象，因而是命题，且真假值为真。

例②是关于确定的三个对象"2""2""5"之间的关系的判断，且有真假值，即"2+2"并不等于 5，因而是命题，真假值为假。

例③不是命题，虽然它有所断定，但是 X、Y 不是确定的对象，因而不是命题；只有对 X、Y 赋值了之后，才能确定对象和真假值，才是命题。

例④并不是一个陈述句，没有做出任何判断，只是在询问对方的信息，因而不是命题，没有真假值。

我们再来看下面一组语句。

例：① 袁世凯称帝的那天北京下雨了。

② 大于 2 的偶数均可以分解为 2 个素数之和。

③ 请你把门关上。

④ 2 是偶数，而且 3 也是偶数。

例①中有确定的时间和确定的地点，是对天气的一个论断。但是，多人可能并不知道该命题的真假值。例②是著名的哥德巴赫猜想，也是对确定的对象即"大于 2 的偶数"做出的一个判断，且是一个陈述句，所以是命题。该命题有真假值，只不过目前还不知道。例③表达的是说话人的命令，并不是做出了判断，因而不是命题，没有真假值。例④是命题，是对确定对象的一个判断，但是这个命题有点不一样（其实是一个复合命题），我们后文将要继续说明。

综上，命题是对确定的对象进行的判断，有真假值。

二、命题的语言表达形式

如同概念的语言表达形式是语词一样，命题也有语言表达形式。命题的语言表达形式是语句。自然语言语句，不仅具有逻辑的内容，即表达了对某个思想对象的断定，而且具有不同的句法、修辞等方面的非逻辑的特征。命题仅仅是对表达判断的自然语言语句的一种逻辑抽象。

但是，命题和语句之间也不是一一对应的关系，主要表现在以下两个方面。

第一，并非所有的语句都是命题。汉语的语句类型有以下四种：

(1) 陈述句：叙述事情的句子，一般用平缓的陈述语调，包括肯定的陈述、否定的陈述和强调的陈述。

(2) 疑问句：提出问题的句子，一般用疑问语调，包括特指问、是非问、选择问、正反问几种形式。

(3) 祈使句：表示要求别人做什么或不做什么的句子，一般用祈使语调，一般分为表示要求和表示禁止两类。

(4) 感叹句：表示某种强烈感情的句子，一般用感叹语调。

综上，根据句子类型，汉语语句可以分为陈述句、疑问句、祈使句和感叹句。在这四种语句类型中，陈述句直接表达了某种判断，因而是命题。祈使句和感叹句一般不直接表达判断，因而不是命题。在疑问句中，除了带有反诘语气的外，其他的都不表达判断。由于反诘句是用反问的形式来表达肯定的论述，故可以认为是命题。

例：① 这难道不是你的错吗？

② 他们能做到，难道我们就做不到吗？

例句的反诘语气表达的是"这就是你的错""我们也能做得到"。

第二，同一个语句可以表达不同的判断，即同一个语句可以作为不同的命题存在。

例：① 中国乒乓球队，谁都赢不了。

② 中国足球队，谁都赢不了。

"谁都赢不了"可以在不同的语境下产生不同的意义。究竟哪个成分是支配"赢"的主语，哪个成分是被"赢"支配的宾语，需要依据语境判定。

总之，语句和命题并不完全相同，它们分属不同的科学范畴。语句是语言学的研究对象，而命题是逻辑学的研究对象。不过，它们又有密切的联系：命题是表达判断的语句，或者说命题是能区分真假的语句。命题的内容就是判断所断定的对象的情况，命题的逻辑形式则是通过表达判断的语言形式来显示的。逻辑学对命题进行研究的基础，不在于它是一个语句，而在于它表达了判断。

三、命题的种类

命题形式是多种多样的，根据不同的划分标准可以对命题形式进行不同的分类。根据命题本身是否包含其他命题，我们把命题分为简单命题和复合命题。

1. 简单命题

简单命题是本身不包含其他命题的命题，是一个单句。

例：① 地球上所有物体都受地心引力影响。

② 小张是苏州大学的学生。

按照简单命题断定的是对象的性质还是关系，可以将简单命题分为性质命题、关系命题、模态命题、规范命题。

2. 复合命题

复合命题是本身包含其他命题的命题，是一个复句。

例：①《史记》有文学价值，并且有历史学价值。

② 他不但是一位历史学家，而且是一位数学家。

按照复合命题所包含的各个命题之间的联结方式，可以将复合命题分为联言命题、选言命题、假言命题、负命题。

命题的种类如图 3-1 所示。

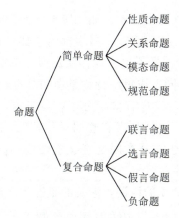

图 3-1　命题的种类

第二节　性质命题

一、性质命题的含义与组成

(一) 性质命题的含义

作为一种简单命题，性质命题就是断定对象是否具有某种性质的命题，也称直言命题。

例：① 所有事物都是发展变化的。

② 有的大学生不是党员。

例①断定了所有事物具有"发展变化的"性质，例②断定了有的大学生不具有"党员"这一性质。

虽然不同性质命题断定的具体内容各不相同，但有着相同的组成要素与逻辑形式。性质命题是一种简单命题，即其自身不包含其他命题，对其加以分解后得到的只能是表达概念的语词。

"质"和"量"表征事物的两种基本规定性的哲学范畴。质是由事物的内在特殊矛盾决定的，使一事物区别于其他事物的内在的规定性。量是质的等级、规模、范围和结构的表现，是事物可以由数和形来表示的规定性。性质命题也包括"质"和"量"两个方面。

(二) 性质命题的组成

性质命题由主项、谓项、量项和联项四个部分组成。

主项指称命题所断定的对象。在性质命题中，主项只有一个，如上述两例中的"事物""大学生"。在性质命题的逻辑形式中，主项通常用 S 表示。

谓项指称命题所断定的对象是否具有的某种属性，如上述两例中的"发展变化的""党员"。谓项通常用 P 表示。

量项指称命题所断定的对象的量。在性质命题中，量项有全称量项和特称量项两种。全称量项对主项的全部外延做断定，如"所有""任何""每一个""一切""凡"等语词都可以充当全称量项。特称量项不对主项的全部外延做断定，其语词形式包括"有""有的""某些"等。特称量项也称为存在量项。逻辑学中的"有的/有些"和日常生活中的"有的/有些"不同。逻辑学特称量项的"有的/有些"在逻辑上表示一类事物中至少有一个分子存在，究竟有多少分子存在没有限定，不排除有可能全部存在，存在一个就可以。比如，说"我班有些同学住校"，不排除"我班所有同学都住校"。而日常使用"有些"，往往是在限定意义上使用，如说"有些同学是住宿生"，意味着"有些同学不是住宿生"。

联项是用来联系主项与谓项的语词，涉及的是性质命题的质，即性质命题所做断定的性质（肯定或否定）。联项又可分为肯定联项和否定联项。前者断定主项所指称的对象具有谓项所指称的性质，通常用"是"来表示；后者断定主项所指称的对象不具有谓项所指称的性质，除了常见的"不是"外，有时也可以用"不具有""没有""不存在"等语词来表示。

据此，直言命题的逻辑形式可以表示为"所有（有的）S 是（不是）P"。

需要注意的是，要将性质命题的"主项""谓项""量项"与语言学中的"主语""谓语"区分开来。

二、性质命题的分类与基本形式

（一）性质命题的分类

根据性质命题形式中的逻辑常项，可以对性质命题进行不同的分类。

1. 按照质（联项）分类

按照质（联项）来分，性质命题可以分为肯定命题和否定命题。

（1）肯定命题就是断定对象具有某种性质的命题。

例：① 凡是知道案情的人都有出庭作证的义务。

② 有些政府福利仅供本国公民申请。

（2）否定命题就是断定对象不具有某种性质的命题。

例：① 所有住校的学生都不能养宠物。

② 有些大学并不是师范大学。

2. 按照量（量项）分类

按照量（量项）来分，性质命题可以分为单称命题、全称命题和特称命题。

（1）单称命题是断定某一单独对象具有或不具有某种性质的命题。单称命题一般不包含量项，其主项为单独概念，不是一个普遍概念。

例：① 秦始皇是中国史上第一个使用皇帝称号的君主。

②《包法利夫人》的作者并不是英国人。

（2）全称命题是断定某类对象中的每一个个别对象都具有或不具有某种性质的命题。全称命题的主项可以是普遍概念，也可以有全称的量项。

例：① 所有大学生都是学生。

② 马不是反刍动物。
（3）特称命题是断定某类对象中有对象具有或不具有某种性质的命题。
例：① 有的瓷器是青色的。
　　② 有的大学不是师范大学。

3. 按照质和量的结合分类
按照质和量的结合来分，性质命题可以分为以下六种。
（1）单称肯定命题，即断定某一单独对象具有某种性质的命题。
例：《史记》是中国历史上第一部纪传体通史。
（2）单称否定命题，即断定某一单独对象不具有某种性质的命题。
例：《汉书》的作者不是司马迁。
（3）特称肯定命题，即断定一类对象中有对象具有某种性质的命题。
例：有的笔记本是 WINDOWS 系统。
（4）特称否定命题，即断定一类对象中有对象不具有某种性质的命题。
例：有的国家并不临海。
（5）全称肯定命题，即断定一类对象中的每一个个别对象具有某种性质的命题。
例：所有的学校都有学生。
（6）全称否定命题，即断定一类对象中的每一个个别对象不具有某种性质的命题。
例：所有的教材都不可能准确无误。

（二）性质命题的基本形式
由于单称命题是对某一单独对象的断定，就其外延情况来说，对该对象做了断定，也就是对反映该对象的概念的全部外延做了断定。因此，传统逻辑认为可以把单称命题当作一种全称命题来对待。这样，性质命题就可以归结为以下四种基本形式：
（1）全称肯定命题，逻辑形式为"所有 S 是 P"，可缩写为 SAP，或简写为 A。
（2）全称否定命题，逻辑形式为"所有 S 不是 P"，可缩写为 SEP，或简写为 E。
（3）特称肯定命题，逻辑形式为"有的 S 是 P"，可缩写为 SIP，或简写为 I。
（4）特称否定命题，逻辑形式为"有的 S 不是 P"，可缩写为 SOP，或简写为 O。
逻辑学通常把性质命题的这四种形式分别称作 A 命题、E 命题、I 命题和 O 命题。

三、性质命题的周延性

（一）周延性的含义
为了反复说明一个思想或强调一句话的重要性，常常会出现这样一种情况：先从正面讲一句话，再倒过来说一下，如"唯心主义者都不是马克思主义者，马克思主义者都不是唯心主义者"。
有些命题倒过来说却完全不一样。比如，"师范大学都是高等院校"是正确的，但是倒过来后，"高等院校都是师范大学"是不正确的。这是为什么呢？我们结合例子来解释一下。

例：① 唯心主义者都不是马克思主义者。
② 马克思主义者不是唯心主义者。
③ 师范大学都是高等学校。
④ 高等学校都是师范大学。

例①是一个省略了全称量项的全称否定命题，即"所有的唯心主义者都不是马克思主义者"。它不仅对唯心主义者的全部外延做了否定，而且对马克思主义者的外延也做了否定。就是说，唯心主义者被排除在马克思主义者的全部范围之外。例②也是一个省略了全称量项的全称否定命题，即"所有的马克思主义者不是唯心主义者"。例①、例②两个命题的断定范围一致，所以正过来和反过去的说法一致。

例③是省略了全称量项的全称肯定命题，即"所有的师范院校都是高等学校"。这个命题只对主项"师范学校"的全部外延做了肯定性断定，但是没有对它的谓项"高等院校"的全部外延做出断定。也就是说，这个命题并没有断定师范院校是高等学校的全部外延。例④也是一个省略了全称量项的全称肯定命题，即"所有的高等学校都是师范大学"。这个命题对高等学校的全部外延做出了断定。在原命题中未被断定出全部外延的项的全部外延在新命题中都被断定了，这就表示新命题与原命题断定的范围不一样，因而原命题的正确保证不了新命题的正确。

这里，我们就需要引入一个概念：周延性。所谓性质命题项的周延性，指的是性质命题的主项和谓项的外延在命题中被断定的情况。如果在判断中断定了主项（或谓项）的全部外延，那么这个主项（或谓项）就是周延的；如果在判断中没有断定主项（或谓项）的全部外延，那么这个主项（或谓项）就是不周延的。

需要注意的是，周延性指的是性质命题主项、谓项的外延在命题中被断定的情况，因此只有性质命题的主项、谓项才有周延性的问题；离开性质命题的语境，一个孤立的语词没有所谓的周延和不周延。

（二）周延性的判断

如何在性质命题中判断主项、谓项的周延性呢？性质命题的主项、谓项的周延性是由性质命题的形式结构决定的。

就主项 S 的周延性来说，无论 S 具体代表什么，在全称命题"所有 S 是（不是） P"中，出现了"所有 S……"，即断定了 S 的全部外延，因此 S 在全称命题中总是周延的。对于特称命题"有的 S 是（不是） P"来说，由于 S 的外延没有被全部断定，所以 S 在特称命题中总是不周延的。

再看谓项 P 的周延性。无论 P 具体代表什么，对于肯定命题"所有（有的） S 是 P"来说，它只断定了某个数量的 S 是 P，并未对 P 的全部外延做出明确断定，因此 P 在肯定命题中总是不周延的。对于否定命题"所有（有的） S 不是 P"来说，它断定了某个数量的 S 不是 P，即把所有的 P 都排除在这些 S 之外，所以 P 在否定命题中总是周延的。

例：① 所有的香蕉都是水果。
　　② 有些干部不是青年。

例①是一个 A 命题，断定了主项"香蕉"的全部外延，"香蕉"是周延的；而对于谓项"水果"，只断定了其属于香蕉的那一部分，未全部断定，所以"水果"是不周延的。

例②这是一个 O 命题，未断定主项"干部"的全部外延，主项是不周延的；对于谓项"青年"，断定了其全部外延，谓项是周延的。

由于从外延情况来说，可以将单称命题当作全称命题来处理，故单称命题的主项、谓项的周延情况与全称命题是一样的。不过，除此以外，不能在其他方面将单称命题与全称命题简单混同起来。

这样，根据性质命题项的周延性的定义及上述解释，可以将 A、E、I、O 四种命题项的周延性情况用表 3-1 表示。

表 3-1　主项和谓项的周延性情况

命题类型	周延性情况	
	主项	谓项
SAP	周延	不周延
SEP	周延	周延
SIP	不周延	不周延
SOP	不周延	周延

由表 3-1 可知，全称命题的主项都是周延的，特称命题的主项都是不周延的；肯定命题的谓项都是不周延的，否定命题的谓项都是周延的。这就是说，可以通过考察命题的量项来判定主项的周延性情况，通过考察命题的联项来判定谓项的周延性情况。

周延性对于性质命题的推理至关重要。有效的演绎推理是一种必然性推理，其结论是从前提中得出的，结论的真要由前提的真来保证，因此结论的断定范围不能超过前提的断定范围。

四、同一素材的性质命题的真假关系

同一素材（主项、谓项相同）的性质命题之间在真假上存在着相互制约的关系。掌握这种关系对我们做到明辨是非、恰当判断是很有帮助的。

从外延角度看，性质命题的主项和谓项反映的是类与类之间的关系。根据第二讲所讲述的两个概念在外延间的关系，可知有同一关系、真包含于关系、真包含关系、交叉关系和全异关系五种。相应地，性质命题的主项、谓项外延间的关系也可分为这五种关系。可以用表 3-2 来表示主项、谓项相同的 A、E、I、O 四种性质命题的真假情况。

表 3-2　S 和 P 的关系影响 A、E、I、O 性质命题的真假值情况

命题类型	S 和 P 的关系				
	同一关系	真包含于关系	真包含关系	交叉关系	全异关系
SAP	T	T	F	F	F
SEP	F	F	F	F	T
SIP	T	T	T	T	F
SOP	F	F	T	T	T

表 3-2 的 T 表示真，F 表示假。A、E、I、O 四种命题的真假情况如下。

SAP 的真假情况：当 S 与 P 是同一关系和真包含于关系时，SAP 是真的；当 S 与 P 是真包含关系、交叉关系和全异关系时，SAP 是假的。

SEP 的真假情况：当 S 与 P 是全异关系时，SEP 是真的；当 S 与 P 是同一关系、真包含于关系、真包含关系和交叉关系时，SEP 是假的。

SIP 的真假情况：当 S 与 P 是同一关系、真包含于关系、真包含关系和交叉关系时，SIP 是真的；当 S 与 P 是全异关系时，SIP 是假的。

SOP 的真假情况：当 S 与 P 是真包含关系、交叉关系和全异关系时，SOP 是真的；当 S 与 P 是同一关系和真包含于关系时，SOP 是假的。

若用实例来说明，则如表 3-3 所示。

表 3-3　S 和 P 的关系影响 A、E、I、O 性质命题的真假值的实例

命题类型	S 和 P 的关系				
	同一关系	真包含于关系	真包含关系	交叉关系	全异关系
SAP	所有的商品都是用来交换的劳动产品（真）	所有的人都是生物体（真）	所有的生物体都是人（假）	所有的作家都是书法家（假）	所有的木头都是金属（假）
SEP	所有的商品都不是用来交换的劳动产品（假）	所有的人都不是生物体（假）	所有的生物体都不是人（假）	所有的作家都不是书法家（假）	所有的木头都不是金属（真）
SIP	有些商品是用来交换的劳动产品（真）	有的人是生物体（真）	有的生物体是人（真）	有的作家是书法家（真）	有的木头是金属（假）
SOP	有些商品不是用来交换的劳动产品（假）	有的人不是生物体（假）	有的生物体不是人（真）	有的作家不是书法家（真）	有的木头不是金属（真）

根据表 3-2、表 3-3 所揭示的四种性质命题的真假情况，可以确定素材相同的 A、E、I、O 四种命题在真假上的相互制约关系，这就是传统逻辑中所谓的对当关系。对当关系包括以下四种类型：

（1）反对关系：A 与 E 之间的关系。其特点是两者不能同为真，但可同为假；如果已知一个为真，则另一个必为假；如果已知一个为假，则另一个真假不定。因此，利用反对关系可以由真推假，但不能由假推真。

（2）矛盾关系：A 与 O、E 与 I 之间的关系。其特点是两者不能同为真，不能同为假；如果已知一个为真，则另一个必为假；如果已知一个为假，则另一个必为真。因此，利用矛盾关系可以由真推假，也可以由假推真。

（3）差等关系：A 和 I、E 和 O 之间的关系。这种关系存在于同质的全称命题和特称命题之间，其特点是如果已知全称命题为真，则相应的特称命题为真；如果已知特称命题为假，则相应的全称命题为假；如果已知全称命题为假，则相应的特称命题真假不定；如果已知特称命题为真，则相应的全称命题真假不定。

（4）下反对关系：I 和 O 之间的关系。其特点是两者可以同为真，但不可以同为假；如果已知一个为假，则另一个必为真；如果已知一个为真，则另一个真假不定。因此，利用下反对关系可以由假推真，但不能由真推假。

下面用几个具有显而易见的真假值的命题实例来说明。

例：① 所有的事物都是运动的（真）。
　　② 所有的事物都是静止的（假）。
　　③ 所有的物体都是固体（假）。
　　④ 不是所有的物体都是固体（真）。

我们将 A 命题设为"所有的事物都是运动的"，那么其 E 命题为"所有的事物都不是运动的"。显然，由 A 的真可以推出 E 的假。但是，由 E 的假可以推出 A 的真吗？上述例子看似可以，但是下列例子就不可以。

我们将 E 命题设为"所有的物体都不是固体"，由常识可推知这个 E 命题为假，其 A 命题为"所有的物体都是固体"。这样，由假的 E 命题推出来的 A 命题仍为假。所以，我们可以认为 A 和 E 之间的关系是可以从 A 的真推出 E 为假，但是不能从 E 的假推出 A 为真。

矛盾关系、差等关系、下反对关系均可以用这几个例子来推导。这里不一一说明。

素材相同的 A、E、I、O 四种性质命题间的对当关系如图 3-2 所示。

图 3-2　A、E、I、O 命题对当关系图

第三节　关系命题

一、关系命题的含义与组成

关系命题是断定对象之间的关系的判断，是简单命题的一种，如"我相信你""狮子林离拙政园很近""一米等于十分米"等。

关系命题由关系项、关系词和关系量项（不是必有）三部分组成。

（1）关系项，即表示相关事物的概念，是关系的承担者，如"一斤""我""你""狮子林""拙政园""一米""十分米"等。一个关系命题中可以有两个或两个以上的关系项，用 a、b、c 等表示。

（2）关系词，即表示某种关系的语词，如"等于""离……近""相信"等，用 R 表示。

（3）关系量项，即表示关系项数量的语词，如"有些人赞同这个提议"中的"有些"。

关系判断的公式：aRb 或 $R(a,b,c,\cdots)$。

二、关系命题的性质

关系命题具有对称性和传递性。

1. 关系命题的对称性

关系命题的对称性体现为以下三种情况。

（1）对称关系，即若 a 对 b 有 R 关系，并且 b 对 a 也有 R 关系，则 R 为对称关系，如"一米等于十分米""甲与乙是同学""狮子林离拙政园很近"等。

（2）反对称关系，即若 a 对 b 有 R 关系，但 b 对 a 没有 R 关系，则 R 为反对称关系，如"汉惠帝刘盈是刘邦的儿子""苏州在上海的西面""3 大于 2"等。

（3）非对称关系，即若 a 对 b 有 R 关系，而 b 对 a 不一定有 R 关系，则 R 为非对称关系，如"我相信你""我支持你"等。

2. 关系命题的传递性

关系命题的传递性体现为以下三种情况。

（1）传递关系，即若 a 对 b 有 R 关系，b 对 c 有 R 关系，并且 a 对 c 也有 R 关系，则 R 为传递关系，如"孔子早于墨子，墨子早于荀子，则孔子早于荀子"等。

（2）反传递关系，即若 a 对 b 有 R 关系，b 对 c 有 R 关系，而 a 对 c 没有 R 关系，则 R 为反传递关系，如"小李比小陈大 2 岁，小陈比小张大 2 岁，但小李不比小张大 2 岁"等。

（3）非传递关系，即若 a 对 b 有 R 关系，b 对 c 有 R 关系，而 a 对 c 不一定有 R 关系，则 R 为非传递关系，如"我认识你，你认识他，而我不一定认识他"。

命题中包含何种关系词则为何种关系命题。比如，"我喜欢你"是一个由非对称关系词"喜欢"构成的非对称关系命题；"苏州在上海的西面"是一个由反对称关系词"在……的西面"构成的反对称关系命题;"孔子早于墨子,墨子早于荀子,则孔子早于荀子"是一个由传递关系词"早于"构成的传递关系命题。

第四节　模态命题

一、模态命题的含义与组成

(一)模态命题的含义

模态命题是断定事物的可能性或必然性的命题。在以下两个例子中,前者是断定"可能性",后者是断定"必然性"。

例:① 明天可能下雨。

② 事物必然处于永不停止的运动变化之中。

如果我们说"地球是圆的",这是普通的性质命题;如果我们说"地球必然是圆的""地球可能是圆的",这就是模态命题。语言中也有模态词(也叫情态词,英文术语是 modality),如汉语中的"可能""必然""应该"等,英语中的 may、must、should 等。

在汉语中,表示绝对性的话语都是可以省略的,比如,"S 是 P"其实是"所有的 S 都必然是 P",可以把"所有""必然"都略去。性质命题加上了模态词后变成模态命题,这其实就是对性质命题的一种强化或弱化。所以,性质命题和模态命题有相通之处,如"我们班所有的同学都是男同学"是一个性质命题,这里的量项"所有"也就意味着是一种"必然",即"我们班所有的同学都必然是男同学"。再如,"我们班有的人是男同学",这里的量项"有的"也就意味着是一种"可能",换言之就是"我们班可能有同学是男同学"。

(二)模态命题的组成

模态命题由对某种现象的断定和模态词构成。

(1)对某种现象的断定,如"明天下雨""事物在运动变化"。用"S 是 P"表示,也可简化为 P。

(2)模态词,即断定模态的语词,如"可能"和"必然",分别用"◇"和"□"表示。

在性质命题中,我们提到主项、谓项的量的限制即为量项,联项是判断词,用"是"或"不是"来表达,这是一种绝对的概率,即"100%(是)"或"0%(不是)"。但是在生活中,很多判断并不是绝对的概念,比如天气预报,它对未来的预测不可能是绝对的,当存在不确定性的时候,就需要模态命题来表达了。

二、模态命题的种类及其关系

根据模态判断中不同的断定情况,模态命题可以分为四种类型。

(1)或然肯定命题:断定事物情况可能存在的命题,如"小张可能是南京人"。

公式为"S 可能是 P";符号为"◇P（可能 P）"。

（2）或然否定命题：断定事物情况可能不存在的命题，如"今天可能不开会"。公式为"S 可能不是 P"（或"S 不是 P 是可能的"）；符号为"◇¬P（可能非 P）"。

（3）必然肯定命题：断定事物情况必然存在的命题，如"水必然是往低处流的"。公式为"S 必然是 P"（或"S 是 P 是必然的"）；符号为"□P（必然 P）"。

（4）必然否定命题：断定事物情况必然不存在的命题，如"人的生命必然不是永存的"。公式为"S 必然不是 P"（或"S 不是 P 是必然的"），符号为"□¬P（必然非 P）"。

以上四种模态判断之间存在着相互推断真假的规律。其规律和性质判断与 A、E、I、O 四种性质命题之间的真假推断关系相同，也可表示为一个逻辑方阵，如图 3-3 所示。

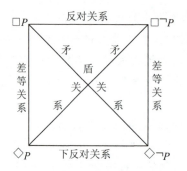

图 3-3　模态命题的对当关系图

其推断关系如下：

（1）反对关系：若 □P 为真，则 □¬P 必为假；若 □P 为假，则 □¬P 真假不定。反推同理。

（2）矛盾关系：① 若 □P 为真，则 ◇¬P 必为假；若 □P 为假，则 ◇¬P 必为真；反推同理。② 若 □¬P 为真，则 ◇P 必为假；若 □¬P 为假，则 ◇P 必为真；反推同理。

（3）差等关系：① 若 □P 为真，则 ◇P 必为真；若 □P 为假，则 ◇P 真假不定。② 若 ◇P 为真，则 □P 真假不定；若 ◇P 为假，则 □P 必为假；③ 若 □¬P 为真，则 ◇¬P 必为真；若 □¬P 为假，则 ◇¬P 真假不定。④ 若 ◇¬P 为真，则 □¬P 真假不定；若 ◇¬P 为假，则 □¬P 必为假。

（4）下反对关系：若 ◇P 为真，则 ◇¬P 真假不定；若 ◇P 为假，则 ◇¬P 必为真。反推同理。

这些命题之间的关系看似复杂，但其实可以和性质命题相对应。性质命题中的"所有"可以和模态命题中的"必然"相对应；性质命题中的"有些""有的"可以和模态命题中的"可能"相对应。用简单的语句概括，则为"不（可能）=（必然）不"和"不（必然）=（可能）不"。

在语言表达中，要注意使主观认识上的模态符合客观事物的模态。

例：① 小张跳舞这么好，必然是受过专业训练。

② 所有的高校都可能有管理制度。

例①中的"必然"其实应该是"可能"，是说话人做的一种主观推测。例②中的"可能"其实是"必然"。

第五节　规范命题

一、规范命题的含义、组成及基本形式

规范命题属于规范逻辑，亦称道义逻辑或义务逻辑，是对人的行为做出某种规定的判断。规范命题一般包含"允许""必须""禁止"等规范词，如"允许私人办企业""干部必须遵纪守法""禁止在剧场内吸烟"等。

规范命题由对某种行为的断定和规范词（提出规范要求的词）构成。"私人办企业""干部遵纪守法""在剧场内吸烟"等，都是对某种行为的断定，规范词是"允许""必须""禁止"等。逻辑学用 p 表示对某种行为的断定，用 O 表示"必须"，用 P 表示"允许"，用 F 表示"禁止"。

规范命题有三种基本形式，即允许命题、义务命题和禁止命题。

所谓允许命题，就是陈述依据某种道德的或法律的规范可以履行或实现的行为。在自然语言中，"可以""允许""准予""有权"等常表达允许概念，含有这些语词的命题都是允许命题。

所谓义务命题，就是陈述依据某种道德的或法律的规范必须履行或实现的行为。在自然语言中，"必须""应该""一定要""有……的义务"等常表达义务概念，含有这些语词的命题都是义务命题。

所谓禁止命题，就是陈述依据某种道德或法律的规范禁止履行或实现的行为。在自然语言中，"禁止""不准""不得""不许""无权"等常表达禁止概念，含有这些语词的命题都是禁止命题。

二、规范命题的种类及其关系

根据规范命题中规范要求的不同，规范命题可以分为六种类型。

（1）必须肯定命题：规定某种行为必须履行的判断，如"公民必须遵守国家法令"。规范词还可以是"应当""要""义务"等。公式为"必须 p"；符号为"Op"。

（2）必须否定命题：规定某种行为必须不实施的判断，如"旅客必须不带违禁品"。公式为"必须非 p"；符号为"$O \neg p$"。

（3）允许肯定命题：规定某种行为可以实施的判断，如"允许被告为自己辩护"。公式为"允许 p"；符号为"Pp"。

（4）允许否定命题：规定某种行为可以不实施的判断，如"允许年老体弱者不排队"。公式为"允许 $\neg p$"；符号为"$P \neg p$"。

（5）禁止肯定命题（相当于必须否定命题）：规定某种行为不得实施的判断，如

"禁止制作盗版音像产品"。规范词还可以是"不得""不准"等。公式为"禁止 p";符号为"Fp（相当于 $O\neg p$）"。

（6）禁止否定命题（相当于必须肯定命题）：规定某种行为不准不实施的判断,如"禁止不购票乘坐飞机"。公式为"禁止 $\neg p$"。符号为"$F\neg p$（相当于 Op）"。

以上六种规范命题可归结为前四种,它们之间存在着相互推断正确与否的规律,其规律与 A、E、I、O 四种性质命题的真假对当关系相同,也可用逻辑方阵表示,如图 3-4 所示。

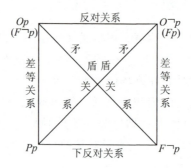

图 3-4 规范命题的对当关系图

其推断关系如下：

（1）反对关系：若 Op 为真,则 $O\neg p$ 必为假；若 Op 为假,则 $O\neg p$ 真假不定。反推同理。

（2）矛盾关系：①若 Op 为真,则 $P\neg p$ 必为假；若 Op 为假,则 $P\neg p$ 必为真。反推同理。②若 $O\neg p$ 为真,则 Pp 必为假；若 $O\neg p$ 为假,则 Pp 必为真。反推同理。

（3）差等关系：①若 Op 为真,则 Pp 必为真；若 Op 为假,则 Pp 真假不定。②若 Pp 为真,则 Op 真假不定；若 Pp 为假,则 Op 必为假。③若 $O\neg p$ 为真,则 $P\neg p$ 必为真；若 $O\neg p$ 为假,则 $P\neg p$ 真假不定。④若 $P\neg p$ 为真,则 $O\neg p$ 真假不定；若 $P\neg p$ 为假,则 $O\neg p$ 必为假。

（4）下反对关系：若 Pp 为真,则 $P\neg p$ 真假不定；若 Pp 为假,则 $P\neg p$ 必为真。反推同理。

三、规范命题的运用

规范命题与法学等学科联系紧密,而法学和逻辑学本就有交叉,法律逻辑学亦是研究的热点。我们可以围绕规范命题,从我国的立法实际来看规范词的运用。法律规范分为禁止性规范、义务性规范和授权性规范。法律规范的逻辑常项除了命题联结词外,还有法律规范词。法律规范词有义务性规范词"必须"（无条件的义务、强义务）和"应当"（有条件的义务、弱义务）、禁止性规范词"禁止"、授权性规范词"可以"或"允许"。这些法律规范词均是典型样式,在道德规范和立法实践中,还有很多变种。下面结合我国的立法实际,来检视一下上述这些法律规范词的使用。

（一）义务性规范

1. "必须"型无条件义务性规范词

在我国的立法实践中，常常用"须（得）""一律""有……的义务"等语词来表达规范词"必须"。

例：① 矿山设计必须按照国家有关规定审批；未经批准，不得施工。（《中华人民共和国矿产资源法实施细则》第二十九条）

② 现役军人的配偶要求离婚，应当征得军人同意，但是军人一方有重大过错的排除。（《中华人民共和国民法典》第一千零八十一条）

2. "应当"型有条件义务性规范词

在我国法律中，为了强调与"必须"型无条件义务性规范词的区别，也常用"一般应（当）""原则上应（当）"等语词。

例：① 人民法院审判第一审案件应当公开进行。但是有关国家秘密或者个人隐私的案件，不公开审理。（《中华人民共和国刑事诉讼法》第一百五十二条）

② 建设项目需要使用土地的，建设单位原则上应当一次申请，办理建设用地审批手续，确需分期建设的项目，可以根据可行性研究报告确定的方案，分期申请建设用地，分期办理建设用地审批手续。（《中华人民共和国土地管理法实施条例》第二十五条）

另外，在我国立法实践中，也用"不应当"或"应当不"这样的语词来表示有条件义务性规范词"应当"的否定形式。

例：① 承运人擅自变更运输工具而降低服务标准的，应当根据旅客的要求退票或者减收票款；提高服务标准的，不应当加收票款。（《中华人民共和国合同法》第三百条）

② 工商行政管理机关对拍卖企业的备案材料保存期限应当不少于五年。（《拍卖监督管理办法》第六条）

（二）禁止性规范

表达禁止性规范的法律规范词，除了"禁止"外，还有"严禁""严厉禁止""不准""不（允）许""（一律）不得"等。

例：① 中国公民出入境、外国人入出境，每人每次携带的人民币不得超出限额。（《中华人民共和国国家货币出入境管理办法》第三条）

② 禁止包办、买卖婚姻和其他干涉婚姻自由的行为。禁止借婚姻索取财物。（《中华人民共和国民法典》第一千零四十二条）

（三）授权性规范

在我国的立法实践中，表达授权性规范的法律规范词有"可以""允许""有权""准予"等，还有"鼓励""提倡"等表示进一步允许的语词。

例：① 在审判过程中，被告人可以拒绝辩护人继续为他辩护，也可以另行委托辩护人辩护。（《中华人民共和国刑事诉讼法》第四十五条）

② 具备完全民事行为能力的老年人，可以在近亲属或者其他与自己关系密切、愿

意承担监护责任的个人、组织中协商确定自己的监护人。(《中华人民共和国老年人权益保障法》第二十六条)

③ 民事权益受到侵害的，被侵权人有权请求侵权人承担侵权责任。(《中华人民共和国民法典》第一百二十条)

④ 国家提倡适龄婚育、优生优育。一对夫妻可以生育三个子女。(《中华人民共和国人口与计划生育法》第十八条)

⑤ 国家鼓励学校及其他教育机构推广运用现代化教学方式。(《中华人民共和国教育法》第六十六条)

第四讲

推理及其语言形式

第一节　推理的概述

一、推理的含义

推理和概念、命题（判断）一样，也是人们在日常生活、学习和工作中经常使用的一种思维形式。人们只要进行思维，就一定会运用概念、做出判断和进行推理。命题是推理的组成要素，构成推理的命题可以区分为前提和结论。前提是已知命题，由其出发进行推理；结论是由已知命题推出的新命题。更确切地说，推理是从一个或几个已知的命题出发推出另一个新命题。

例：① 金是导体，
　　　银是导体，
　　　铜是导体，
　　　铁是导体，
　　　（金、银、铜、铁是金属）
　　　所以，所有的金属是导体。
② 人如果患有肺炎，那么体温就会不正常地升高；
　　经过医生检查，该患者体温正常；
　　所以，该患者没有患上肺炎。

与概念离不开语词、判断离不开语句一样，推理也必须借助一定的语言形式来表达。在自然语言中，推理通常由复句或句群来表述，但并不是所有的复句或句群都表述推理。要判定一个复句或句群是否表述推理，有一个语言上的标准，就是看它是否包含推理标识词。一般而言，前提之前往往有"因为""由于""根据"等前提标识词，结论之前有"所以""因此""由此可见"等结论标识词。当然，即使有复句或句群并不包含推理标识词，但只要各个分句之间存在推出与被推出关系，它们也同样表述了推理。需要指出的是，在用自然语言表述的推理中，通常是先讲前提后讲结论，但位置的前后并不是决定某一语句是前提或结论的根本因素，重要的是标识词及语境。

二、推理的逻辑性

一个正确的、具有逻辑性的推理必须具备两个条件：第一，前提应当是真实的，即应当是正确反映了对象情况的真命题；第二，前提与结论之间的联系应当符合思维规律的要求，也就是说，前提与结论之间不应当是偶然的凑合，而应当具有某种稳固的联系，这种稳固的联系进一步表现为推理形式是有效的，或者前提与结论之间的联系是合理的。

任何一个推理，不管它的具体内容如何，只要满足了上述两方面的要求，就是正确的、具有逻辑性的推理。也就是说，如果一个推理的前提是真实的且推理形式是有效的，那么其结论必然是真实的，这个推理就是一个具有逻辑性、可靠的推理。即便一个推理在形式上是无效的，但只要其前提是真实的且前提与结论之间的联系是合理的，那么其结论就能得到前提较大程度的支持，这个推理也就是具有逻辑性的推理。

由于逻辑学撇开思维的内容来研究思维的形式，因此它并不回答推理的前提是否真实的问题，而这个问题需要通过其他具体科学才能解决。因此，逻辑学更关注推理的逻辑性问题，即前提和结论之间存在什么样的联系方式才符合思维规律与规则的要求。逻辑学着重考察的是推理的有效性与合理性。

三、推理的种类

推理的种类繁多，我们需要对推理进行分门别类的研究，以便更好地考察各种不同的推理形式及其必须遵守的思维规律与规则。

根据推理思维进程，可以把推理分为演绎推理、归纳推理和类比推理。

演绎推理是从一般性知识的前提到特殊性知识的结论的推理，其结论所涉及的知识范围没有超出前提，因而是一个必然性推理。

例：所有的金属是导体，
　　铜是金属，
　　所以，铜是导体。

归纳推理是从特殊性知识的前提到一般性知识的结论的推理，其结论所涉及的知识范围超出了前提。因此，归纳推理的前提与结论之间的联系具有或然性（完全归纳推理除外）。

例：金是能够导电的，
　　银是能够导电的，
　　铜是能够导电的，
　　铁是能够导电的，
　　（而金、银、铜、铁都是金属）
　　所以，凡金属都是导电的。

类比推理是根据两个或两类事物在某些属性上相同，推断它们在另外的属性上也相同的一种推理，是从特殊性知识的前提到特殊性知识的结论的推理。类比推理的结论所涉及的知识范围超出了前提所涉及的知识范围。

例：

人们经常通过对地球的认识，认为火星上可能也有生命，其思维过程如下：

地球是行星，绕轴自转，有昼夜，被大气包围，有水，有生命现象。

火星是行星，绕轴自转，有昼夜，被大气包围，有水。

所以，将火星同地球类比，推测火星上可能也有生命。

此外，根据推理的前提和结论之间不同的联系性质，推理又可以分为必然性推理和或然性推理。必然性推理指的是只要前提为真，其推理的结论就必然为真的推理。或然性推理指的是推理出的结论不一定为真的推理。

推理种类如图 4-1 所示，图中所涉及的各种推理形式将在下面的几讲中一一涉及。

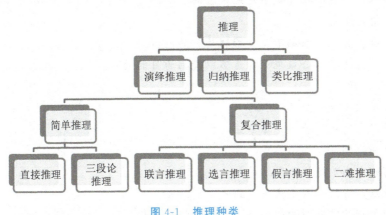

图 4-1　推理种类

第二节　性质命题的直接推理

所谓直接推理，就是以一个命题为前提而推出结论的推理，如"所有的青蛙都不是哺乳动物，所以，所有的哺乳动物都不是青蛙"。

直接推理有许多种类，本节主要介绍性质命题的直接推理，即以一个性质命题为前提推出另一个性质命题作为结论，包括变形法推理和对当法推理。

一、变形法推理

变形法推理是依据性质命题变形的直接推理。所谓性质命题的变形，或者是改变性质命题的联项和谓项，或者是改变其主项和谓项的位置，或者是既改变其联项和谓项又改变其主项和谓项的位置。这样，变形法推理主要有以下三种。

（一）换质法推理

换质法推理是通过改变性质命题的联项的性质，推出一个新命题的直接推理。

例：法律是有强制性的，

所以，法律不是没有强制性的。

运用换质法推理，必须遵守两条规则：一是改变原命题的联项性质，即变肯定为否定，或变否定为肯定，如上例中即由"是"变为"不是"；二是将原命题谓项的矛盾概念作为新命题的谓项，如上例中的"有强制性的"变为"没有强制性的"。换质法推理反推也成立。

换质法推理有四种有效的推理形式：$SAP \leftrightarrow SE\overline{P}$；$SEP \leftrightarrow SA\overline{P}$；$SIP \leftrightarrow SO\overline{P}$；$SOP \leftrightarrow SI\overline{P}$。其中，"$\overline{P}$"读作"非P"，表示对谓项 P 的否定，即与 P 具有矛盾关系的语词；"$\leftrightarrow$"读作"等值于"，表示命题间的等值关系。

换质法推理适用于 A、E、I、O 四种性质命题：

(1) A 命题换质。

例：所有的投资都是有风险的，

所以，所有的投资都不是无风险的。

(2) E 命题换质。

例：所有的公益事业都不是以营利为目的的，

所以，所有的公益事业都是不以营利为目的的。

(3) I 命题换质。

例：有些歌手是专业的，

所以，有些歌手不是非专业的。

(4) O 命题换质。

例：有的东西不是钱能买到的，

所以，有的东西是钱买不到的。

以上四种有效推理形式即为 A、E、I、O 命题换质法公式。换质法在日常表达中很常见，既可以从肯定或否定两方面来表述同一个对象，又可以增强语言表达效果。比如，学生问："我考试不及格吧?"老师答："不是不及格，是及格了。"再如，强调一件事说："这路不能不修，一定要修。"

换质法推理有助于从肯定命题中显示其否定因素，并从否定命题中显示其肯定因素，从而从肯定和否定两个方面使思想表达得更为明确。

(二) 换位法推理

换位法推理是通过调换性质命题的主项和谓项的位置，从而得到一个新命题的变形法推理。应当注意的是，在换位法推理中，原性质命题不周延的项，换位后不得变为周延的。

换位法适用于 A、E、I 三种性质命题：

(1) A 命题换位。

例：所有的三好学生都是先进分子，

所以，有些先进分子是三好学生。

对于 A 命题的换位，需要注意的是，原命题中的谓项是不周延的（"先进分子"），其换位之后仍然要保持不周延，所以换位之后要加上表示特称的量项（"有些"）。

(2) E 命题换位。

例：青蛙都不是胎生的，

所以，胎生的都不是青蛙。

(3) I 命题换位。

例：有些网络语言词汇是可以被收录到汉语词典中的，

所以，有些被收录到汉语词典中的词汇可以是网络语言词汇。

O 命题不能换位。按照"原性质命题不周延的项，换位后不得变为周延的"这个规则，O 命题不能换位，因为其不周延的主项在结论中将变成否定命题的谓项而成为周延的，即"有些 S 不是 P"中 S 不周延，换位以后，S 在"有些 P 不是 S"中是周延的。比如，"有的人不是总经理"换位后会变成"有的总经理不是人"。这样，就变得荒谬可笑了。

因此，换位法推理只有三种有效推理形式：$SAP \to PIS$；$SEP \leftrightarrow PES$；$SIP \leftrightarrow PIS$。

（三）换质位法推理

换质位法推理是通过对一个直言命题既换质又换位来推出一个新命题的变形法推理。

例：真金不怕火炼，

所以，怕火炼的不是真金。

换质位法推理是换质法推理与换位法推理的相继运用，既可以先换质再换位，也可以先换位再换质，但每一步都必须遵守换质法推理和换位法推理的逻辑规则。常见的换质位法推理的有效形式有六种：$SAP \to SE\overline{P} \to \overline{P}ES \to \overline{P}A\overline{S} \to \overline{S}IP$；$SAP \to SIP \to \overline{P}O\overline{S}$；$SEP \to SA\overline{P} \to \overline{P}IS \to \overline{P}O\overline{S}$；$SEP \to PES \to PA\overline{S} \to \overline{S}IP \to \overline{S}O\overline{P}$；$SIP \to PIS \to \overline{P}O\overline{S}$；$SOP \to SI\overline{P} \to \overline{P}IS \to \overline{P}O\overline{S}$。

这里需要再一次强调，传统逻辑中的变形法推理及接下来要讲述的对当法推理、三段论等都必须假定性质命题具有存在含义，即其主项和谓项所指称的对象必须是非空的类。如果不满足这一假定，即便前提是真的且推理遵守了逻辑规则，其结论也有可能是假的。

例：所有的有机物都是发展变化的，

所以，有些非有机物（无机物）是不发展变化的。

上例中换质位法推理的形式为"$SAP \to \overline{S}I\overline{P}$"。不难发现，该推理的前提是真的，推理形式也是有效的，但其结论是假的。问题就出在"不发展变化的"，即所指称的对象是空的类，没有满足性质命题具有"存在性"这一假定要求。

二、对当法推理

我们在讲述同一素材的性质命题之间的真假关系时提到，A、E、I、O 四种命题在真假上存在相互制约关系，即传统逻辑所谓的对当关系，并可以用对当关系逻辑方阵来表示。对当法推理其实就是据此做出的进一步筛选，选取真假值确定的命题，去除"真假不定"的推理。

（一）反对关系推理

反对关系推理是依据对当关系中的反对关系进行的直接推理。

例：① 所有的大学生都是学生，

　　　所以，并非所有的大学生都不是学生。

　　② 任何欺骗都不是能长久的，

　　　所以，并非任何欺骗都是能长久的。

反对关系推理的有效形式有两种：SAP→$\overline{SEP}$；SEP→$\overline{SAP}$。

其中，"$\overline{SEP}$"读作"并非SEP"，表示对SEP的否定。上述两例就是两个反对关系推理有效式的实例。

（二）矛盾关系推理

矛盾关系推理是依据对当关系中的矛盾关系进行的直接推理。其有效形式有四种：SAP↔$\overline{SOP}$；SEP↔$\overline{SIP}$；SIP↔$\overline{SEP}$；SOP↔$\overline{SAP}$。

可以从A命题的真推出O命题的假。

例：所有的人都有保护环境的义务，

　　所以，并非有的人没有保护环境的义务。

A命题"所有的人都有保护环境的义务"的矛盾命题为O命题"有的人没有保护环境的义务"，A为真，则O为假，即"并非有的人没有保护环境的义务"。

可以从E命题的真推出I命题的假。反之亦然，即也可以从I命题的假推出E命题为真。

例：所有的单身汉都是未婚的男人，

　　所以，并非有些单身汉不是未婚的男人。

E命题"所有的单身汉都是未婚的男人"为真，I命题"有些单身汉不是未婚的男人"为假，即"并非有些单身汉不是未婚的男人"。

可以从I命题的真推出E命题的假。反之亦然，即也可以从I的假推出E为真。

例：有些电影是无声电影，

　　所以，并非所有的电影都不是无声电影。

I命题"有些电影是无声电影"为真，那么E命题"所有的电影都不是无声电影"为假，"并非所有的电影都不是无声电影"。

可以从O命题的真推出A命题的假。

例：有的美国城市没有发生枪击事件，

　　所以，并非所有的美国城市发生了枪击事件。

O命题"有的美国城市没有发生枪击事件"为真，那么A命题"所有的美国城市发生了枪击事件"为假，即"并非所有的美国城市发生了枪击事件"。

（三）差等关系推理

差等关系推理是依据对当关系中的差等关系进行的直接推理。其有效形式有四种：SAP→SIP；SEP→SOP；$\overline{SIP}$→$\overline{SAP}$；$\overline{SOP}$→$\overline{SEP}$。

以下四个例子分别是差等关系推理有效式的实例。

例：① 所有的人都需要受到教育，

　　　所以，有些人需要受到教育。

② 所有的人都不是生而知之者，
　　所以，有些人不是生而知之者。
③ 并非有的导演是科班出身，
　　所以，并非所有导演都是科班出身。
④ 并非有些演员不是导演，
　　所以，并非所有演员都不是导演。

（四）下反对关系推理

下反对关系推理是依据对当关系中的下反对关系进行的直接推理。其有效形式有两种：$\overline{SIP} \to SOP$；$\overline{SOP} \to SIP$。

以下是下反对关系推理的两个有效式的实例。

例：① 并非有的留学生是成绩好的，
　　　所以，有的留学生不是成绩好的。
② 并非有的网店没有销售假冒伪劣商品，
　　所以，有的网店销售假冒伪劣商品。

第三节　三段论

一、三段论的含义

"三段论"是"直言三段论推理"的简称，是由两个包含着一个共同概念的性质判断推出一个新判断的推理。

例：金属可以导电，　　（大前提）
　　铜是金属，　　　　（小前提）
　　铜可以导电。　　　（结论）

其中，"金属"是包含在两个性质命题中的共同概念，它的联结作用使三段论推理成为可能。中间的横线表示以上为前提部分，以下为结论部分。

二、三段论的构成

三段论由三个不同的概念和三个不同的命题构成。

1. 三个不同的概念
（1）小项：结论中的主项，用 S 表示。
（2）大项：结论中的谓项，用 P 表示。
（3）中项：前提中的共同概念，用 M 表示。

2. 三个不同的命题
（1）大前提：包含大项（P）及中项（M）的判断，用"P—M"或"M—P"表示。
（2）小前提：包含小项（S）及中项（M）的判断，用"S—M"或"M—S"表示。
（3）结论：包含小项（S）及大项（P）的判断，用"$S+P$"表示。

下例是亚里士多德给出的经典三段论：
如果所有的人（M）都是必死的（P），　　　（大前提）
并且所有希腊人（S）都是人（M），　　　　（小前提）
那么，所有希腊人（S）都是必死的（P）。（结论）
再如：
所有的人都是必死的。（普遍原理）
苏格拉底是人。（特殊陈述）
苏格拉底是必死的。［把特殊（小前提）代入一般（大前提）］

美国导演伍迪·艾伦（Woody Allen）由此衍生出了他戏谑式的"三段论"：所有的人都会死，苏格拉底会死，所以，所有的人都是苏格拉底。伍迪·艾伦式的三段论是可笑的，但这也说明了三段论看起来简单，但要保证正确，其内在还需要很多复杂的规则。

三、正确进行三段论推理的条件

正确进行三段论推理，必须满足两个条件：一是前提真实；二是形式正确（合乎推理规则）。也就是说，如果前提不真，或形式不正确，那么就不能保证得到必然为真的结论。只有在前提真实且形式正确的条件下，才能保证得到一个必然为真的结论。而前提的真实性问题，逻辑学不能解决，要靠具体事实或科学原理；逻辑学只解决推理在形式上的有效性问题。合乎推理规则的，就是形式上有效的，是合乎逻辑的；违反推理规则的，就是形式上无效的，是不合乎逻辑的。在结合语言表达进行三段论推理时，不仅要考虑在形式上是否合乎逻辑，还要考虑前提是否真实，二者缺一不可。

四、三段论的公理

三段论的公理是三段论推理的初始依据。所谓公理，是指不证自明的道理。三段论的公理为"如果一类事物的全部是什么或不是什么，那么该类事物的部分也就是什么或不是什么"。也就是说，如果对一类事物的全部有所断定，那么对它的部分也就有所断定。三段论的公理具体可以分为以下两条。

1. 肯定公理

肯定公理是指如果对一类事物（M）有所肯定（P），那么对其中的每个对象（S）也就有所肯定。（图4-2）

图4-2　肯定公理图示

2. 否定公理

否定公理是指如果对一类事物（M）有所否定（P），那么对其中的每个对象（S）也就有所否定。（图 4-3）

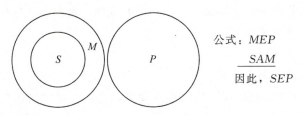

公式：MEP
　　　SAM
因此，SEP

图 4-3　否定公理图示

五、三段论推理的一般规则

人们在长期的思维实践中，以三段论的公理为基础，总结出正确进行三段论推理的一般规则，作为检验三段论推理正误的依据，一般有如下七条：

第一，一个三段论中只能有三个不同的项（概念）。违反此规则，则犯了"四概念"（"四名词"）逻辑错误。

例：白头翁是一种植物，
　　老王是白头翁，
　　所以，老王是一种植物。

"白头翁"在前提中，一是指"植物"，二是指"老人"。在同一个推理过程中，上例分别在两种意义上使用一个词，犯了"四概念"错误，如图 4-4 所示。

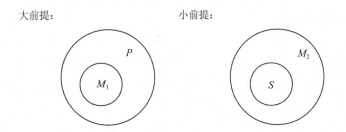

图 4-4　"四概念"错误图示

由于中项 M 分别为 M_1、M_2 两个不同的概念，无法成为联结小项 S 与大项 P 的共同中项，导致犯了"四概念"错误，无法推出结论。

此条规则是对三段论推理的中项提出的要求，虽涉及概念内容，且本身不是逻辑问题，但在推理过程中也是制约推断的因素。在日常推理中，如果在中项上使用了多义词，又没有确定含义，就会导致"四概念"错误，使推理无效；而在辩论过程中运用三段论推理时，如果出现"四概念"，就会造成"混淆概念"或"偷换概念"的错误。

例：我国的大学是分布于全国各地的，
　　苏州大学是我国的大学，

所以，苏州大学是分布于全国各地的。

在上例的大前提中，"我国的大学"表示的是一个集合概念；在小前提中，"我国的大学"表示的是我国大学中的一所大学，是一个一般的普遍概念，不是集合概念。

第二，中项在前提中至少周延一次。违反此规则，就会犯"中项不周"的错误。

例：许多语言是濒危语种，

汉语是语言，

所以，汉语是濒危语种。

中项"语言"（M）在前提中两次都不周延，这使小项"汉语"（S）与大项"濒危语种"（P）分别与中项"语言"（M）只发生部分外延之间的联系，无法确定"汉语"（S）与"濒危语种"（P）之间的必然联系。如图4-5所示，S有两种位置，与P无必然联系。上例只是得出了一种可能的结论，即"$S_2 - P$"。

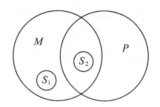

图4-5 "中项不周"错误图示

第三，在前提中不周延的项，在结论中不得变为周延。违反此规则，就会犯"非法周延"的错误。若是大项，则叫"大项扩大"；若是小项，则叫"小项扩大"。

例：凡翻译都应该学习外语。

我不是翻译。

所以，我不应该学习外语。

在前提中，大项"应该学习外语"（P）不周延，在结论中变为周延（否定判断的谓项），犯了"大项扩大"的错误。如图4-6所示，S有两种位置，与P无必然联系。上例只是得出了一种可能的结论，即"$S_2 - P$"。

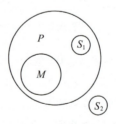

图4-6 "非法周延"错误图示

第四，若前提有一否定，则结论必为否定。

例：师范院校不是职业高中，

华中师范大学是师范院校，

所以，华中师范大学不是职业高中。

中项"师范院校"（M）不属于大项"职业高中"（P），所以，"师范院校"（M）中的小项"华中师范大学"（S）必不属于"职业高中"（P）。如图 4-7 所示，S 与 P 必然无任何联系。

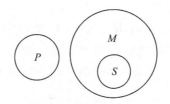

图 4-7　"前提有一否定"的图示

第五，由两个否定前提不能得出结论。

例：行星不是恒星。
　　卫星不是行星。
　　?

中项"行星"（M）与小项"卫星"（S）和大项"恒星"（P）在外延上无联系，而"卫星"（S）与大项"恒星"（P）的关系有两种可能，故无法确定"卫星"（S）与"恒星"（P）之间是何种关系。如图 4-8 所示，S 有两种位置，无法确定 S 与 P 之间的必然联系。

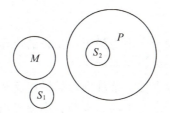

图 4-8　"两否定"的错误图示

第六，若前提有一特称，则结论必为特称。

例：所有的班长都是候选人，
　　有些三好学生是班长，
　　所以，有些三好学生是候选人。

在前提中，小项"三好学生"（S）不周延，在结论中仍应不周延，故结论必为特称。如图 4-9 所示，S 必然有部分与 P 发生联系。

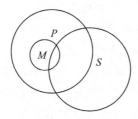

图 4-9　"前提有一特称"的图示

第七，由两个特称前提不能得出结论。

例：有些纪念品有收藏价值，

有些邮票是纪念品，

？

小项"邮票"（S）、大项"有收藏价值"（P）分别只与中项"纪念品"（M）在外延上发生部分联系，由此无法确定小项"邮票"（S）与大项"有收藏价值"（P）的必然联系。如图4-10所示，S有两种位置，与P无必然联系。

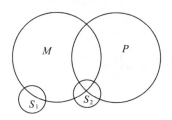

图4-10　"有两个特称"的错误图示

如果两个前提均为特称，即三段论中没有全称命题，则可能出现的情况是这样的：

野猪会跑，

乌鸦会飞，

所以，野猪会飞。

显然这是一个荒谬的三段论，因为两个相比较的内容无任何关联。所以，必须有一个全称命题使相比较的两个内容有关联。

任何一个三段论都要符合上述七条规则，如果违反其中任何一条，就不能得出结论。第一、二、三条是对三段论的中项、大项、小项提出的规则；第四、五、六、七条是三段论由前提能否推出结论的规则。

练习题及解析

1. 在八一中学所有骑自行车上学的学生都回家吃午饭，因此，有些在郊区的八一中学的学生不骑自行车上学。

为使上述论证成立，以下哪个断定是必须假设的？

A. 骑自行车上学的学生家都不在郊区

B. 所有家在郊区的学生都不回家吃午饭

C. 有些家在郊区的学生不回家吃午饭

D. 家不在郊区的学生都不回家吃午饭

题目解析：正确答案为C。考点为三段论推理的一般规则。结论是一个特称命题，所给的条件是一个全称命题，根据"一特必特，不可全特"的三段论规则，补充的条件必须是特称命题，选项中只有C是特称命题，故答案为C。

2. 某些护士留短发,因此,某些留短发的人穿白衣服。下列哪项如果是真,足以佐证以上论述的正确性?

A. 某些护士不穿白衣服

B. 某些穿白衣服的护士不留短发

C. 所有护士都穿白衣服

D. 某些护士不喜欢留短发

题目解析:正确答案为 C。考点为三段论推理的一般规则。根据"一特必特,不可全特"规则,要补充的条件必须是全称命题,选项中只有 C 是全称命题,故答案为 C。

3. 根据国际奥委会的规定,所有获得过奥运金牌的人都可以参加这次纪念游行,参加这次游行的有 100 多名我国运动员,这些运动员中有些已经退役。由此可以推出以下哪项结论?

A. 参加这次纪念游行的运动员都获得了奥运金牌

B. 参加这次纪念游行的我国运动员都获得了奥运金牌

C. 参加这次纪念游行的我国运动员中有些还没有退役

D. 一些已退役的运动员也参加了这次纪念游行

题目解析:正确答案为 D。本题考查性质命题的直接推理。由所有获得过奥运金牌的人都可以参加这次纪念游行,并不能推出参加这次纪念游行的人都得过奥运冠军,所以 A 推不出,同理,B 也推不出。全称肯定命题就相当于条件命题,肯定后件是不能肯定前件的,这就是推不出 A、B 的原因。参加纪念游行的中国运动员有些已经退役,推不出有些没有退役,所以 C 也推不出,D 当然可以推出,故答案为 D。

4. 有些紫砂壶是有生命的,因此,有些有生命的东西有品质好坏之分。以下各项判断如果为真,则哪项最能加强上述论证?

A. 紫砂壶都有品质好坏之分

B. 有些紫砂壶是没有生命的

C. 紫砂壶都没有品质好坏之分

D. 有些有生命的东西不是紫砂壶

题目解析:正确答案为 A。直言三段论中必须存在中项,也就是在两个前提中出现,但不在结论中出现的词项,以起到媒介的作用。中项"紫砂壶"在前提中至少要周延一次。由于"特称命题的主项都不周延",所以"紫砂壶"在题干所给的前提中没有周延,那么必须在选项提供的前提中周延。B 项是特称命题,主项"紫砂壶"不周延,排除。题干的结论是一个肯定命题,因此根据"如果前提中有一个为否定命题,则结论为否定命题"这一规则可知,选项提供的前提不能是否定命题,排除 C、D 两项,只有 A 项正确,故答案为 A。

六、三段论的格

(一) 三段论的格的含义

三段论依据中项（M）的位置不同，可以组成四种格式的三段论，称为三段论的格，如表 4-1 所示。

表 4-1　三段论的四个格

	第一格	第二格	第三格	第四格
大前提	$M-P$	$P-M$	$M-P$	$P-M$
小前提	$S-M$	$S-M$	$M-S$	$M-S$
结论	$S-P$	$S-P$	$S-P$	$S-P$

三段论的四个格及其示例如图 4-11 所示。

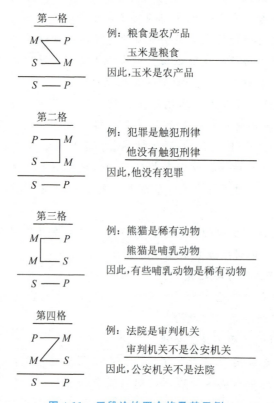

图 4-11　三段论的四个格及其示例

我们在写三段论时，总是把大前提写在前面，把小前提写在后面，在这个规定下，只要中项的位置确定了，大项与小项的位置也就跟着确定了。

(二) 各个格的规则及特点

根据三段论的一般规则，可以推证（证明过程省略）出各个格的规则。

(1) 第一格的规则：① 大前提必须是全称判断；② 小前提必须是肯定判断。

（2）第二格的规则：① 前提中必有一否定判断；② 大前提必须是全称判断。

（3）第三格的规则：① 小前提必须是肯定判断；② 结论必须是特称判断。

（4）第四格的规则：① 如果大前提是肯定判断，那么小前提必须是全称判断；② 如果小前提是肯定判断，那么结论必须是特称判断；③ 如果前提中有一个否定判断，那么大前提必须是全称判断。

值得注意的是，第四格的三条特殊规则都是用假言判断陈述的，只有当某条规则的前件所表示的条件满足时，才涉及遵守这条规则的问题。

三段论的四个格各有自己的特点，在认识方面的作用也是不同的。在四个格中，只有第一格能推出 A、E、I、O 四种结论，也只有第一格能推出 A 这种结论；第一格由前提得出结论的必然性，也比其他三个格显得自明；第一格在思维中应用得最多。因此，亚里士多德把第一格称作"完善的格"，把其他三个格称作"不完善的格"。

（1）第一格在认识方面的特点是把普遍的原理应用于具体的对象。

例：所有的灯都会发光，

　　日光灯是灯，

　　所以，日光灯会发光。

这个第一格的三段论，把"所有的灯都会发光"这个普通原理应用于"灯"中的一个具体对象——"日光灯"，从而得出"日光灯会发光"这个结论。

（2）第二格在认识方面的特点是只能得出否定的结论，在认识方面的作用是确立事物之间的区别。

例：所有的鸟都是卵生动物，

　　蝙蝠不是卵生动物，

　　所以，蝙蝠不是鸟。

这个第二格的三段论以是不是"卵生动物"这一点为根据，来确立鸟与蝙蝠之间的区别。

（3）第三格在认识方面的特点是只能得出特称的结论。在中项是单独概念时，应用第三格最为自然。第三格在认识方面的作用是用一部分事物的例外情形来否定一条普遍论断。

例：大卫不是懦弱的，

　　大卫是人，

　　所以，有的人不是懦弱的。

这个第三格的三段论通过提出具体的一个人即"大卫"不是"懦弱的"，来否定"所有的人都是懦弱的"这一普遍论断。

（4）第四格是一个"很不自然的格"，即在前提中作为谓项的小项，在结论中却成为主项；在前提中作为主项的大项，在结论中却成为谓项。在亚里士多德的三段论体系中，只有第一格、第二格和第三格，而没有第四格。但是，就大项、中项与小项在前提中的位置来说，我们必须承认第四格的存在。

掌握三段论各个格的特殊规则，可以便于判定一个三段论是错误的。但要判定一个三段论是正确的，仅根据格的规则是不够的，还要符合三段论的一般规则。

例：有些人是飞行员，

有些人是列车员，

所以，有些飞行员是列车员。

这是一个三段论的第三格推理，完全符合第三格的特殊规则，但违反了"由两个特称前提不能得出结论"的一般规则，因而这个推理是无效的。

此外，第一格也称公理格、标准格或典型格，是最常用的。尤其是在法院审判中，依据法律条款及犯罪事实做出审判结论必须符合第一格的推理过程，故第一格称为审判格。第二格常用来区别事物间的某种关联，称为区别格。第三格常用例证来证明某一特称断定，称为例证格。第四格的应用较少。

七、三段论的式

由于三段论的大前提、小前提与结论质（是/否）、量（全称/特称）的不同而形成的各种不同的三段论形式，叫作三段论的式。

三段论是由三个性质命题组成的，而性质命题又有 A、E、I、O 四种类型，这样三段论就可以组合成 64 种不同形式的三段论推理，又因三段论有四种不同的格，这样组合的结果共有 256（64×4）个式。例如，在第一格中有一个三段论形式：大前提是全称否定判断，小前提是全称肯定判断，结论是特称否定命题。这就是第一格的 EAO 式，这里 E、A、O 三个字母依次就是大前提、小前提与结论。

但是，根据三段论的一般规则，EEE 式、IIO 式都是违反规则的式，需要对这些式做筛选。三段论的有效式的筛选过程如下：

先从 A、E、I、O 四种性质命题中，任取两种命题作为前提，并且允许这两种命题具有同一的形式，这样，作为前提的两个命题的组合就有 16 种：AA、AE、AI、AO、EA、EE、EI、EO、IA、IE、II、IO、OA、OE、OI、OO。

再根据第一格的特殊规则，从这 16 种组合中除去那些在第一格中不能得出结论的组合。根据第一格的两条特殊规则（大前提必须全称；小前提必须肯定），AE、AO、IA、OA 都不能作为第一格的前提，所以可以作为第一格的前提的只有 AA、AI、EA、EI 四种组合；再根据三段论第五条、第七条基本规则，AA 可得结论 A 或 I，AI 可得结论 I，EA 可得结论 E 或 O，EI 可得结论 O。

例如，AEE、AEO、AOO 等式在第一格是无效的，因为它们违反第一格"小前提必须是肯定判断"的规则，犯了"大项不当周延"的错误；IAI、OAO 式在第一格也是无效的，因为它们违反第一格"大前提必须是全称判断"的规则，犯了"中项不周延"的错误。所以，第一格三段论的正确的式有 6 个，即 AAA、AAI、AII、EAE、EAO、EIO。

按照以上的步骤，可以得出第二、三、四格正确的式。第二格中正确的式也有 6 个，即 AEE、AEO、AOO、EAE、EAO、EIO。第三格中正确的式也有 6 个，即 AAI、AII、EAO、EIO、IAI、OAO。第四格中正确的式也有 6 个，即 AAI、AEE、

AEO、EAO、EIO、IAI。三段论四个格共有 24 个正确的式。

值得注意的是，第一格中有 AAA 这个式，也有 AAI 这个式，这两个式的前提完全相同，结论虽不相同，但前一个式的结论是全称肯定命题，后一个式的结论是特称肯定命题。根据前面所讲的逻辑方阵，在主项所表示的事物存在的假定下，由全称肯定命题可以推出特称肯定命题。因此，第一格的 AAI 可以由第一格的 AAA 推出。而 AAI 这种式叫作弱式。第一格有弱式 AAI 与 EAO，第二格有弱式 AEO 与 EAO，第四格有弱式 AEO。

了解三段论的式，主要用于检验一个三段论是否有效。如果一个三段论在它所属的格中没有此式，则该三段论必是无效式。

我们用表 4-2 来表示，表中"－"号表示某式在某格中是无效的；"＋"号表示某式在某格中是有效的；"（＋）"表示虽然某式在某格中是有效的，但本来根据两个前提能够推出全称的结论，在这里却只得到特称的结论，因此推论是不充分的，为三段论的弱式。

表 4-2　三段论的式与格的对应情况

格	式										
	AAA	AAI	AEE	AEO	AII	AOO	EAE	EAO	EIO	IAI	OAO
第一格	＋	（＋）	－	－	＋	－	＋	（＋）	＋	－	－
第二格	－	－	＋	（＋）	－	＋	＋	（＋）	＋	－	－
第三格	－	＋	－	－	＋	－	－	＋	＋	＋	＋
第四格	－	＋	＋	（＋）	－	－	－	＋	＋	＋	－

格相同的三段论可以具有不同的式。

例：① 所有的马都要吃草，
　　　所有的千里马都是马，
　　　所以，所有的千里马都要吃草。
　　② 凡是高糖分食物都不是好食物，
　　　有的碳酸食品是高糖分食物，
　　　所以，有的碳酸食品不是好食物。

这两个三段论属于相同的格（第一格），但具有不同的式：例①是 AAA 式，例②是 EIO 式。

此外，式相同的三段论可以属于不同的格。

例：① 凡是以权谋私者都不是好干部，
　　　有的领导干部是以权谋私者，
　　　所以，有的领导干部不是好干部。
　　② 所有的鸟类动物都不是哺乳动物，
　　　有些会飞的动物是哺乳动物，
　　　所以，有些会飞的动物不是鸟类动物。

这两个三段论具有相同的式（EIO），但属于不同的格：例①是第一格，例②是第二格。

有了格和式这两方面的区别，对于任何一个三段论，我们都可以用"第×格×××式"来准确地描述它的逻辑形式。例如，上例中①是"第一格 EIO 式"，②是"第二格 EIO 式"。

八、三段论的省略

三段论在语言表达中常用三种省略形式。

一是省略大前提。比如，"你是大学生，所以，你应当学习英语"，省略了大前提"所有的大学生都要学习英语"。

二是省略小前提。比如，"凡律师都应该学习法律，所以，你应该学习法律"，省略了小前提"你是律师"。

三是省略结论。比如，"你是班长，凡是班长都应对全班起表率作用"，省略了结论"你应起表率作用"。

一个完整三段论的表达顺序，常用非标准形式，有时先表达小前提，有时先表达结论。恢复标准式的办法：先找到结论，确定小项和大项；再找大、小前提，即包含小项的是小前提，包含大项的是大前提；最后排列成标准式，依据规则判定是否为有效式。恢复省略式为完整式的办法，也是如此。

在实际用语言表达的三段论中，常常加入许多叙述、说明或议论的语言成分，我们只有剥离出这些成分，才能分析出三段论的推理思路；同时还要注意辨认大、小前提，结论的语句表达形式及其所在位置。如有省略，则须先恢复其完整式，再做分析。

第五讲

复合命题及其推理

第一节　复合命题与命题联结词

一、复合命题的含义

复合命题是至少包含一个简单命题的命题,是由简单命题通过逻辑联结词互相连接组成的。如果对复合命题进行分解,则能从中另外分解出至少一个命题;如果对简单命题进行分解,则只能从中分解出语词。

例:① 所有的金属都是固体。
　　② 爱迪生是发明家,并且也是企业家。

例①是性质命题中的全称肯定命题,是一个简单命题。对其进行分解,只能分解出主项、谓项、联项、量项等要素。例②是一个复合命题,对其进行分解,可以分解出另外两个简单命题,即"爱迪生是发明家""爱迪生是企业家"。

但是,有时候复合命题的逻辑联结词也可以省略,使构成复合命题的简单命题之间没有逻辑联结词的联结,但它们之间存在某种逻辑关系。

例:① 富贵不能淫,贫贱不能移,威武不能屈。
② 十有五而志于学,三十而立,四十而不惑,五十而知天命,六十而耳顺,七十而从心所欲。

例①中的几个小句之间是并列关系;例②的几个小句之间也是并列关系,并且存在时间渐进上的逻辑关系。

还有时候构成复合命题的简单命题之间在自然语言语义上没有太大关联。

例:天下雨了,并且2是偶数。

"天下雨了"和"2是偶数"之间没有什么关联,但是它们之间使用了逻辑联结词"并且",且"天下雨了"和"2是偶数"均为简单命题,所以被联结词联系在一起后仍然是一个复合命题,但它是没有意义的复合命题。

一般情况下,复合命题包含两个组成部分:其一是支命题,即复合命题所包含的除它自身以外的其他命题;其二是命题联结词或逻辑联结词,即将支命题联结成复合命题的语词。构成复合命题的支命题，既可以是简单命题，也可以是复合命题。

例：如果合同有效，那么甲方和乙方就应该遵守合同。

这个复合命题是由"合同有效"与"甲方和乙方就应该遵守合同"两个支命题，通过"如果……那么……"这一命题联结词构成的，其中，第二个支命题本身也是一个复合命题，由"甲方应遵守合同"与"乙方应遵守合同"通过"并且"联结而成。

支命题的真假不能完全决定复合命题的真假。支命题之间有一定的关系，其联系多样、复杂，也造成了复合命题具有复杂性。复合命题的基本形式不止一种，但种类有限。不同种类的复合命题，其逻辑特性也不同，因此由其构成的有效推理形式也不同。

二、命题联结词

命题联结词是反映复合命题与支命题之间的真假关系的联结词，所以也叫真值联结词。不同种类的复合命题是根据不同的命题联结词来区分的；不同的命题联结词是区别不同种类的复合命题的唯一根据。根据命题联结词的一般含义，命题联结词的作用之一是将支命题联结成复合命题（发挥联结作用）。除此之外，更为重要的是命题联结词还反映了复合命题与其支命题之间的真假关系，而这种真假关系正是不同种类的复合命题各自的逻辑特性。

命题联结词不同于自然语言中的连词。为了在词形上使命题联结词与自然语言连词有所区分，也为了更加准确地刻画复合命题的逻辑形式，现代逻辑通常使用一些人工符号来表示不同的命题联结词。命题联结词与相应的自然语言连词的含义并不完全相同，后者所表达的含义有时并不精确，还常常负载了许多非逻辑的内容。作为自然语言连词的逻辑抽象，命题联结词在真假二值逻辑中只反映复合命题与其支命题之间的真假关系，舍弃了自然语言连词所包含的其他非逻辑的含义。

由命题联结词构成的形式也叫"真值形式"，即与复合命题相当的由真值联结词构成的形式结构。表达命题逻辑的公式的真值形式的图表，叫作"真值表"。真值表不仅能定义命题联结词，还能判定复合命题推理的有效性。

命题联结词的逻辑含义也就是相应的复合命题的逻辑特性。在现代逻辑中，基本的命题联结词有以下五种：

（1）合取，即使用"并且""又……又……""虽然……但是……""不但……而且……"等自然语言连词的逻辑抽象，表示并列关系、递进关系、让步关系等。

（2）析取，即使用"或者""可能……可能……""要么……要么……"等自然语言连词的逻辑抽象，主要表示选择关系。

（3）蕴涵，即使用"如果……那么……""只要……就……""倘若……则……"等自然语言连词的逻辑抽象，表示假设关系、条件关系等。

（4）等值，即使用"当且仅当……""如果且只有……才……"等自然语言连词的逻辑抽象，主要表示限定性条件关系等。

（5）否定，即使用"并非……""……是假的""……不合乎事实"等自然语言连词的逻辑抽象。

下面选取五种命题联结词中最典型、最常用的一种进行举例：

① 合取（……并且……）：唐寅是明代书法家，并且是画家。

② 析取（……或……）：这幅手稿，或是出自晚明，或是出自清朝。

③ 蕴涵（如果……那么……）：如果明天不下雨，那么我们就去春游。

④ 等值（当且仅当……）：当且仅当一个三角形是等边三角形时，它是等角三角形。

⑤ 否定（并非……）：并非所有的北极圈城市都能看到极光。

此外，五种命题联结词对应的真值形式为合取式、析取式、蕴涵式、等值式、否定式。现代逻辑已经证明，这五种命题联结词对于联结一切复合命题是足够的。

第二节　联言命题及其有效推理

一、联言命题的含义及其逻辑形式

联言命题是断定对象的若干种情况同时存在的命题。

例：① 富贵不能淫，贫贱不能移，威武不能屈。

② 天又下雪，又刮风。

③ 我们不但善于破坏旧世界，而且善于建立新世界。

④ 鲁迅是伟大的文学家，并且是伟大的思想家。

⑤ 虽然那是一片贫穷的土地，但它仍然是很多有尊严的人的家园。

这组命题的联结词虽然各不相同，有的甚至省略了联结词（例①），但都断定了对象的若干种情况同时存在。逻辑学在研究联言命题时舍弃了这些自然语言连词所含有的并列、承接、递进、转折等非逻辑的含义，而将它们视为同一种逻辑关系。

联言命题的支命题称为联言支。联言支至少有两个。在自然语言中，常见的联结联言支的连词有"并且""和""既……又……""不但……而且……""虽然……但是……""一方面……另一方面……"等。从真值方面将其抽象为合取，记为"∧（读作：合取）"。

如果将 p、q 作为命题变项来表示联言支，那么具有两个支命题的联言命题的逻辑形式记为"$p \wedge q$（读作：p 合取 q）"。这个命题形式在现代逻辑中被称作合取式。

二、联言命题的逻辑性质及真值表

联言命题断定了对象的若干种情况是同时存在的，因此只有当所断定的对象的若干情况都存在，也就是所有的联言支均为真时，该联言命题才是真的；只要有一个联言支是假的，该联言命题就是假的。这就是联言命题的逻辑性质。

据此，可以把合取（∧）定义为"$p \wedge q$ 是真的，当且仅当 p 是真的并且 q 是真的"。

在现代逻辑中，通常用真值表来表示命题联结词的逻辑含义，如表 5-1 所示，其中，T 代表真，F 代表假。

表 5-1 联言命题的真值表

p	q	$p \wedge q$
T	T	T
T	F	F
F	T	F
F	F	F

表 5-1 显示了复合命题的真假与其支命题的真假之间的关系。由于在二值逻辑中，一个命题有 T 和 F 两种真值，故在真值表中，有 n 个不同的命题变项，就会有 2^n 组真假搭配的组合，因此就需要列出 2^n 行真假组合。

需要指出的是，联言命题与合取式并不完全相同，后者仅仅是前者在真值方面的抽象。

例：5＋5＝10，并且树是绿的。

上述两个支命题在意义上毫无关联，人们通常不会把上面的这个句子看作一个有意义的联言命题，在自然语言中一般不会这么说。不过，仅就支命题的真值而言，它却可以符号化为 $p \wedge q$ 这样一个具有真值的合取式。

再者，虽然从逻辑上看，$p \wedge q$（5＋5＝10，并且树是绿的）和 $q \wedge p$（树是绿的，并且 5＋5＝10）两个合取式同真同假，是等值的，但自然语言中的联言命题并不总具有这样的性质。

例：① 他参加了三届奥运会，并且获得过 5 枚金牌。
② 他获得过 5 枚金牌，并且参加了三届奥运会。

前一个联言命题传达出了 5 枚金牌是在三届奥运会上获得的这一信息，但从后一个联言命题就很难读出这一信息了。

词序的不同带来情感意义的不同，但其逻辑意义是相同的，比如"屡败屡战"和"屡战屡败"，词序的不同导致的仅仅是主观性情感意义的不同，对逻辑命题意义并无影响。

三、联言推理的有效式

联言推理是一种复合命题的推理。复合命题的推理就是前提或结论中含有复合命题，并根据复合命题的逻辑特性来进行的推理。而作为一种演绎推理，联言推理就是仅仅以联言命题为前提或结论，并根据联言命题的逻辑性质来进行的推理。

根据联言命题的逻辑性质，联言推理有以下两种有效式。

1. 组合式

前提：鲁迅是文学家。
鲁迅是思想家。
结论：鲁迅是文学家和思想家。

公式如下：

p，

q，

$p \wedge q$。

p 是真的，并且 q 是真的，由联言命题的逻辑性质可知，以 p 和 q 为联言支的联言命题也是真的，所以从 p 和 q 可以推出 $p \wedge q$。

2. 分解式

前提：鲁迅是文学家和思想家。

结论：鲁迅是文学家。

前提：鲁迅是文学家和思想家。

结论：鲁迅是思想家。

公式如下：

$$\frac{p \wedge q}{p} \quad 或 \quad \frac{p \wedge q}{q}。$$

$p \wedge q$ 是真的，根据联言命题的逻辑性质，联言支 p 和 q 也都是真的，所以从 $p \wedge q$ 既可以推出 p，也可以推出 q。

练习题及解析

> "该应聘者既具有深厚的专业知识又具有良好的道德品质"。以下哪项能够最有力地反驳该观点？
>
> A. 该应聘者没有深厚的专业知识
>
> B. 该应聘者没有良好的道德品质
>
> C. 专业知识和道德品质的衡量标准不一
>
> D. 该应聘者没有深厚的专业知识或没有良好的道德品质
>
> 题目解析：利用联言命题的矛盾命题求解。"A且B"的矛盾命题为"非A或非B"，因此正确答案应为"没有专业知识或没有道德品质"，故正确答案为D项。

第三节 选言命题及其有效推理

一、选言命题的含义及种类

选言命题是断定对象的若干种可能情况的命题。

例：① 患病或者负伤，在规定的医疗期内的，用人单位不得解除劳动合同。

② 观点没有被采纳，或者是因为观点不够新颖，或者是因为观点的陈述不够清晰，或者是因为观点与主题无关。

③ 物体要么是固态的，要么是液态的，要么是气态的。

选言命题的支命题称为选言支，至少有两个。选言支断定的几种可能情况，有的可以并存（例①、例②），有的则不能并存（例③）。

根据选言支是否可以并存，选言命题可以分为相容选言命题与不相容选言命题。不同种类的选言命题，其逻辑性质也不相同。

二、相容选言命题及其有效推理形式

（一）相容选言命题的逻辑形式、逻辑性质及真值表

相容选言命题就是断定对象的几种可能情况至少有一种存在，或者说，几种可能情况可以同时并存的选言命题。在自然语言中，常见的联结相容选言支的连词有"或者""可能……可能……""不是……就是……""也许……也许……"等。逻辑学在研究相容选言命题时，舍弃了这些自然语言连词所含有的非逻辑的含义，仅仅从真值方面将其抽象为析取，记为"$\vee$（读作：析取）"。如果用 p、q 表示选言支，具有两个支命题的相容选言命题的逻辑形式记为"$p \vee q$（读作：p 析取 q）"。

由于相容选言命题断定了对象的几种可能情况至少有一种存在，因此只要它断定的对象情况中有一种情况存在，也就是有一个选言支为真，该相容选言命题就为真；只有当全部的选言支为假时，该相容选言命题才为假。这就是相容选言命题的逻辑性质。

据此，可以从真值方面将析取（$\vee$）定义为"$p \vee q$ 是真的，当且仅当 p 和 q 至少有一个是真的"。

上述定义可以用真值表（表 5-2）表示。

表 5-2　相容选言命题的真值表

p	q	$p \vee q$
T	T	T
T	F	T
F	T	T
F	F	F

（二）相容选言推理的有效式

相容选言推理就是选言前提为相容选言命题的选言推理。根据相容选言命题的逻辑性质，相容选言推理的有效式为否定肯定式①：

例：① 出国的名额，或者属于小李，或者属于小张。经过考察，小李的年纪不符合标准，所以，把出国的名额给了小张。

② 这种音响之所以滞销，或者是因为它的音质不好，或者是因为它设计不美观，或者是因为它的价格太高。经过分析，这种音响的音质很好、设计美观，所以它滞销

---

① 有的逻辑学著作或教材将这一有效的推理形式称作"选言三段论"或"析取三段论"（disjunctive syllogism）。

的原因就是价格太高。

否定了其中一个选言支，就是肯定了另一个选言支，即若命题"p 或 q"为真，且已知 p 为假，则必然推出 q 为真。选言支可以有两个，也可以有两个以上。对于有两个选言支的情况，否定其中一个，则肯定另外一个；对于有多个选言支的情况，否定其中多个，则只肯定剩下的那一个。

用符号表示：

$$\frac{p \vee q}{\neg p} \quad 或 \quad \frac{p \vee q}{\neg q}$$
$$\qquad q \qquad\qquad\qquad p$$

其中，"¬"表示对命题的否定，相当于否定词。

可以被概括成以下两个公式：

（1） p 或 q ＝如果非 p，则 q。

（2）并非（p 或 q）＝非 p 且非 q。

该有效式的逻辑根据在于：一个相容选言命题为真，当且仅当选言支至少有一个为真，因此若已知某一相容选言命题为真，以及该命题的一部分选言支为假，则可以推出其余的选言支为真。如果一个相容选言命题为真，则在它所有的变项中，至少有一个真（这是必然的），至多可以全部为真（这是可能的）。也就是说，只有在所有变项都为假的情况下，这个相容选言命题才为假。只要有一个变项为真，这个相容选言命题就为真。

由于相容选言命题的选言支可以同时为真，所以不能因为一部分选言支为真而对其余的选言支有所断定。

练习题及解析

1. 某司机违章驾驶，民警说："对你要么扣照，要么罚款。"司机说："我不同意。"那么按照司机的说法，以下哪项他必须同意？

A. 扣照，但不罚款

B. 罚款，但不扣照

C. 如果不能做到既不扣照又不罚款，那么就既扣照又罚款

D. 承认错误，下次不再违章

题目解析：正确答案为 C。"要么…要么…"为不相容选言命题，"并非要么 p，要么 q"等值于"p 且 q"或者"$\neg p$ 且 $\neg q$"。

2. 若"王婷能考上北大，或者李璐能考上北大"命题为真，且"王婷没考上北大"为真，那么下面哪项判断为真？

A. 李璐考上了北大

B. 李璐没有考上北大

C. 两人都没考上北大

D. 不能确定

> 题目解析：正确答案为 A。以上否定了相容选言命题中的一个选言支，但该相容选言命题已经为真，那么另一个选言支必定为真。

三、不相容选言命题及其有效推理形式

（一）不相容选言命题的逻辑形式、逻辑性质及真值表

不相容选言命题就是断定对象的几种可能情况不能同时并存的选言命题。不相容选言命题常见的自然语言连词有"不是……就是……""要么……要么……"等。需要注意的是，"或者……或者……"既可以用于相容选言命题，也可以用于不相容选言命题，但是"要么……要么……"只能用于不相容选言命题。逻辑学在研究不相容选言命题时，舍弃了自然语言连词所含有的非逻辑的含义，仅仅从真值方面将其抽象为不相容析取或者严格析取，记为"$\dot{\vee}$（读作：严格析取）"。如果用 p、q 表示选言支，具有两个支命题的不相容选言命题的逻辑形式记为"$p \dot{\vee} q$（读作：p 严格析取 q）"。

由于不相容选言命题断定了对象几种可能的情况不能同时并存，因此只有它所断定的对象情况中有且只有一种情况存在，也就是有且只有一个选言支为真时，该不相容选言命题才为真。这就是不相容选言命题的逻辑性质。

据此，可以在真值方面将严格析取（$\dot{\vee}$）定义为"$p \dot{\vee} q$ 是真的，当且仅当 p 和 q 中有且仅有一真"。

需要指出的是，严格析取不是现代逻辑的基本命题联结词，这里只是用以表示同析取式 $p \vee q$ 有所区别的选言命题形式。事实上，根据不相容选言命题的逻辑性质，可以用 $\wedge$、$\vee$ 和 $\neg$ 等命题联结词将 $p \dot{\vee} q$ 定义为"$(p \vee q) \wedge \neg (p \wedge q)$"。

按照合取、析取和否定的定义，上述公式的含义是"p 和 q 至少有一个为真，但不会同时为真"。显然，这与 $p \dot{\vee} q$ 的断定（p 和 q 中有且只有一个为真）是一致的。

可以用真值表（表 5-3）表示不相容选言命题的真假情况。

表 5-3 不相容选言命题的真值表

p	q	$p \dot{\vee} q$
T	T	T
T	F	T
F	T	T
F	F	F

（二）不相容选言推理的有效式

不相容选言推理是选言前提为不相容选言命题的选言推理，其有效式有两种。

1. 否定肯定式

否定肯定式通过否定不相容选言判断中除一个选言支以外的其余选言支，推出肯

定另一个未被否定的选言支为结论。

例：要么在国内旅游，要么去国外旅游，
　　　不在国内旅游，
　　　所以，去国外旅游。

公式如下：
要么 p，要么 q，
非 p，
所以，q。

符号表示：

$$\frac{p \dot\vee q}{\neg p} \quad 或 \quad \frac{p \dot\vee q}{\neg q} 。$$
$$\quad\quad q \quad\quad\quad\quad\quad\quad p$$

其逻辑根据与相容选言推理的否定肯定式相同。

2. 肯定否定式

肯定否定式通过肯定不相容选言判断的一个选言支，推出否定其他选言支为结论的选言推理。

例：挪威要么是发展中国家，要么是发达国家，
　　　经认定，挪威是发达国家，
　　　所以，挪威不是发展中国家。

公式如下：
要么 p，要么 q，
q，
所以，非 p。

符号表示：

$$\frac{p \dot\vee q}{p} \quad 或 \quad \frac{p \dot\vee q}{q} 。$$
$$\quad\quad \neg q \quad\quad\quad\quad\quad \neg p$$

由于不相容选言命题是断定几种情况中只有一种存在，所以当选言支有且只有一种情况为真时，该不相容选言命题为真；当几种情况都为真，或几种情况都为假时，该不相容选言命题为假。

练习题及解析

1. 副校长："我主张王老师和邱老师中至少有一人可以被推荐为国家级教学名师候选人。"校长："我不同意。"以下哪项最准确地表达了校长的意见？

A. 王老师和邱老师都不可以被推荐为国家级教学名师候选人

B. 王老师和邱老师中至少有一人可以被推荐为国家级教学名师候选人

C. 王老师和邱老师都可以被推荐为国家级教学名师候选人

D. 如果王老师可以被推荐为国家级教学名师候选人，则邱老师也可以

题目解析：正确答案为 A。根据题干所给信息关联词"至少有一个"可知，考查知识点为选言命题相关知识。校长说"我不同意"实则是在对副校长说的话进行反驳，因此可以断定考查知识点为选言命题的矛盾命题。副校长的话可以写成"A 或 B"的形式，即"王选上或邱选上"。"A 或 B"的矛盾命题为"非 A 且非 B"，因此正确答案为"王选上或邱选上的矛盾命题"，即"王选不上且邱选不上"。

2. 副经理："我主张在大连和沈阳至少一个地方进行投资。"经理："我不同意。"以下哪项最准确地表达了经理的意见？

A. 大连和沈阳都不可以进行投资

B. 大连和沈阳中至少一处可以进行投资

C. 大连和沈阳都可以进行投资

D. 如果大连可以进行投资，那么沈阳也可以

题目解析：正确答案 A。根据题干所给信息关联词"至少一个"可知，考查知识点为选言命题相关知识。经理说"我不同意"实则是在对副经理说的话进行反驳，因此可以断定考查知识点为选言命题的矛盾命题。将副经理的话写成"A 或 B"的形式，即"在大连投资或在沈阳投资"。"A 或 B"的矛盾命题为"非 A 且非 B"，因此正确答案为"在大连投资或在沈阳投资的矛盾命题"，即"在大连不投资且在沈阳不投资"。

3. 某城市将旧城改造，需要对拆迁户进行安置，安置办法或者是按被拆迁家庭户口中的人头补偿，或者是按所拆迁房屋的实有面积补偿；如果按照被拆迁家庭户口中的人头补偿，该城市则将出现钉子户；如果按照所拆迁房屋的实有面积补偿，该城市则将因拆迁成本过高而承受经济压力。由此可以推出以下哪项？

A. 该市可能不会出现钉子户，也不会承受经济压力

B. 如果该市出现钉子户，那么安置办法是按被拆迁家庭户口中的人头补偿

C. 该市将会出现钉子户，或者承受经济压力

D. 如果该市出现钉子户且承受了经济压力，那么安置办法同时采取上述二种

题目解析：正确答案为 C。该城市的拆迁安置办法或者是①按被拆迁家庭户口中的人头补偿，或者是②按所拆迁房屋的实有面积补偿。如果按①→该城市将出现钉子户；如果按②→该城市将因拆迁成本过高而承受经济压力。综上可知，该城市或者出现钉子户，或者承受经济压力，A 项错误，C 项正确；B、D 项，肯定后件推不出肯定的前件，排除。

第四节　假言命题及其有效推理

一、假言命题的含义及种类

假言命题是断定对象情况之间条件关系的命题。

例：① 如果吃得太多，胃就会不舒服。
　　② 只有年满 18 周岁，才有选举权。
　　③ 当且仅当一个三角形是等边三角形时，这个三角形才是等角三角形。

上述三个命题都是假言命题，它们分别断定了"吃得太多"与"胃不舒服"、"年满 18 周岁"与"有选举权"，以及"一个三角形是等边三角形"与"这个三角形是等角三角形"之间的某种条件关系。

假言命题有且仅有两个支命题，断定条件的支命题称作假言命题的前件，如例①中的"吃得太多"；断定依赖条件而成立的对象情况的支命题称为假言命题的后件，如例①中的"胃不舒服"。当然，假言命题的前件和后件本身也可能是复合命题。

例：如果你经常不吃早饭，或者经常暴饮暴食，那么你的胃就会不舒服。

上例中，假言命题的前件就是一个相容选言命题。

假言命题的命题联结词有三种，各有不同的逻辑含义，分别反映了对象情况之间的充分条件关系、必要条件关系和充分必要条件关系。由此，假言命题有三种，即充分条件假言命题、必要条件假言命题和充分必要条件假言命题，它们有不同的逻辑形式和逻辑性质。

二、充分条件假言命题及其有效推理形式

（一）充分条件假言命题的逻辑形式、逻辑性质及真值表

充分条件假言命题就是断定如果前件所陈述的对象情况存在，那么后件所陈述的对象情况就一定存在，即所谓"有之必然"的条件关系。在自然语言中，常见的联结充分条件假言命题前件与后件的连词有"如果……那么……""只要……就……""若……必……""倘若……则……"等。

例：如果得了肺炎，就一定会发烧。

上例是一个充分条件假言命题，断定的是"得了肺炎"与"发烧"的关系：得了肺炎的必然表现就是会发烧。

逻辑学在研究充分条件假言命题时舍弃了上述自然语言连词含有的非逻辑含义，仅仅从真值方面将其抽象为蕴涵，记为"→（读作：蕴涵）"。如果用 p 和 q 分别表示充分条件假言命题的前件和后件，则充分条件假言命题的逻辑形式记为"$p \to q$（读作：p 蕴涵 q）"。这个命题形式就是现代逻辑所说的蕴涵式。

由于充分条件假言命题断定的是一个对象情况与另一对象情况的充分性关系，是"有之必然"的关系，所以只有当前件为真而后件为假时，充分条件假言命题才为假，

因为此时相当于有了前件，但推不出后件。这就是充分条件假言命题的逻辑性质。换言之，一个充分条件假言命题并不要求其前件和后件都是真的，只要其前件所断定的对象情况是后件所断定的对象情况的充分条件，它就是一个真的充分条件假言命题。

例：如果地球由东向西自转，那么太阳就会从西边升起，从东边落下。

这无疑是一个真的充分条件假言命题，尽管其前件、后件所断定的情况均与事实不符，即均为假命题。

据此，可以从真值方面将蕴涵（→）定义为"$p \to q$ 是真的，当且仅当并非'p 真且 q 假'"。

可以用真值表（表 5-4）表示充分条件假言命题的真假情况。

表 5-4　充分条件假言命题的真值表

p	q	$p \to q$
T	T	T
T	F	F
F	T	T
F	F	T

（二）充分条件假言推理的有效式

前提之一是假言命题，并根据假言命题的逻辑性质来进行的复合命题推理，通常称为假言推理。在传统逻辑中，假言推理主要有两大类型：一是假言直言推理，这是一种主要前提为假言命题，另一前提和结论一般为直言命题，并按假言命题的逻辑性质来进行的推理；二是纯假言推理，其前提和结论均为假言命题。本节所讲的假言推理是假言直言推理。由于假言命题有三种，故本节所讲的假言推理也有三种，即充分条件假言推理、必要条件假言推理和充分必要条件假言推理。

充分条件假言推理就是其前提为充分条件假言命题的假言推理，其有效式有两种。

1. 肯定前件式

肯定前件式通过肯定充分条件假言命题的前件，进而肯定其后件。

例：如果得了肺结核，就会咳嗽。
　　某人得了肺结核，
　　所以，某人会咳嗽。

公式如下：

如果 p，就 q，
p，
所以，q。

用符号表示：$\dfrac{p \to q}{\dfrac{p}{q}}$ 或 $(p \to q) \land p \to q$。

肯定前件式的逻辑推理过程：当真的充分条件假言命题的前件为真时，一定能推出后件为真，即如果前件为真，后件必为真。所以，如果在前提中肯定一个真的充分条件假言命题的前件，那么就应在结论中肯定该假言前提的后件。

2. 否定后件式

否定后件式通过否定充分条件假言命题的后件，进而否定其前件。

例：如果没有地球引力，苹果熟了就不会落地，

　　现在苹果熟了落地，

　　所以，有地球引力。

公式如下：

如果 p，就 q，

$\neg q$

所以，$\neg p$。

用符号表示：

$p \rightarrow q$

$\underline{\quad \neg q \quad}$ 　或 $(p \rightarrow q) \wedge \neg q \rightarrow \neg p$。

　　$\neg p$

否定后件式的逻辑推理过程：当真的充分条件假言命题的前件为真时，后件必为真，因此如果其后件不为真，那么其前件必然不为真。

据此，前面已经介绍过的联言推理、选言推理的有效式也可以横写为如下形式：

（1）联言推理的分解式：$p \wedge q \rightarrow p$　或　$p \wedge q \rightarrow q$。

（2）联言推理的组合式：$p \rightarrow (q \rightarrow p \wedge q)$。

（3）相容选言推理："$(p \vee q) \wedge \neg p \rightarrow q$"或"$(p \vee q) \wedge \neg q \rightarrow p$"。

（4）不相容选言推理的否定肯定式："$(p \dot{\vee} q) \wedge \neg p \rightarrow q$"或"$(p \dot{\vee} q) \wedge \neg q \rightarrow p$"。

（5）不相容选言推理的肯定否定式："$(p \dot{\vee} q) \wedge p \rightarrow \neg q$"或"$(p \dot{\vee} q) \wedge q \rightarrow \neg p$"。

一般来说，充分条件假言命题的前件陈述的只是能够分别独立地导致后件所陈述的那种情况的若干条件之一。其示意图如图 5-1 所示。

如图 5-1 所示，p、r、s 都可以分别独立地导致 q，虽然有 p 时一定会有 q，没有 q 时一定没有 p，但在没有 p 时并不一定没有 q，因为只要有 r 或 s 就会有 q。而且在有 q 时并不一定有 p，因为 q 也可能是由 r 或 s 导致的。

图 5-1　充分条件假言命题示意图

鉴于此，充分条件假言推理的规则可以表述为以下两条：

(1) 肯定前件就要肯定后件，否定后件就要否定前件。
(2) 否定前件不能断定后件，肯定后件不能断定前件。

（三）"蕴涵怪论"

由于蕴涵（→）只是自然语言中的语句连词"如果……那……"在真值方面的抽象，撇开了充分条件假言命题的前件、后件在意义上的各种联系，因此作为真值联结词，"→"的语义解释仅仅是"$p→q$ 为真，当且仅当并非'p 真且 q 假'"。

按照这样的解释，只要把蕴涵式的前件 p 换为一个假命题，如"雪是黑的"，那么无论其后件是真是假，甚至就算是一个与"雪是黑的"毫不相干的命题，都可以构成一个取值为真、具有 $p→q$ 这一形式的命题。同理，只要把蕴涵式的后件 q 换成一个真命题如"雪是白的"，那么无论其前件是真是假，甚至就算是一个与"雪是白的"毫不相干的命题，都可以构成一个取值为真、具有 $p→q$ 这一形式的命题。这就是说，在这样的语义解释下，下列命题形式都是真的：

(1) $p→(q→p)$。
(2) $\neg p→(p→q)$。

命题形式（1）的逻辑含义：如果 p 是真的，那么 q 蕴涵 p 也是真的，即真命题可以为任何命题所蕴涵；命题形式（2）的逻辑含义：如果 p 是假的，那么 p 蕴涵 q 是真的，即假命题蕴涵任何命题。

当我们用自然语言去读上述公式时，或多或少都觉得很奇怪，因此逻辑学家把它们称为"蕴涵怪论"或"实质蕴涵怪论"。在自然语言中，充分条件假言命题的前件、后件总有着一定意义上的联系，因此不可能引出这样的"蕴涵怪论"。这也说明不能把"→"与自然语言中的"如果……那么……"等连词简单地等同起来，相应地，也不能把蕴涵式与充分条件假言命题简单地等同起来。

我们要注意区分语形学与语义学、逻辑语义学与语言语义学。在命题逻辑的形式语言中[①]，从逻辑语形学的观点看，由一切命题组成的集合也是一个无穷集，其中有无穷个命题变项：$p, q, r, p_1, q_1, r_1, \cdots$。一切命题变项的集合与一切具体命题的集合有同一关系，因为命题变项就是具体命题的形式化。所以，无论是就语言语义学而言还是就逻辑语形学而言，所谓"任何命题"都是指同一个无穷集（具体命题集或命题变项集）中的任一元素。但是，从逻辑语义学的观点看，每一个命题变项都只有真假二值，即或以真为值，或以假为值。所以，由一切命题所组成的集合是一个有穷集，只有真和假两个元素，可表示为"{真，假}"，可称为真值集（"真"是真值，"假"也是真值），它就是命题逻辑的解释域。在逻辑语义学的意义上，所谓"任何命题"仅仅指真值集所含的两个元素中的任一元素。不能把逻辑语义学之所谓"任何命题"与语言语义学或逻辑语形学之所谓"任何命题"混为一谈。那么，真值集与具体命题集有何关系？真值集就是全部命题的外延，"真"是一切与客观事实相符合的具体命题共同的基本意义，"假"是一切与客观事实不符合的具体命题共同的基本意义。

---

① 程仲棠：关于"蕴涵怪论"及其反例 [J]. 学术研究，2011 (8): 13—19.

可见命题的外延就是命题的基本意义。命题逻辑只研究命题的外延或基本意义，而不研究命题的内涵或具体意义，即不研究不同的真命题之间或不同的假命题之间一切千差万别的含义。从逻辑语义学的观点看，"雪是白的""2＋2＝4""孔子是中国人"这三个命题的唯一意义是真，它们之间只有语形上的差别，而没有语义上的差别；"雪是黑的""2＋2＝5""孔子是日本人"这三个命题的唯一意义是假，同样只有语形上的差别，而没有语义上的差别。由命题联结词和命题变项所构成的公式，在解释下仅仅表示某种真假关系，称为真值函项，意即每一个这样的公式均以真或假为值，并且公式的真值完全决定于命题变项的真值。如果以具体命题代入公式中的命题变项，同时将公式中的联结词换为自然语言中相应的联结词，那么这些公式就变成了复合命题。但是，从逻辑语义学的观点看，这些复合命题只是真值函项，除了表示一定的真假关系外，别无意义。例如，蕴涵式 $p\rightarrow q$ 表示" $p\rightarrow q$ 为真，当且仅当 p 假或 q 真，即并非' p 真而 q 假'"。以任何具体命题代入 p 和 q 并以"如果……那么……"取代"→"而得出的假言命题，也仅仅表示蕴涵式的真假关系。总之，真假二值和真假关系就是逻辑语义学赋予命题逻辑公式的全部意义。

三、必要条件假言命题及其有效推理形式

（一）必要条件假言命题的逻辑形式、逻辑性质及真值表

必要条件假言命题就是断定前件陈述的对象情况是后件陈述的对象情况的必要条件的假言命题。所谓必要条件，是指如果不存在前件所陈述的对象情况，后件所陈述的对象情况就一定不存在，即所谓"无之必不然"的条件关系。

例：① 只有年满十八周岁，才有选举权和被选举权。

② 只有通过普通话等级考试，才能获得教师资格证。

例①和例②就是必要条件假言命题。在例①中，未满十八周岁，就一定没有选举权和被选举权；在例②中，没有通过普通话等级考试，就不能获得教师资格证。

在自然语言中，常见的联结必要条件假言命题前件与后件的连词有"只有……才……""必须……才……""如果不……那么就不……""除非……否则……"等。逻辑学在研究必要条件假言命题时舍弃了上述自然语言连词所含有的非逻辑含义，仅仅从真值方面将其抽象为逆蕴涵，记为"←（读作：逆蕴涵）"。

如果用 p 和 q 分别表示必要条件假言命题的前件和后件，则必要条件假言命题的逻辑形式可记为" $p\leftarrow q$（读作：p 逆蕴涵 q）"。

由于必要条件假言命题断定的是一个对象情况是另一个对象情况的必要条件，所以只有当前件为假而后件为真时，一个必要条件假言命题才为假。在其他情况下，必要条件假言命题都可以是真的。这就是必要条件假言命题的逻辑性质。

据此，可以从真值方面将逆蕴涵（←）定义为" $p\leftarrow q$ 是真的，当且仅当并非' p 假而 q 真'"。

可以用真值表（表5-5）表示必要条件假言命题的真假情况。

表 5-5　必要条件假言命题的真值表

p	q	$p \leftarrow q$
T	T	T
T	F	T
F	T	F
F	F	T

与严格析取一样，逆蕴涵也不是现代逻辑的基本命题联结词。根据必要条件假言命题的定义与逻辑性质，可以用 ¬ 和 → 将 $p \leftarrow q$ 定义为 "$¬p → ¬q$ 或 $q → p$"。

前者表示 $¬p$ 是 $¬q$ 的充分条件，后者表示 q 是 p 的充分条件，它们所断定的内容与 $p \leftarrow q$ 的断定是一致的。这三个公式是等值的，由此也就表明逆蕴涵并不是现代逻辑所不可或缺的基本命题联结词。

与前面介绍的几种命题联结词一样，逆蕴涵也仅仅是对"只有……才……"等自然语言连词的逻辑抽象，它们并不是一回事，前者仅仅保留了后者在真值方面的特点，而舍弃了后者所具有的语义关联等非逻辑的特点。

（二）必要条件假言推理的有效式

必要条件假言推理就是其前提为必要条件假言命题的假言推理，其有效式有两种。

1. 否定前件式

否定前件式通过否定必要条件假言命题的前件来否定其后件。

例：这家国有企业只有彻底转变经营思想，才能在市场经济条件下扭亏为盈；不过，几年过去了，他们并没有转变经营思想，所以，这家企业没能实现扭亏为盈。

用符号表示：$\dfrac{p \leftarrow q}{\quad ¬p \quad}$。
$\qquad\qquad\qquad ¬q$

2. 肯定后件式

肯定后件式通过肯定必要条件假言判断的后件，推出肯定前件为结论。

例：只有肥料充足，庄稼才能长得好；庄稼长得很好，所以，肥料肯定很充足。

用符号表示：$\dfrac{p \leftarrow q}{\quad q \quad}$。
$\qquad\qquad\qquad p$

必要条件假言推理的否定前件式和肯定后件式也可以横写为 "$(p \leftarrow q) \land ¬p → ¬q$" 和 "$(p \leftarrow q) \land q → p$"。

一般来说，必要条件假言命题的前件陈述的情况只是后件陈述的情况的必不可少的条件之一，它往往需要和其他条件结合才可能共同导致后件所陈述的情况。这种关系如图 5-2 所示。

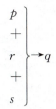

图 5-2　必要条件假言命题示意图

这就是说，要使 q 成立，就需要 p、r、s 同时成立。因此，如果仅仅有 p，不一定会产生 q，因为缺少了 r、s，仅仅有 p 是不可能导致 q 的。同理，也不能从 q 不成立推知 p 不成立，因为 q 不成立有可能是 p 成立但 r、s 不成立导致的。

鉴于此，必要条件假言推理的规则可以表述为以下两条：

（1）否定前件就要否定后件，肯定后件就要肯定前件。

（2）肯定前件不能断定后件，否定后件不能断定前件。

四、充分必要条件假言命题及其有效推理形式

（一）充分必要条件假言命题的逻辑形式、逻辑性质及真值表

充分必要条件假言命题就是断定前件陈述的对象情况是后件陈述的对象情况的充分必要条件的假言命题。所谓充分必要条件，是指如果前件陈述的对象情况存在，后件陈述的对象情况就一定存在；并且如果前件陈述的对象情况不存在，后件陈述的对象情况就一定不存在。这是一种"有之必然，无之必不然"的条件关系。

例：x 是偶数，当且仅当 x 能够被 2 整除。

这就是一个充分必要条件假言命题，因为若 x 能够被 2 整除，则 x 就是偶数；并且若 x 不能被 2 整除，则 x 就不是偶数。

在自然语言中，常见的将充分必要条件假言命题的前后件联结起来的连词有"当且仅当……则……""如果且只有……才……""如果……那么……；并且如果不……那么不……"等。这些连词的一个共同之处就在于表达了一个对象情况是另一个对象情况的充分必要条件（实际上，前件和后件互为充分必要条件）。逻辑学在研究充分必要条件假言命题时，舍弃了上述自然语言连词所含有的非逻辑含义，仅仅从真值方面将其抽象为等值，记为"↔（读作：等值于）"。

如果用 p 和 q 分别表示充分必要条件假言命题的前件和后件，则充分必要条件假言命题的逻辑形式可记为"$p \leftrightarrow q$（读作：p 等值于 q）"。这个命题形式也就是现代逻辑所说的等值式。

由于充分必要条件假言命题陈述的是一个对象情况为另一个对象情况的充分必要条件，所以只有当前件、后件均为真或均为假，即前件与后件的真值相等时，一个充分必要条件假言命题才为真；在其他情况下，则为假。这就是充分必要条件假言命题的逻辑性质。

据此，可以从真值方面将等值于（↔）定义为"$p \leftrightarrow q$ 是真的，当且仅当 p 和 q 同真同假"。

上述定义可以用真值表（表 5-6）表示。

表 5-6　充分必要条件假言命题的真值表

p	q	$p \leftrightarrow q$
T	T	T
T	F	F
F	T	F
F	F	T

根据充分必要条件假言命题的定义，借助"→""←""∧"，其逻辑形式又可记作"（$p→q$）∧（$p←q$）"。

不难发现，"（$p→q$）∧（$p←q$）"和 $p \leftrightarrow q$ 从不同角度刻画了充分必要条件假言命题的逻辑结构。运用下一讲会讲到的真值表判定方法，可以很容易判定此二者具有等值关系：［（$p→q$）∧（$p←q$）］↔（$p \leftrightarrow q$）。

（二）充分必要条件假言推理及其有效式

充分必要条件假言推理，就是假言前提为充分必要条件假言命题的假言推理。由于这种推理的依据是充分必要条件假言命题的逻辑性质，即前件和后件的真值相同，因此，充分必要条件假言推理有四种有效式。

1. 从肯定前件到肯定后件（肯定前件式）

例：当且仅当两条直线平行，内错角才相等。这两条直线平行，所以，它们的内错角相等。

用符号表示：$\dfrac{p \leftrightarrow q,\ p}{q}$。

2. 从否定前件到否定后件（否定前件式）

例：当且仅当两条直线平行，内错角才相等，这两条直线不平行，所以，这两条直线内错角不相等。

用符号表示：$\dfrac{p \leftrightarrow q,\ \neg p}{\neg q}$。

3. 从肯定后件到肯定前件（肯定后件式）

例：当且仅当两条直线平行，内错角才相等。这两条直线内错角相等，所以，这两条直线是平行的。

用符号表示：$\dfrac{p \leftrightarrow q,\ q}{p}$。

4. 从否定后件到否定前件（否定后件式）

例：当且仅当两条直线平行，内错角才相等。这两条直线内错角不相等，所以，这两条直线不平行。

用符号表示：$\dfrac{p \leftrightarrow q}{\neg q}$。
$\dfrac{}{\neg p}$

上述有效式也可横写为如下的蕴涵式：

(1) 肯定前件式：$(p \leftrightarrow q) \wedge p \rightarrow q$。
(2) 否定前件式：$(p \leftrightarrow q) \wedge \neg p \rightarrow \neg q$。
(3) 肯定后件式：$(p \leftrightarrow q) \wedge q \rightarrow p$。
(4) 否定后件式：$(p \leftrightarrow q) \wedge \neg q \rightarrow \neg p$。

据此，充分必要条件假言推理的规则可以表述为以下两条：

(1) 肯定前件就要肯定后件，否定前件就要否定后件。
(2) 肯定后件就要肯定前件，否定后件就要否定前件。

练习题及解析

如果国民生产总值提高了，并且民众的消费心理变化了，那么蔬菜的供应将大幅增加；如果国民生产总值没有提高，或者蔬菜供应大幅增加，那么城市居民的最低生活将没有保障。如果蔬菜供应大幅增加，那么或者农民增收，或者社会福利增加。而事实上，城市居民的最低生活获得了保障。由此可见：

A. 农民增收了
B. 社会福利增加了
C. 民众的消费心理可能没有发生变化
D. 民众的消费心理发生变化了

题目解析：本题为联言命题、选言命题、假言命题相结合的题目，难度较大。第一句可写成标准形式：国民生产总值提高且民众消费心理变化→蔬菜供应增加；第二句可写成标准形式：国民生产总值没有提高或蔬菜供应大幅增加→城市居民的最低生活没有保障；第三句可写成标准形式：蔬菜供应大幅增加→农民增收或社会福利增加。除此之外，还有第四个独立条件"城市居民的最低生活获得了保障"，可用第四句带入第二句，再结合假言命题推理规则，得出"国民生产总值提高且蔬菜供应未大幅增加"，再根据得出的结论结合第一句，利用假言命题推理规则得出"国民生产总值未提高或民众的消费心理未发生变化"为真。根据得出的两个结论及相容选言命题推理规则，"国民生产总值提高"为真否定了"国民生产总值未提高或民众的消费心理未发生变化"中的一个支命题，另外一个支命题"民众的消费心理未发生变化"为真，因此选 C 项。

第五节　二难推理

二难推理是以两个充分条件假言命题和一个含两个支命题的选言命题为前提的推理。二难推理常用于论辩，可针对论敌的谬误，摆出两种可能，无论选择哪一种都会使对方陷于困境，从而驳倒论敌。二难推理也经常用于日常处于左右为难的思维过程。

一、二难推理的形式

1. 简单构成式

简单构成式二难推理是通过肯定两个充分条件假言命题的前件，推出一个以肯定后件的简单命题为结论的二难推理。

例：如果为这事批评孩子，对孩子不好，
　　如果为这事不批评孩子，对孩子也不好，
　　或者批评孩子，或者不批评孩子，
　　总之，对孩子都不好。

公式如下：
如果 p，就 q，
如果非 p，就 q，
或 p，或非 p，
总之，q。
用符号表示：$[(p \rightarrow q) \wedge (\neg p \rightarrow q)] \wedge (p \vee \neg p) \rightarrow q$。

2. 复杂构成式

复杂构成式二难推理是通过肯定两个充分条件假言命题的前件，推出一个以肯定后件的复合命题为结论的二难推理。

例：如果他有意散布谣言，就是别有用心，
　　如果他无意散布谣言，就是愚昧无知，
　　或者有意散布谣言，或者无意散布谣言，
　　总之，他或是别有用心，或是愚昧无知。

公式如下：
如果 p，就 q，
如果非 p，就 r，
或 p，或非 p，
总之，或 q，或 r。
用符号表示：$[(p \rightarrow q) \wedge (\neg p \rightarrow r)] \wedge (p \vee \neg p) \rightarrow (q \vee r)$。

二、二难推理的规则及应用

二难推理的规则包括以下两条：
（1）两个充分条件假言命题必须是真实的。
（2）推理过程必须是充分条件假言推理的正确式，并且其选言命题前提的选言支要穷尽。

二难推理已经被证明是一种非常有力量的说服工具，如果运用得当则效果极佳，有时会产生压倒性的优势。二难推理不仅在人们日常的语言交流中经常出现，作为一种特殊的逻辑推理方法，它在法庭辩论中也有着十分广泛的应用。

例：某企业因违章操作酿成一起重大事故，在法庭上厂长振振有词，认为自己不应当承担刑事责任。公诉人反驳道："如果你知道违章酿成这起重大责任事故，那么你应当负刑事责任；如果你不知道违章酿成这起重大责任事故，那么你也应当负刑事责任；你或者知道或者不知道违章酿成这起重大责任事故，总之，你都应当负刑事责任。"厂长被说得哑口无言，只能认罪伏法。

三、二难推理的驳斥方法

驳斥二难推理的方法有以下三种。

1. 揭露假言前提的虚假

例：如果我要参加考试，我就会考不好；如果我不参加考试，我就无法通过资格考试。或参加考试，或不参加考试，总之，或是考不好，或是无法通过资格考试。

这是一个二难推理，但假言前提"如果我要参加考试，就会考不好"是不真实的，不具有充分条件关系，因此二难推理不能成立。

2. 指出推理过程错误

例：如果买房，就会增加一大笔负担；如果租房，就要每月增加支出。或不买房，或不租房，总之，或是不增加一大笔负担，或是不每月增加支出。

这是一个二难推理，但推理过程都是充分条件假言推理的否定前件式，其推理形式是无效的，因此二难推理不能成立。

3. 指出选项未能穷尽，遗漏选言支

例：如果天旱无雨，农作物就会受害；如果久雨不停，农作物也会受害。或天旱无雨，或久雨不停，总之，农作物总会受害。

这是一个二难推理，但前提中的选言命题未能穷尽选项，遗漏了"雨水适量"的可能，因此二难推理不能成立。

练习题及解析

《大唐新语》中记载了一个小故事：唐代有个叫裴玄本的人非常诙谐，经常有一些非常有趣的言谈。在裴玄本当户部郎中的时候，有一次左仆射房玄龄得了很重的病，有人去看望房玄龄。裴玄本开玩笑说："如果仆射的病好了，就需要去看

望他,既然他病得很严重了,还需要看望什么呢?"有人把裴玄本的话告诉了房玄龄。不久,裴玄本也按照习惯去看望房玄龄,房玄龄笑着说:"裴郎中来了,我房玄龄不会死了。"

请根据房玄龄的表述,列出他的逻辑推理过程。

题目解析:房玄龄把裴玄本的玩笑话作为大前提,把裴玄本来看望他作为小前提,推出自己不会死了这一结论,也和裴玄本开了个玩笑。房玄龄用的就是有两个假言前提的充分和必要条件假言推理,推理过程如下:

如果我病重了,裴玄本就不会来看我;

如果我病不重,裴玄本就会来看我;

现在裴玄本来看我了,可见我的病不重,我死不了。

第一个假言前提是表达充分条件的,"病重"是"不会来看我"的充分条件;第二个假言前提是表达必要条件的,"病重"是"不会来看我"的必要条件。这样,前件"病重"就成了后件"不会来看我"的充分和必要的条件。小前提否定了"不会来看我"这个后件,结论也就否定了"病重"这个前件。因此,房玄龄所做的推理是充分和必要条件的假言推理,这个推理是合乎逻辑的。

第六讲

归纳推理、类比推理及归纳逻辑的现代发展

第一节 归纳推理

一、归纳推理的种类

归纳推理是根据个别性认识推出一般性认识的推理，可分为完全归纳推理和不完全归纳推理两类。归纳推理，除完全归纳推理外，都属于或然性推理。归纳推理和演绎推理的区别在于，演绎推理是从一般性知识推出特殊性知识；归纳推理是从特殊性知识推出一般性知识。演绎推理的结论具有必然性，归纳推理的结论是或然的。

（一）完全归纳推理

完全归纳推理是根据一类事物中每个对象具有或不具有某种属性，推出该类事物都具有或不具有某种属性的推理。

例：直角三角形的内角和为 $180°$，
锐角三角形的内角和为 $180°$，
钝角三角形的内角和为 $180°$，
直角三角形、锐角三角形、钝角三角形是全部的三角形，
所以，一切三角形的内角和都是 $180°$。

用公式表示：

S_1 是（或不是）P，
……
S_n 是（或不是）P，（上例中 n 为 3）
S_1，…，S_n 是全部 S，
所以，所有 S 都是（或不是）P。

完全归纳推理的主要特点：前提中无一遗漏地考察了一类中的每一个对象，结论没有超出前提范围；只要前提都为真，其结论必然为真。

由于完全归纳推理是一种严密的、能得到必然结论的归纳方法，所以人们在进行调查研究或严格论证时常用此法，如"经过一一核实，到会代表都已领到了选票"

"我单位所有有私车的职工都缴纳了车税""这批洗衣机全部是优等品"等。但运用完全归纳推理有一定的局限性，即对于现实生活中数量较多甚至无穷的事物，不能做到一一考察，无法应用完全归纳推理。

（二）不完全归纳推理

不完全归纳推理是根据一类事物中部分对象具有或不具有某种属性，推出该类事物都具有或不具有某种属性的归纳推理。其特点：前提中只列举了一类中的部分对象，结论超出前提范围；结论具有或然性，但可提高可靠程度。其主要类型是简单枚举法和科学归纳法。

1. 简单枚举法

简单枚举法是根据一类事物中的部分对象具有或不具有某种属性，并且没有遇到相反情况，从而推出该类对象都具有或不具有某种属性的归纳推理。

例：黄鱼用鳃呼吸，

鲫鱼用鳃呼吸，

鲤鱼用鳃呼吸，

黄鱼、鲫鱼、鲤鱼都是鱼，并且没有发现反例，

所以，所有的鱼都用鳃呼吸。

用公式表示：

S_1 是（或不是）P，

S_2 是（或不是）P，

S_3 是（或不是）P，

…

S_n 是（或不是）P，

S_1，S_2，S_3，…，S_n 是部分 S，且没有反例，

所以，所有 S 都是（或不是）P。

简单枚举法的特点：前提只列举一类中的部分对象，并且没有发现反例；结论是或然的，因为前提中还有未考察的范围，一旦发现了反例，其结论就是错误的。

例：鸡的血是红色的，

鸭的血是红色的，

鱼的血是红色的，

鸡、鸭、鱼都是动物，

所以，所有动物的血都是红色的。

蜘蛛、乌贼的血不是红色的，所以，上例的结论是错误的，即犯了"轻率概括"或"以偏概全"的错误。

简单枚举归纳推理只是一种或然性推理，为了提高结论的可靠程度或者说提高推理的合理程度，进行简单枚举归纳推理需要遵守两条原则：其一，前提所考察对象的数量要尽可能地多，范围要尽可能地广。在简单枚举归纳推理中，前提中枚举的对象数量越多、范围越广，结论的可靠程度就越高。当然，即便是考察了同一个对象类的

很多分子，只要没有穷尽该对象类的所有分子，我们就仍然不能说这种推理是必然的。其二，要注意考察可能出现反面事例的场合。简单枚举归纳推理的结论是一个全称命题，只要出现一个反例，结论就会被推翻，因此在进行此种推理时，要注意考察可能出现反面事例的场合。如果在一些有可能出现反面事例的场合中都没有出现反例，那就说明所考察的对象的类与某种属性之间的关系较为紧密，结论的可靠程度就相对地提高了。

因违反上述原则而犯下的逻辑错误叫作"轻率概括"，即仅仅考察对象类中并不具有代表性、典型性的少数分子，甚至无视反面事例的存在，就得出一个关于该对象类的一般性结论。

在现代精密科学中，简单枚举归纳推理已不再被广泛采用，但是作为一种明快、简便的逻辑方法，它在日常生活与科学研究中仍有一定的地位。科学上的不少重要发现，往往就是由简单枚举归纳推理而形成假设，再经过进一步的证实或证伪而发展起来的。只要我们不把它的结论看作定论，而看作是尚须证明的，并以此为线索继续考察，那么这种方法对于我们获得可靠结论仍会是有帮助的。

2. 科学归纳法

科学归纳法是根据一类事物中部分对象与某种属性之间具有因果联系，推出该类事物都具有或不具有某种属性的归纳推理。

例：铁铲会生锈，

铁锯会生锈，

铁锁会生锈，

铁铲、铁锯、铁锁都是铁器，生锈的原因是铁在潮湿的空气中氧化生成红黄色的氧化铁，

所以，一切铁器都会生锈。

用公式表示：

S_1 是（或不是）P，

S_2 是（或不是）P，

S_3 是（或不是）P，

……

S_n 是（或不是）P，

S_1，S_2，S_3，…，S_n 是部分 S，并揭示出 S_{n-1} 是（或不是）P 的必然原因，

所以，一切 S 都是（或不是）P。

科学归纳法的特点：前提的数量不具有重要意义，重要的是揭示具有或不具有某种属性的必然原因；结论比较可靠。

从上面的分析我们可以看到，科学归纳推理与简单枚举归纳推理的主要区别包括以下三个方面：

第一，根据不同。简单枚举归纳推理的根据是经验事实，在经验过程中没有遇到反例；而科学归纳推理除了以经验事实为根据外，还强调科学分析，即它是在经验事

实的基础上，通过分析所考察的部分对象具有（或不具有）某种属性的原因后才推出结论的。

第二，前提事实数量的多少对推出结论的意义不同。对简单枚举归纳推理而言，前提事实的数量越多，结论越可靠；而科学归纳推理要求前提所考察的对象具有典型性，至于前提的数量，并不是最主要的。

第三，两者结论的可靠性程度也有所不同。虽然严格说来，简单枚举归纳推理与科学归纳推理都是或然性推理，但相对来说，科学归纳推理的结论可靠程度比简单枚举归纳推理高一些。

二、求因果联系法

科学归纳法需要揭示事物与现象之间的因果关系。人们运用归纳推理进行思维活动的重要目的之一，就是寻求现象间的因果联系。事物间的因果联系错综复杂，寻求因果联系也是一个复杂的过程。人们在长期的实践与认识过程中，根据因果联系的最一般的性质逐步提出了一些判明现象间因果联系的逻辑方法。随着科学在近现代的日益发展，人们探求因果联系的方法也日益精巧、细密。

英国逻辑学家约翰·穆勒在总结弗朗西斯·培根等人提出的归纳方法的基础上，概括出五种求因果法，史称"穆勒五法"（Mill's five methods of induction）。穆勒五法不同于上面所说的简单枚举归纳法。这五种方法的共同特点是在寻求研究现象的原因时，通过对所研究现象的某些（不是所有的）先行场合的分析比较，排除那些不是恒常一致地与被研究现象相联系的先行情况，最后剩下的先行情况就被认为是被研究现象的原因。因此，穆勒五法是不完全的排除归纳法。它与简单枚举归纳法的不同在于简单枚举归纳法的结论主要是通过对前提加以总计而得出的，而排除归纳法的结论则是通过对前提所确认的先行情况进行分离而获得的。

（一）求同法（契合法）

求同法是对在若干场合出现的被研究现象，通过寻找不同场合中的相同因素，来推断该因素与现象之间具有因果联系的逻辑方法。

例：学生甲：学习努力，基础差，年龄大——被评为学习标兵。

学生乙：学习努力，基础好，年龄小——被评为学习标兵。

所以，"学习努力"与"被评为学习标兵"之间有因果联系。

用公式表示：

场合	相关因素	被研究对象
(1)	A, B, C	a
(2)	A, D, E	a

……

所以，A 与 a 之间有因果联系。

求同法的特点：异中求同；结论或然。

应用求同法应注意：一是比较的场合越多，结论越可靠；二是有时表面的相同因素不是真正的原因，而相异因素中隐藏着真正的原因。

例：某人患了感冒和扁桃体炎，服了百服宁和先锋4号，病好了；第二次又患了同样的病，服了百服宁和红霉素，病又好了。患者以为主要是百服宁的作用，其实主要是先锋4号和红霉素起了消炎作用。

（二）求异法（差异法）

求异法是对在某场合出现，而在另一场合不出现的现象，通过不同场合中的相异因素，来推断该因素与现象之间具有因果联系的逻辑方法。

例：麦田甲：施肥、灌溉、田间管理、优良麦种——高产。
　　　麦田乙：施肥、灌溉、田间管理、一般麦种——未高产。
所以，"优良麦种"与"高产"之间有因果联系。
用公式表示：
场合　——　相关因素　　　——　被研究对象
(1)　　——　A，B，C，E　——　a
(2)　　——　B，C，E　　——　—
……
所以，A 与 a 之间有因果联系。

求异法的特点：同中求异；结论或然。

应用求异法应注意：其一，如遇有多种相异因素，要对每一个相异因素进行分析，确定一个有因果联系的相异因素。例如，某学生上课戴眼镜头疼，下课不戴眼镜不头疼，那么其头痛的原因究竟是上课还是戴眼镜？可将"下课"改为"上课"（或相反），就会发现戴眼镜是头疼的真正原因。其二，求异法能找出一种原因，但这种原因未必是现象的全部原因。

（三）求同求异并用法（契合差异并用法）

求同求异并用法是对于在若干场合出现和在另外若干场合不出现的被研究现象，先分别对两组场合求同，然后再对两组场合进行比较求异，从而确定某因素与被研究现象之间有因果联系的逻辑方法。

例：有人做了一种证明运动对人体的必要性的实验：把男女老少若干人分为两组，一组人在一个房间里连续躺20天，另一组人在一个房间里每天做4次运动，每次10分钟，结果前一组的人20天以后疲乏、便秘、少食，起来后头晕、心悸、走不动，甚至晕倒，而另一组人却一如往常。由此证明，运动对人体是必需的。

用公式表示：
场合　——　相关因素　——　被研究对象
(1)　——　A，B，C　——　a
(2)　——　A、D、E　——　a　｝正事例组
(3)　——　A、C、F　——　a
……

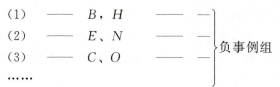

所以，A 与 a 之间有因果联系。

求同求异并用法的特点：其一，不是两个场合，而是两组场合。出现共同现象的一组叫"正事例组"，不出现该现象的一组叫"负事例组"。对于这两组事例，分别先求同，后在两组之间求异，并不是对同一组事例先后相继使用求同和求异。其二，两组事例之间，除了有 A 与无 A 的区别外，在其他相关因素之间不完全相同或相异，最后结论是或然的。

应用求同存异并用法应注意：其一，两组的事例越多，结论的可靠性越强；其二，选择的负事例组场合，要与正事例组场合相似，只有这样才能提高结论的可靠程度。比如，在试验新药的疗效时，两组人群的病情越相似，结论越可靠。

（四）共变法

共变法是在不同场合中，发现有一个变化因素与一个相应发生变化的现象之间有因果联系的逻辑方法。

例：把水加热到 50℃ 时，为中等热度；加热到 100℃ 时，水会沸腾。可以推断，水之所以从中等热度变化到沸腾，其原因是将水由 50℃ 加热到 100℃。

用公式表示：

场合　——　相关因素　——　被研究现象
(1)　——　A_1, B, C　——　a_1
(2)　——　A_2, B, C　——　a_2
……

所以，A 与 a 之间有因果关系。

共变法的特点：一是从动态变化中研究事物之间的因果关系；二是结论是或然的。

应用共变法应注意：其一，共变因素必须保持唯一。如果还有其他变化因素，结论就会不可靠。其二，有的是同向共变，共变量成正比相互递加，如物理学中的盖·吕萨克第一定律，即压力不变，一定量气体的绝对温度与体积成正比。有时是反向共变，共变原因量递加，而结果量递减，如物理学中的波义耳定律，在温度不变的情况下，一定质量的气体如果体积越大，那么压力就越小，而体积越小，则压力越大。其三，有时共变是有限度的，超过一定的量，就会使现象消失，甚至出现反向结果。比如，小麦密植，可以增产，但密植过度，反而会减产。其四，有的共变是双向的、可逆的，如物理中的共振现象，音叉振动引起空气振动，同时空气振动加强了音叉振动。有的共变是单向的、不可逆的，如气候异常导致心血管疾病发病率提高。其五，有些共变之间未必是因果关系。比如，闪电后有雷鸣其实是天空放电产生的现象，只不过光速比声速快而已。

（五）剩余法

剩余法是对由复合原因引起复合现象的情况，通过排除已知的因果部分，从而推断其剩余部分之间具有因果关系的逻辑方法。

例：法国著名物理学家居里夫妇从含铀的沥青中提炼铀时，惊讶地发现有几块样品的放射性比测定的铀的放射性还大。这说明，在这几块样品中，除了铀与一部分放射性有因果关系外，剩余部分中必定还有另外一种尚未发现的放射性元素存在。根据这一推测，居里夫妇经过多年的艰苦工作，终于从沥青中分离出一种新的放射性元素——镭。

用公式表示：

复合原因　　　——　复合现象
$F(A, B, C)$ ——　$f(a, b, c)$
B, C　　　　——　b, c

所以，A 与 a 之间有因果关系。

相关情况 A、B、C 是被研究对象 a、b、c 的原因，并且 B、C 分别是 b、c 的原因，那么，A 是 a 的原因，即 B、C 与 b、c 之间为已知因果关系的部分，A 与 a 之间为剩余的因果关系。

剩余法的特点：其一，原因与结果都是复合的；其二，结论是或然的。

应用剩余法应注意：其一，由于原因与结果都是复合的，所以剩余部分可能不是唯一的，剩余之中还有剩余。可连续使用剩余法进行推断。比如，居里夫妇先发现了钋，然后才发现了镭。其二，复合现象中的剩余现象不能与已知原因部分有因果联系，否则结论不可靠。

第二节　类比推理

一、类比推理的概念和特点

类比推理，也称类比法或类推，是根据两个或两类事物在某些属性上相同，从而推断它们在另一属性上也相同的推理。

例：① 荷兰科学家克里斯蒂安·惠更斯（Christian Huyghens），在研究光的性质时，将光与声做比较，发现它们之间在许多性质上相同，如直线传播、反射、折射和干扰等，并且已知声的传播有波动状态，由此推断，光的传播也可能有波动状态，从而提出了"光波"这一科学概念。

② 富兰克林曾把天空中的闪电和地面上的电火花进行比较，发现它们有很多相同的特性：都能发出同样颜色的光，爆发时都有噪声，都有不规则放射，都是快速运动，都能射杀动物，都能引燃易燃物。同时，又知地面上电机的电可以用导线传导，由此推知天空中的闪电也可以用导线传导。后来这一结论通过著名的风筝实验得到了证实。

用公式表示：

对象 —— 属性
A —— a, b, c, d
B —— a, b, c
所以，B 可能有 d。

A 类事物具有 a、b、c、d 四种属性，B 类事物具有对应的 a、b、c 三种属性，所以 B 类事物可能也有 d 属性。上述例①可表述为：

［前提］声和光有若干相同的属性：直线传播有反射、折射和干扰现象。

［结论］既然声有波动性质，光也有波动性质。

类比推理的特点：其一，前提是由两个或两类对象比较构成；其二，结论是对前提中某一个或一类对象的可能性推断。

提高结论的可靠程度要注意：其一，类比对象之间相同的属性越多，结论的可靠程度越高。比如，试验一种新药的疗效，必须用一些高等动物做试验，若用与人的相同属性较少的低等动物，则难以证明疗效。其二，若类比对象的相同属性与类推的属性之间具有必然联系，则结论的可靠程度高。比如，我国著名地质学家李四光把我国松辽平原的地质结构与中亚细亚一带的地质构造做类比，运用地质力学理论，分析了生油条件与地质构造的关系，揭示了二者之间的必然联系，从而推断我国松辽平原也可能蕴藏着石油。大庆油田的开发证明这个推断是正确的。其三，在类比推理过程中，若发现有与类推属性不相容的属性，则不能推出可靠结论。比如，有人根据地球与月球有许多相似之处，推断月球上有生物存在。但月球上没有水，空气稀薄，不具有生物生存的条件，不能据此推断月球上也会有生物存在。

二、类比推理的应用

类比推理的应用很广泛，如在破案过程中，常常遇到一个新发案件与一个久未侦破的案件，在作案情节的许多方面都相同或相似，由此推断可能是同一人作案，从而使两案一并得到解决。

运用类比推理要注意避免犯"机械类比"的错误。所谓"机械类比"，就是仅根据对象之间的表面相似，就推断出错误结论。

例：某人在清理冻鱼时，刺破了手指，手掌肿胀出现了红斑，医生根据症状诊断为类风湿关节炎。继而某人手肿得像个面包，疼痛难忍，经住院检查，抽出液体进行细菌培养，结果分离出了海洋分枝杆菌，立即对症治疗，才治好了这种病。

类比推理往往是形成科学假说的先导。所谓"假说"，就是根据已知事实和科学原理，对事物的未知原因及规律性做出的假定解释。假说是科学发展的形式。假说的形成，要经过提出假设、做出推测、进行验证三个步骤，被证实的假说则成为科学理论。类比法、归纳法和演绎法，都是假说的基本推理方法。

类比推理对科学发现和技术创新具有重要意义。许多重要的科学发现及创新，都是借助类比法获得的。在现代科学中，类比推理是模拟方法和仿生学的基础，如飞机制造、大型水坝的模拟试验，以及模拟蝙蝠、企鹅、蜻蜓等生物的某种特性，制作出具有新性能的设备和工具等。

类比推理不同于中国古代的"取象比类"。"取象比类"指的是通过适当的比喻，用贴近生活、容易被理解的事物来说明比较难理解的抽象事物，而不是用下定义的方式来说明某一抽象概念。因此，它是不同于西方逻辑分析推理的特殊的抽象过程。中国古代典籍多采用"取象比类"来说明某种深刻的道理，如"上善若水""兵形象水""春脉如弦"，"金木水火土"也有各种取象等。此外，古代诗词中也喜欢用"取象比类"，如"松、竹、梅"等都是常出现在诗歌中以表示高洁品质的象征。

第三节　归纳逻辑的现代发展——概率与统计方法

一、古典概率与频率概率

我们在进行简单枚举归纳推理的时候，会碰到两种情况：一种情况是被考察的对象一致而无例外地具有或不具有某种属性；另一种情况是考察了某对象类（如 S）的部分个别对象（如 n 个对象）后发现，被考察的对象中有些对象（如 m 个对象）具有属性 P，而其余则不具有属性 P。在前一种情况下，我们往往根据归纳推理的一般原则，断定某类对象的所有个别对象具有或不具有某种属性；在后一种情况下，显然无法推出一个全称命题，即无论是断定"所有 S 是 P"还是断定"所有 S 不是 P"，都是行不通的。如果此时出于实践的需要，必须知道第 $n+1$ 个 S 是否具有属性 P，那么根据已获得的考察结果，我们能做出什么断定呢？传统的归纳逻辑并不讨论这个问题。为了解决这类问题，归纳逻辑在现代发展中逐步引进了概率（probability）的研究方法。

概率，亦称或然率、几率，是用来表示随机事件发生的可能性大小的一个量。在自然现象与社会现象中，有一些事件在相同条件下可能发生也可能不发生，此类事件就是随机事件。例如，抛掷一枚质地均匀的硬币，结果可能正面向上，也可能反面向上；妇女生孩子，可能生男，也可能生女。人们通常把必然发生的事件的概率规定为 1，把不可能发生的事件的概率规定为 0，而其他随机事件的概率则是介于 0 与 1 之间的一个数。数值越大，随机事件发生的可能性越大。

那么，如何计算一般随机事件的概率呢？下面我们举一个例子来进行说明。

例：在一个口袋里装有两只白球、一只黄球、一只红球，这四只球的大小、形状、重量完全一样，伸手从袋内任取一球，"所取得的是红球"就是一个随机事件。这一随机事件的概率很显然是 1/4。因为口袋内共有四个球，从袋内任取一球时，就有四种可能情况，其中一种可能情况是取得红球。

由上述这一事件，我们可以引出一种关于概率的古典算法：事件 A 出现的概率，是 A 可能出现的情况与全部可能情况在数量上的比值。由此我们可以推断，上例中"所取得的是白球"的概率是 2/4，即 1/2，"所取得的是黄球"的概率是 1/4。也可以把古典的概率算法规定为"如果事件 A 在全部 n 种可能情况中会出现 m 次，则 A 出

现的概率是 m/n"。

例：一个骰子有六面，分别刻有数字 1 到 6，掷一次骰子而出现数字 5 只是六种可能性中的一种，其概率就是 1/6。

尽管古典概率（classical probability）有相当大的应用范围，但这个范围仍是有限的，即只适用于会产生有限种类不同结果的随机事件场合。设这类随机事件共有 n 种，分别用 A_1，A_2，…，A_n 表示，则只有当 A_1，A_2，…，A_n 具有下列三种性质时，古典概率算法才能适用。

这三种性质如下：

（1）等可能性：A_1，A_2，…，A_n 出现的可能性大小相同。

（2）完备性：在任何一次试验中，A_1，A_2，…，A_n 至少有一个发生。

（3）不相容性：在任何一次试验中，A_1，A_2，…，A_n 至多有一个发生。

在满足上述三种性质的场合，古典概率算法的准确性是毋庸置疑的。许多人反复试验抛掷均匀质地的硬币出现正面向上的可能性，都证实了这种准确性。这个试验的结果如表 6-1 所示。

表 6-1 抛掷硬币正面向上的概率

抛掷硬币次数/次	正面向上的次数/次	正面向上的次数与抛掷硬币次数的比值
4 040	2 048	0.506 9
12 000	6 019	0.501 6
24 000	12 012	0.500 5

可见正面向上的次数与抛掷硬币次数的比值总是约等于 1/2，并且试验的次数越多，其比值越接近 1/2。

由于古典概率算法预设了随机事件出现的相同可能性，这就导致了它的局限性。实际情况是，与一个事件有关的各种随机事件的出现并不一定具有相同的可能性。枪击 100 米以外的 10 厘米大小的靶子，其结果无非有两种可能：要么射中，要么射偏。这是否意味着，无论对谁来说，射中与射偏的概率都是 1/2 呢？当然不是。如果是的话，那么举行射击比赛就没有意义了。对于这种情况，古典概率算法因其局限性而不再适用。那么，这种类型的随机事件的概率又该如何确定呢？

于是，人们提出了一种对于概率的新理解，即频率概率（frequentist probability）或统计概率（statistical probability）。那么，频率又是如何确定的呢？通常的算法：在一组固定的条件下，重复进行 n 次试验，若事件 A 在 n 次试验中发生了 m 次，则 A 在这组条件下对 n 次试验的频率是 m/n。

以此为基础，可以把频率概率或统计概率规定为：在一组固定的条件下，重复进行 n 次试验，事件 A 在 n 次试验中发生了 m 次。当试验次数 n 很大时，事件 A 的频率 m/n 始终在数值 p 的附近摆动，而且随着试验次数的增加，如果这种摆动的幅度越小，那么 p 就可被认定为 A 在该条件下发生的概率，记作"$p(A) = p$"。通过计算事件 A 的发生频率来计算其概率的方法是一种试验的方法。在实际过程中，精确的

p 值常常是无法求得的，因此当试验次数 n 适当增大时，我们就把频率 m/n 作为 p 的近似值。那么，将频率作为概率值是否有其客观性呢？应该是有的，但必须要有一组固定的条件，即各次试验的条件相当。例如，为了确定菜类种子的发芽率，从大批种子中抽出若干批做发芽试验。在相同的条件下，获得如表 6-2 所示的结果。

表 6-2　种子的发芽频率

种子粒数/粒	发芽种子粒数/粒	发芽种子数的频率
2	2	1
5	4	0.8
10	9	0.9
70	60	0.857
130	116	0.892
310	282	0.910
700	639	0.913
1 500	1 364	0.909
2 000	1 806	0.903
3 000	2 715	0.905

从表 6-2 可知，发芽率总是在 0.9 附近摆动。频率具有稳定性这一事实，说明以频率作为刻画随机事件发生的可能性大小的量——概率，是有客观依据的。

二、复杂事件的概率

在研究随机事件的概率时，为了掌握复杂事件发生的可能性大小，即概率的大小，常常把复杂事件分解为若干较简单的事件。如何分解？又如何计算出复杂事件的概率？这需要研究事件之间的逻辑关系。我们在这里主要介绍以下几种逻辑关系。

1. 事件的积

两个事件同时发生称为事件的积。

假设甲、乙两名足球选手先后罚点球，已知甲罚中点球的概率为 0.65，乙罚中点球的概率为 0.4，两人同时罚中点球的概率是多少？我们把"甲罚中点球"称为事件 A，"乙罚中点球"称为事件 B，"两人同时罚中点球"称为事件 C。很显然，C 相当于"A 与 B 同时发生"，我们称 C 兼有 A 与 B，记为"$C=A\cap B$"或"$C=AB$"或"$C=A\wedge B$"，而"AB""$A\cap B$""$A\wedge B$"都表示 A 与 B 的积或交。这种关系在逻辑性质上相当于两个类的逻辑积关系，或者两个集合的交关系，抑或是包含两个支命题的联言命题。

对于随机事件 A 和 B 而言，如果 A 是否发生都不对 B 发生的概率产生影响，那么我们就称 A 与 B 在概率意义上是相互独立的。在上例中，假设甲与乙中的任何一方是否罚中点球都不对另一方的命中率产生影响，那么 A 与 B 就是相互独立的。相互独立的两个事件的积，其计算公式如下：
$$p(AB)=p(A) \cdot p(B)$$
在上例中，甲和乙罚中点球的积如下：
$$p(C)=p(AB)=p(A) \cdot p(B)$$
$$=0.65 \times 0.4$$
$$=0.26$$

即甲和乙同时罚中点球的概率为 0.26。

2. 事件的和

两个事件中至少有一事件发生称为事件的和。

我们继续使用前面那个例子，仍用 A 与 B 分别表示"甲罚中点球"与"乙罚中点球"，而将 C 改为表示"甲与乙至少有一人罚中点球"，那么 C 就是 A 与 B 的合成事件，记为"$C=A+B$"或"$C=A \vee B$"。"$A+B$"和"$A \vee B$"都表示 A 与 B 的和或并。这种关系在逻辑性质上相当于两个类的逻辑和关系，或者两集合的并关系，抑或是含有两个支命题的相容选言命题。事件"$A+B$"通常包含三个部分：A 与 B 同时发生；A 发生而 B 不发生；B 发生而 A 不发生。

计算"甲与乙至少有一人罚中点球"的概率不会太困难。我们用 A' 与 B' 分别表示"甲未罚中"与"乙未罚中"，那么 A' 与 B' 的概率就分别为（1－0.65）与（1－0.4），即分别为 0.35 与 0.6。这样，

$$p(C)=p(A+B)=p(AB)+p(AB')+p(A'B)$$
$$=0.26+0.39+0.14$$
$$=0.79$$

即甲与乙至少有一人罚中点球的概率为 0.79。

如果 A 与 B 不能同时发生，那么我们称 A 与 B 不相容（或互斥）。在这种情况下，A 与 B 的和便只包含两个部分：A 发生和 B 发生。这时的加法公式如下：

$$p(C)=p(A+B)=p(A)+p(B)$$

又如，袋中放着三个红球、三个黑球和四个白球，这些球除了颜色以外其他方面都相同，那么任取一球取得非红球的概率是多少呢？所谓"取得非红球"，就是指取得黑球或白球。若以 A 与 B 分别表示"任取一球取得黑球"与"任取一球取得白球"，很显然，$p(A)=0.3$，$p(B)=0.4$。我们再以 C 表示"任取一球取得非红球"，由于任取一球不可能同时取得黑球与白球，即 A 与 B 不相容，因此，

$$p(C)=p(A+B)=p(A)+p(B)$$
$$=0.3+0.4$$
$$=0.7$$

即任取一球取得非红球的概率为 0.7。

3. 互补事件

在一次试验中，事件 A 要么发生要么不发生，这样对于 A 来说，"A 不发生"就可称为 A 的对立事件或逆事件，记作 $\neg A$。A 与 $\neg A$ 为互补事件。A 与 $\neg A$ 的关系在逻辑

性质上相当于类或集合的补的逻辑关系，据此"$A+\neg A$"就是一个必然事件。再根据不相容随机事件的概率加法公式"$p(A+\neg A)=p(A)+p(\neg A)$"可知，"$p(A)+p(\neg A)=1$"，即互补事件的概率之和为1。这样，我们就可以在已知 $p(A)$ 的条件下，推知 $p(\neg A)$，因为既然"$p(A)+(p)=1$"，那么"$p(\neg A)=1-p(A)$"。

我们继续用前面那个袋中取球的例子。既然"任取一球取得非红球"的概率为0.7，那么"任取一球取得红球"的概率自然就是"$1-0.7=0.3$"。

三、统计方法

在科学研究中，常常要处理数据。我们把研究数据的搜集、整理与分析方法的学问叫作统计学。例如，在大量的随机事件中，有利于某事件的概率有多大？又如，要了解某钢铁公司所生产的一万根钢筋的合格率，对每一根都进行检验显然是无法办到的，那么我们如何估算这批钢筋的合格率？再如，从统计所得的大量数据中，如何确定能代表这些数据的数值？这些都涉及统计学知识。

（一）数据的代表值

数学统计的一个目的在于了解数据集中趋向的度量，即所谓的代表值、典型值，也有人称其为平均数、水平值。通常以统计方法求得代表值的方法有以下几种。

1. 算术平均数

算术平均数（arithmetic mean）是将数据集合的所有数值相加，再除以数据的个数所得的商。例如，某寝室的八名同学，在某次外语考试中的得分分别为90分、84分、80分、77分、72分、70分、64分、62分，则可算出寝室同学此次外语考试的平均成绩约为74.9分。

算术平均数通常被认为是最佳集中趋势度量值，在所有代表值中它的用途无疑是最广的。它可用公式表示，又容易计算，并且考虑到了每一个数据。但是，如果数据集合的一端含有少数特别大或特别小的数据，算术平均数就不再具有代表性了。例如，某房产中介公司的三名业务员均为22岁，但经理的年龄是58岁，则上述4人的年龄的算术平均数为31，这不能被认为是有典型性的。

2. 加权平均数

在有些场合，简单的算术平均数并不能表现数据集合的代表值。例如，有三块棉花试验田，第一块亩产180斤①皮棉，第二块亩产201斤皮棉，第三块亩产240斤皮棉，这三个数值的算术平均数是207。但是，207斤并不能表现这三块试验田的平均亩产，因为这里没有考虑上述三块试验田的面积。如果将面积因素也考虑进来，那就要用到加权平均数（weighted arithmetic mean）。加权平均数是不同比重数据的平均数，加权平均数就是把原始数据按照合理的比例来计算，若在 n 个数中，x_1 出现 f_1 次，x_2 出现 f_2 次，…，x_k 出现 f_k 次，那么 $(x_1f_1+x_2f_2+\cdots+x_kf_k)/n$ 叫作 $x_1, x_2, \cdots, x_k$ 的加权平均数。$f_1, f_2, \cdots, f_k$ 是 $x_1, x_2, \cdots, x_k$

---

① 1斤＝0.5公斤。

的权（weight）。

其公式：加权平均数＝$(x_1f_1+x_2f_2+\cdots+x_kf_k)/n$。其中，$f_1$，$f_2$，…，$f_k$ 叫作权。

假设在上例中，第一、二、三块试验田的面积分别为 3 亩[①]、4 亩、8 亩，那么"3""4""8"就称为权。上例的加权平均数如下：

$$(180\times3+201\times4+240\times8)\div(3+4+8)=217.6$$

即该三块试验田皮棉的平均亩产量为 217.6 斤。

3. 众数

众数（mode）也常作为数据集合的代表值。所谓众数，是数据集合中出现次数最多的那个数据。通常把数据集合列成频率分布表，频率最高的那一项数据就是众数。

比如，某篮球队在一场比赛中上场的八名队员得分的频率分布如表 6-3 所示。

表 6-3　得分的频率分布

得分/分	频率
14	1
10	1
8	3
6	1
4	2

不难看出，在这场比赛中，该篮球队上场队员中得 8 分的人数最多，众数即为 8。

由于出现的频率最高，所以众数往往被认为是数据集合中最典型的一个数据。众数作为代表值的缺点在于确定众数时并不考虑其他数据数值的大小，而且有时会出现几个数据同时符合众数定义的情况，这时众数就失去了作为代表值的意义。

4. 中位数

中位数（median），又称"中数"，是将数据集合中所有数据按照从小到大（或从大到小）的顺序排列后所得到的正中的那个数（中间值）。如果数据集合中数据的个数是偶数，则中位数就是当中两个数据的算术平均数。例如，在数据"3，4，5，5，7，7"中，中位数就是 5。

现行的一些体育比赛如跳水、体操等的评分方法，就是以中位数作为运动员的得分。通常有四名体操裁判打分，若四名裁判员给运动员 M 的自由体操打分，分别为 9.65 分、9.55 分、9.5 分、9.5 分，那么 M 的自由体操得分就是中间两数的算术平均数，即 9.525。

中位数的优点是容易计算，而且不受少数极端大或极端小的数据数值的影响，从而比较稳定。

[①] 1 亩≈666.67 平方米。

（二）抽样

在实际工作中，有时被考察的对象类有许多分子，我们无法对其一一加以考察，只能从所研究的对象全体中抽取一部分个别对象，对其加以考察。这时，我们称所考察的对象的全体为总体，而把每一个个别对象称为个体，把从总体中抽取出的那部分个体叫作样本，把样本所含个体的多少叫作样本的大小。抽样是把样本从总体中抽取出来的过程，抽样的目的是对总体的某些数学特征做出较为可靠的推断。

进行抽样时，需要考虑两个问题：第一，如何抽样？抽多少？这涉及抽样的方法。第二，如何对抽样的结果进行合理的分析，并做出科学的推断。这涉及对数据的处理，亦即有关统计推理的问题。

一个合理的抽样方法应该保证所抽取的样本能代表总体，为此须满足以下三个条件：

首先，样本要足够大。要消除误差，样本就应该足够大，而且样本越大，代表性越强，结论就越可靠。当然，样本过大也是一种浪费。

其次，样本要从总体的各个层中去抽取。"层"指的是以与所研究问题有关的性质为标准将总体进行划分而得到的若干小类。从各个层中抽取若干个体，比从单一一个层中抽样更具代表性。例如，前面提及的要推测某钢铁公司星期三生产的一万根钢筋的质量，如果这些钢筋分别是由甲、乙、丙三个班组生产的，我们从甲、乙、丙三个班组各自生产的钢筋中分别抽取一些样本，就比只从甲班组所生产的钢筋中抽样要更具代表性。

如果采用的抽样方法不适当，就会导致错误结论。

例：1936 年，为了预测候选人富兰克林·罗斯福（Franklin Roosevelt）与艾尔弗雷德·兰登（Alfred Landon）究竟谁能当选美国总统，《文学摘要》编辑部花费了大量的人力、物力，根据电话簿及俱乐部会员名单上的地址发出了 1 000 万封信，最后成功回收了 200 万封。基于这样一个在当时非常少有的巨大样本，《文学摘要》编辑部认为兰登将以"57％对43％"的优势获胜，并对此进行了大量的宣传。但最终的选举结果是罗斯福以"62％对38％"的绝对优势获胜。《文学摘要》编辑部的预测之所以不准确，在很大程度上是因为他们抽取的样本并不具有代表性。在当时的美国，能够使用私人电话并参加俱乐部的，往往是比较富裕家庭的成员，而这部分人并不能代表选民的总体。

最后，从各个层抽取样本时要随机抽取。所谓随机抽取，就是任意抽取，不能专拣具有某种性质的对象来抽取。

在抽样统计的基础上，由样本具有或不具有某种属性推断总体也具有或不具有该种属性的推理就是统计推理。显然，这里的思维进程是由个别到一般的，结论所涉及的对象范围超出了前提所涉及的对象范围，因此统计推理实质上是一种归纳推理，前提与结论的联系是或然的。

例：10 000 根钢筋分别由甲、乙、丙三个班组生产，其中甲班组生产 2 000 根，乙班组生产 5 000 根，丙班组生产 3 000 根，我们从三个班组中分别抽出 40 根、100

根、60 根作为样本加以检验,发现样本中甲、乙、丙三个班组的次品率分别是 0.025、0.02、0.05,那么就可推得甲班组所生产的 2 000 根钢筋中有 50 根次品,乙班组的产品中有 100 根次品,丙班组的产品中有 150 根次品,即 10 000 根中共有次品 300 根,次品率为 0.03。

上面是一个很简单的例子,而在精确的统计推理中,实际使用的统计方法要复杂得多。

第七讲

逻辑的基本规律及其语言应用

第一节 逻辑的基本规律概述

一、逻辑基本规律的含义

逻辑学是对思维的形式（逻辑形式）及其规律、规则的研究。思维的逻辑形式存在着一个是否具有逻辑性的问题，如概念有明确与不明确之分，推理有有效与无效、合理与不合理之别，那么我们应该用什么标准来对思维形式是否具有逻辑性进行判定呢？最根本的就是看它们是否符合逻辑规律及体现这些规律要求的逻辑规则。凡是符合相关的逻辑规律和规则要求的逻辑形式就是具有逻辑性的；反之，则是不具有逻辑性的。正如其他任何一门科学一样，逻辑学也有其自身固有的多种多样的规律。比如，存在于具有属种关系的语词（概念）间的内涵与外延的反变关系的规律、命题中各种命题的等值变换所体现的规律、推理中的三段论公理等。它们都是在逻辑思维中主要通过各种逻辑形式而存在和起作用的规律，所以我们将其称为"逻辑思维的规律"，简称"逻辑规律"。

在这些逻辑规律中，有一些规律被传统形式逻辑视为逻辑的基本规律，就是同一律、矛盾律和排中律。为什么说这三条规律是逻辑的基本规律呢？主要理由有二。

第一，它们是普遍有效的。这三条逻辑的基本规律对一切思维形式普遍有效，它们是在思维中运用语词、命题、推理和论证时必须被共同遵守的。逻辑基本规律的普遍有效性还表现在其与逻辑规则的区别上：逻辑的基本规律普遍适用于语词、命题、推理等各种思维形式，而逻辑规则只适用于某些或某个具体的思维形式或过程。

第二，它们概括了逻辑思维的基本特征。逻辑思维的基本特征是思想的确定性。只有遵守逻辑的基本规律，才可能保证逻辑思维活动合乎逻辑。任何正确的思维，无论是运用语词、命题还是推理，都必须具有确定性。有确定的内容，确定地反映客观对象，这是逻辑思维的基本特征。同一律、矛盾律和排中律正是从不同角度反映这一特征的：同一律提出任何思想须与其自身同一，矛盾律要求思想不自相矛盾，排中律则排除两个矛盾思想的中间可能性。遵守这三条规律是思维具有确定性的必要条件，违反了它们的要求，则势必会犯逻辑错误。

二、逻辑基本规律的客观性

逻辑的基本规律是一种思维规律，只在人类思维领域存在和起作用，是人类主观世界的规律。而自然界和人类社会的规律，是客观世界的规律。从认识论的角度来说，存在和思维、客观世界和主观世界是绝对不能被混淆的。逻辑的基本规律与自然界和社会的规律的性质根本不同，因而也不能把这两种不同性质的规律相混淆。

虽然逻辑的基本规律是一种思维规律，是主观世界的规律，但它具有客观性。这种客观性并非指它是一种离开人的主观世界而存在和起作用的客观规律，而是指以下两个方面：

（1）作为一种思维规律，它是客观事物在人的主观意识中的反映。这就是我们通常所说的逻辑的基本规律具有客观基础的问题。

（2）作为一种思维规律，由于它是客观事物某种关系的反映，是人的实践经千百万次重复，在人意识中固定下来的东西，因而它就具有先入之见的巩固性和公理性，即虽然它是一种思维的规律，但是和客观世界的规律一样，同样对人的活动有着强制性，只不过其强制作用仅限于思维领域而已。这就是说，逻辑的基本规律对人的思维活动的制约是不以人的意志为转移的，是不可违反的，它强制人们服从和遵守。

> **拓展知识**
>
> 我们常常听到很多"三大规律"，而有一个"三大规律"是辩证法的三大规律。黑格尔的辩证法的三大规律是：质量互变、对立统一、否定之否定。
>
> 在质量互变规律中，黑格尔用质、量、度来诠释事物的运动和发展变化，指出质是事物的属性，从根本上决定了某物属于某物，如果脱离了质，某物就不再是某物了。量只是事物的外在规定性，它的变化如果没有达到一定的程度不会改变事物的性质。而衡量量变限度的就是度，造成质量互变的点叫"交错点"，据此点构成的线叫"交错线"，量变是渐进式的，而质变是在渐进过程中中断，走向飞跃，从而彻底改变事物性质。量变必须积累到一定程度才能产生质变。
>
> 对立统一思想是黑格尔的辩证法最具价值的组成部分。黑格尔认为任何事物都有其对立面，矛盾是普遍存在的，但所有事物的对立面又都是相统一的。黑格尔直接攻击形式逻辑，尤其是"A＝A"的同一定律，他指出同一定律建立在一种抽象的同一性基础上，没有考虑到它的内在差别，他要求把自身的内在差别和内在矛盾包含在具体的同一性中。他认为，同一本质上就是绝对的非同一，包括差异、对立和矛盾，唯有在同一与差异的统一中才能发现真理。
>
> 否定之否定是指逻辑思想经历的肯定、否定、否定之否定（肯定）的过程。

第七讲　逻辑的基本规律及其语言应用

> 第一阶段为抽象的理性阶段，首先肯定理性思维的优点与价值，确定理性思维的地位。第二阶段是否定理性阶段，对理性思维采取扬弃的态度，过渡到它的对立面。第三阶段是再次肯定理性思维的阶段。黑格尔认为，就以否定作为结果来说，它是包含着肯定的。肯定中包含它所自出的否定，并扬弃否定在自身内，所以说辩证法具有扬弃否定，否定中又包含肯定的特性。黑格尔认为世界的本质是客观精神，因此"否定之否定"演变成了对自我意识的探求。

第二节　同一律

一、同一律的基本内容

同一律的基本内容：在同一思维过程中，任何一个思想与其自身是同一的。

同一律的公式：A 是 A；或者，如果 A，那么 A。

所谓"同一思维过程"，指的是在同一时间、同一关系（或同一方面），对同一对象形成概念、做出判断、进行推理或论证的过程。公式中的 A 可以表示任何思想，即可以表示任何一个语词、命题、推理或论证。因此，这个公式是说"A 这个思想就是 A 这个思想；或者，如果是 A 这个思想，那么它就是 A 这个思想"。任一思想都有其自身的同一性，都有其确定的内容。

比如，任何一个语词所表达的概念都有其确定的反映对象，是这个概念就是这个概念，而不是别的概念；任何一个命题都有其确定的判断内容，是这个命题就是这个命题，而不是别的命题。

二、同一律的逻辑要求

同一律的逻辑要求：在同一思维过程中，一个思想必须保持其确定和同一。

具体来说，这个要求包括两方面的内容：第一，在同一思维过程中，每个思想都必须是确定的；第二，在同一思维过程中，每个思想应当前后保持一致。

从语词方面来说，同一律要求每一个语词在确定的语言环境下，表达什么概念就表达什么概念，必须是确定的；一个语词所表达的概念，反映某种对象就反映某种对象，也必须保持确定。比如，"咖啡"这个语词，其内涵是用经过烘焙的咖啡豆制作出来的饮料，其外延就是"拿铁咖啡""卡布奇诺""美式咖啡"等依据不同制作方法而划分的种类。"咖啡"这个语词具有确定的含义和所指，不能同时表达又不表达"咖啡"这个概念。如果换成"科菲"，这个语词所表达的概念是不确定的，即没有确定的内涵和外延，它就会变得无法理解，因而也无法为人们所准确使用。而运用概念不确定的语词来进行思考，就必然无法使其内涵、外延前后保持一致，思维就会发生混乱。再从命题方面来说，同一律要求每一个命题在确定的语言环境下，表达什么判断就表达什么判断，必须是确定的；断定什么对象情况就断定什么对象情况，必须保持确定。比如，断定"语言是社会现象"就是断定语言具有社会现象的性质，断定"语言不是上层建筑"就是断定语言不具有上层建筑的性质。同时，在同一个思维过程中，当一个命题多次出现时，其断定也应当保持前后一致，否则就会出现歧义，甚至变得不可理解。

推理和论证是由语词和命题构成的。同一律在推理和论证中的普遍有效性，与它在语词和命题中的情况一样。也就是说，任何一个正确的推理或论证都必须遵守同一律的要求，这表现为作为其构成要素的语词和命题要有确定的含义并保持同一，即便就该推理或论证本身来说，也应该在同一思维过程中保持确定与同一，否则就会违反同一律的要求而出现逻辑错误。

三、违反同一律要求的常见逻辑错误

针对不同的思维形式，违反同一律要求的逻辑错误有不同的具体表现。

1. "混淆/偷换概念"的逻辑错误

"混淆/偷换概念"的逻辑错误是指把两个不同的概念混淆起来，并用一个概念代替已经使用的另一个概念。其主要表现为两个方面：随表达需要而随意变更概念的内涵和外延；将同一词语在不同语境中表达的不同概念混为一谈。

例：众所周知，没有竞争就没有活力，没有竞争就没有动力。长期接受政府政策性扶持的企业一旦被完全置于市场经济的环境中，如果它们没有竞争的实力，就会失去说话的空间和生存的权力。

一般而言，"权力"指的是政治上的强制力量或职责范围内的支配力量，容易跟其混淆的"权利"则指公民或法人依法行使的权力和享受的利益。在这段文字中，作者由于不知道"权力"与"权利"是两个不同的概念，将二者等同并用前者代替后者，这就违反了同一律的要求，其错误就在于混淆了概念。

例：劳教所对在劳改期间表现好的 20 名劳教人员分别给予奖励和表彰。

"劳教"和"劳改"是不同的概念，但上例把两者混为一谈了。

还有一点需要强调的是，在前文讲到概念在外延间的关系时，那种有意或无意地把不具有同一关系的概念当作具有同一关系的概念来互换使用的做法，就是在混淆/偷换概念。又如，在讲到三段论时，违反三段论一般规则的第一条的要求而出现的"四概念"的逻辑错误，也是混淆/偷换概念的一种特殊形式。

2. "转移/偷换论题"的逻辑错误

在命题层面上，因违反同一律要求而经常出现的逻辑错误被称作"转移/偷换论题"，指的是在论证过程中把两个不同的论题（命题）有意无意地混淆或等同起来，从而用一个论题去代替原来所论证的论题。其表现为两个方面：在思维中，用一个与原来相似但不同的命题代替原来的待断定命题；在思考或谈论问题时，没有中心论题或者远离中心论题。

例：

有人在讨论中学生需不需要学习地理时讲过这样一段话：

我以为中学生没有必要学习地理。学习某个国家的地形和位置完全可以和学习这个国家的历史结合起来。我主张可以把历史课和地理课合并，这样对学生来说是方便的。因为这样做所占的时间较少，而产生的效果却很好。否则就会这样：这个国家的地理归地理，而它的历史归历史，各管各，不能互相联系起来。

从这段话里不难发现，讲话者最初主张"中学生没有必要学习地理"，而随后具体论述的却是另一个论题"可以把历史课和地理课合并"。显然，讲话者混淆了后一个论题与前一个论题，不自觉地用后一个论题去替换了前一个论题，这就是一种较为常见的混淆论题的情况。

再如：

甲：你对这名歌星的演唱有什么评论？

乙：我觉得这次演唱会的灯光、美工设计都很好。

从甲和乙的对话可以看出，甲是询问乙对歌星的演唱技艺方面的评价，而乙则转移了论题，将论题集中到演唱会的设施方面。

四、同一律的作用

同一律在思维过程中的作用主要在于保证思维的确定性。只有具有确定性的思维才可能是正确的思维，才可能正确地反映客观世界，才可能帮助我们与他人进行有效的思想交流。如果自觉或不自觉地违反同一律的逻辑要求，混淆或偷换概念，混淆或偷换论题，那就必然会使思维含混不清，难以保持确定，就既不能正确地组织思想，也不能正确地表达思想。因此，遵守同一律的逻辑要求乃是正确思维的必要条件。

当然，必须指出，同一律只是逻辑思维的规律，它只在思维领域起作用。它固然要求人们在思维过程中保持思想的确定和同一，但这绝不意味着同一律要求把思维的对象、客观事物看作某种永远确定不变的东西；这也绝不意味着形式逻辑把思想、思维形式看作某种永远确定不变的东西。我们知道，把客观事物或反映客观事物的思想、思维形式看作某种绝对不变的东西，乃是形而上学的观点。形而上学与形式逻辑的同一律有着原则性的区别，我们绝对不能将二者混为一谈。

所以，使用同一律需要注意以下两个方面：

（1）同一律是思维规律，不是客观事物的规律。它只要求思维具有确定性，并不要求客观事物永远固定不变。

（2）同一律所指的是"同一思维过程"，是在同一时间、同一方面的条件下，对同一对象而言的。

第三节　矛盾律

一、矛盾律的基本内容

矛盾律（也称"不矛盾律"）的基本内容：在同一思维过程中，一个命题不可能既是真的又是假的。换句话说，如果一个命题为真，那么该命题的否定必为假，两个互相否定的命题不能同为真。

矛盾律的公式：并非（A 并且非 A）。

公式中的 A 表示任一命题，"非 A"表示 A 的否定，即与 A 具有矛盾关系或反对关系的命题。因此，"并非（A 并且非 A）"就是说"A 和'非 A'这两个命题不能同为真，其中必有一个命题为假"。

比如，在二值逻辑的范围内，命题"甲班所有的学生都学英语"要么为真要么为假，不可能既为真又为假。如果它是真的，那么与之矛盾的"甲班有的学生不学英语"、与之相反的"甲班所有的学生都不学英语"就是假的；反之，如果"甲班有的学生不学英语"是真的，那么与之矛盾的"甲班所有的学生都学英语"就是假的。总之，在相互否定（矛盾或反对）的命题中最多有一个为真，不可能同为真，因此同时肯定两个互相否定的命题必然是不能成立的。

二、矛盾律的逻辑要求

矛盾律的逻辑要求：既然一个命题不可能既为真又为假，那么就意味着在同一思维过程中，对于同一对象不能同时做出两个互相否定的断定，即不能既肯定它是什么又否定它是什么。比如，当我们看到一所学校时，我们就绝对不能说它是一所中学（肯定"它是一所中学"为真），同时又否定它是一所中学（肯定"它不是一所中学"为真）。换句话说，矛盾律要求在同一思维过程中，思想必须前后一贯，不能自相矛盾。

三、违反矛盾律要求的常见逻辑错误

违反矛盾律要求的常见逻辑错误，被称作"自相矛盾"或"逻辑矛盾"。

关于思想的逻辑矛盾，《韩非子·难一》中记载有下面这个故事：

楚人有鬻盾与矛者，誉之曰："吾盾之坚，物莫能陷也。"又誉其矛曰："吾矛之利，于物无不陷也。"或曰："以子之矛陷子之盾，何如？"其人弗能应也。

在这个故事中，卖矛与盾的人之所以无法回答别人的质问，就是因为当他说"吾盾之坚，物莫能陷"（我的盾任何东西都不能刺穿）时，实际上断定了"所有的东西都不能够刺穿我的盾"；而当他说"吾矛之利，于物无不陷"（我的矛可以刺穿任何东西）时，实际上又断定了"有的东西能够刺穿我的盾"。这样，他同时肯定了两个具有矛盾关系的命题，因而就陷入了自相矛盾的境地。

从命题方面来看，如果对两个互相否定的命题同时给予肯定，或者说，如果对同一对象同时做出两个互相否定的断定，那么就必然会产生逻辑矛盾。从语言方面来看，在遣词造句时，如果用彼此否定的语词来描述、限制同一个语词，或者一个句子的主语或谓语自相矛盾，那么这种文字上的矛盾也在相当程度上折射出思想上的逻辑矛盾。

  例：① 这次双方会谈所取得的唯一的两项成果引起了国际舆论的高度关注。
    ② 企业的诚信决定着它在商战中的成败。

前一句中的"唯一"是说只有一个，"两项"则是说不止一个，因此"唯一"与"两项"是互相否定的。用互相否定的语词来限制"成果"，既肯定"唯一"又肯定"两项"（并非唯一），显然是自相矛盾的。后一句实际上包含了两个互相否定的意思："诚信决定成功"与"诚信决定失败"。对两个互相否定的断定同时加以肯定，无疑违反了矛盾律的逻辑要求，必然导致自相矛盾。

四、矛盾律的作用

矛盾律的主要作用在于保证思想的无矛盾性，即首尾一贯性。而保持思想的首尾一贯性，乃是正确思维的一个必要条件。列宁曾经指出："逻辑矛盾，当然，在正确的逻辑思维的条件下，无论在经济分析中或在政治分析中都是不应当有的。"① 不止于此，日常议论或科学理论也不应当包含逻辑矛盾。如果一个议论或一种科学理论有逻辑矛盾，那么它就不可能被认为是正确的，也就不可能为人们所接受。

需要指出的是，矛盾律和同一律一样，只是思维过程中的一条规律，它只能在思维领域起作用。矛盾律只是要求排除思维中的逻辑矛盾，它绝不否认或要求排除现实矛盾及其在思想中的反映。逻辑矛盾与现实矛盾及后者在思想中的反映有着本质的区别。现实矛盾是客观事物自身所固有的矛盾，即事物自身所包含的对立面的统一和斗争。这是客观存在着的，不管人们承认不承认，愿意不愿意承认，它们总是实际存在着的。这种矛盾是不能避免的，更不能人为地对其加以排除。

而逻辑矛盾是思维过程中由于主观上的错误而产生的矛盾，它是思维对客观现实矛盾的一种歪曲的反映，是人们主观臆造的矛盾。如果不排除思维中的逻辑矛盾，那么人们也就不能如实地反映客观存在的现实矛盾。因此，矛盾律并不否认现实矛盾，它只是要求排除那种歪曲反映现实矛盾的逻辑矛盾。由此可见，形式逻辑的矛盾律同唯物辩证法并不排斥，而是一致的。矛盾律并不否认现实矛盾，辩证思维也不容许逻辑矛盾。但是，如果把形式逻辑矛盾所要求的排除逻辑矛盾解释成矛盾律否认客观事物本质所固有的矛盾，就会使矛盾律变成一条形而上学的原则，这当然是完全错误的。

---

 ① 列宁. 论面目全非的马克思主义和"帝国主义经济主义"[M]//中共中央马克思恩格斯列宁斯大林编译局. 列宁选集：第二卷. 北京：人民出版社，1995：746.

练习题及解析

1. 有一道题目请两名同学作答。题为"一炉铁水凝结成铁块,它的体积缩小了三十四分之一。后来,铁块又熔化成铁水,体积增加多少?"学生甲经过计算,回答道:"熔化后的铁水的体积比铁块增加了三十三分之一。"乙马上反对说:"不对,同是一块铁,缩小的是三十四分之一,增加的是三十三分之一,不是自相矛盾吗?"甲又说:"不是我自相矛盾,而是你混淆了概念"。请分析甲、乙两人谁是谁非。

题目解析:甲的说法是对的,乙的说法是错的。因为"增加"和"缩小"都是相对的概念。"缩小三十四分之一"是相对于铁水凝结成铁块来说的,是铁水体积的三十四分之一,"增加三十三分之一"是相对于铁块熔化为铁水来说的,是铁块体积的三十三分之一。甲的说法并不自相矛盾;乙确实混淆了概念,因为他把"增加"和"缩小"这两个概念混同起来了。

2. 1919年,英国著名的数学家、逻辑学家伯特兰·罗素(Bertrand Russell)曾经提出这样一个问题:某村子里有个理发师,他规定"在本村我只给而且一定要给那些自己不刮胡子的人刮胡子"。请问:这个理发师给不给自己刮胡子?

题目解析:理发师给自己刮不刮胡子的情况只有两种:不给自己刮,或者给自己刮。如果理发师不给自己刮胡子,那么按照他的规定("我一定要给那些自己不刮胡子的人刮胡子"),他就应该给自己刮胡子。这就是说,从理发师不给自己刮胡子出发,必然推出理发师应该给自己刮胡子的结论,这本身就构成逻辑矛盾。如果理发师给自己刮胡子,那么按照他的规定("我只给那些自己不刮胡子的人刮胡子"),他就应该不给自己刮胡子。这就是说,从理发师给自己刮胡子出发,必然推出理发师应该不给自己刮胡子的结论,这本身也是一个逻辑矛盾。在"理发师悖论"的基础上,罗素构建了一个"集合"S:S由一切不是自身元素的集合组成。然后,罗素问:S是否属于S呢?根据排中律,一个元素或者属于某个集合,或者不属于某个集合。因此,对于一个给定的集合,某个元素或者属于该集合,或者不属于该集合。但对罗素提出的这个"集合"S是否属于S,却没有那么容易判断:如果S属于S,那么根据S的定义,S就不属于S;反之,如果S不属于S,那么同样根据定义,S就属于S。

第四节 排中律

一、排中律的基本内容

排中律的基本内容:在同一思维过程中,一个命题不可能既不是真的又不是假的。换句话说,如果一个命题为假,那么该命题的否定必为真,两个互相否定的命题不能同为假。

排中律的公式：A 或者非 A。

公式中的 A 表示任一命题，"非 A" 表示 A 的否定，即与 A 具有矛盾关系或下反对关系的命题。因此，"A 或者非 A" 就是说 "A 和非 A 这两个命题不能同假；或者 A 真，或者非 A 真，两者必居其一"。

比如，命题 "有的哲学专业的同学选修了中文专业的课" 与 "所有哲学专业的同学都没有选修中文专业的课" 是两个互相矛盾的命题。就二值逻辑而言，它们之中的任何一个都只能有真、假两种值，而不可能存在真、假之外的第三种值。由此出发，如果前一命题为假，则后一命题必为真；如果后一命题为假，则前一命题必为真。两个命题绝不可能同假，其中必然有一个是真的。

二、排中律的逻辑要求及违反排中律要求的常见逻辑错误

排中律的逻辑要求：既然一个命题不可能既不是真的又不是假的，那么就意味着在任何思维过程中，对两个互相否定（具有矛盾关系或下反对关系）的命题，必须明确地肯定其中之一是真的，不能对两者同时加以否定。换言之，否定命题 p 为真，就必须肯定 $\neg p$ 为假（肯定 p 为真）；不能既不承认 p 为真，又不承认 $\neg p$ 为真，或者说，不能既认为 p 是假的，又认为 $\neg p$ 也是假的。如果违反了排中律的这一逻辑要求，就会犯我们通常所说的 "模棱两可"（实际上应该叫作 "模棱两不可"）的逻辑错误。

"模棱两可" 指的是在一个命题的真假、是非、对错之间回避做出明确的选择，既不肯定其为真、为是、为对，也不肯定其为假、为非、为错，从而表现为对两个互相否定的命题既不肯定也不否定，企图在真与假、是与非、对与错之间选择第三种可能，即第三种值，而这种情况在二值逻辑中是不允许存在的。

例：

甲和乙围绕下周是否去拙政园游玩有如下对话：

甲：下周班里组织去拙政园游玩，听说你也准备去？

乙：谁说我要去？

甲：这么说下周你不打算去了？

乙：谁说我不打算去？

甲：那你到底去不去呀？

乙：我已经说得很明白了。

甲：……

在这段对话中，当乙说 "谁说我要去" 时，是以反问句的形式表达了 "我不去拙政园" 的意思；当乙后来说 "谁说我不打算去" 时，表达的意思却是 "我要去拙政园"。当甲质疑乙没有在 "我要去拙政园" 与 "我不要去拙政园" 这两个互相矛盾的思想中做出明确选择时，乙虽回答 "我已经说得很明白了"，但其实他说的话仍然违反了排中律的要求，犯了 "模棱两可" 的逻辑错误。

三、排中律与矛盾律的区别

由于排中律与矛盾律都涉及两个互相否定的命题，以及对这两个命题的真假情况的断定，因此这两条规律有其内在的密切联系。不过，二者也存在明显的区别，主要表现在以下几个方面。

1. 基本内容不同

矛盾律是说一个命题不能既是真的又是假的；排中律是说一个命题不能既不是真的又不是假的。与此相联系，矛盾律是说两个互相否定的命题不能同真（必有一假），而排中律是说两个互相否定的命题不能同假（必有一真）。

2. 适用范围不同

由于矛盾律认定一个命题不能既是真的又是假的，即认定一个命题最多只有一个为真，因此当断定一个命题为真时，意味着不仅与其矛盾的命题必为假，而且与其反对的命题亦为假，所以矛盾律的适用范围就是具有矛盾关系或上反对关系的命题。由于排中律认定一个命题不能既不是真的又不是假的，即认定一个命题至少有一个为真，因此当断定一个命题为假时，不仅与其矛盾的命题必为真，而且与之具有下反对关系的命题亦为真，所以排中律的适用范围是具有矛盾关系或下反对关系的命题。

3. 逻辑要求不同

基于各自不同的基本内容，矛盾律和排中律的逻辑要求也有所不同。矛盾律要求对一个命题不能既断定其为真又断定其为假，即不能既肯定又否定；排中律则要求对一个命题不能既不断定其为真又不断定其为假，即不能既不肯定又不否定。

4. 逻辑错误不同

由于矛盾律与排中律的逻辑要求不同，因而违反它们的要求所产生的逻辑错误也有所不同。违反矛盾律要求的常见逻辑错误是"逻辑矛盾"或"自相矛盾"，违反排中律要求的常见逻辑错误则是"模棱两可"。

四、排中律的作用

排中律的主要作用在于保证思维的明确性，而思维的明确性是正确思维的一个必要条件。

与同一律、矛盾律一样，排中律也只是逻辑思维的规律，它只要求在两个互相否定的思想中做出非此即彼的明确选择。在一定的论域内，真的思想总是两个互相否定的思想中的一个，而不可能是第三者。但是，这丝毫不涉及客观事物在发展过程中有过渡性中间状态的问题，也不存在否认客观事物之间的过渡和转化的问题。如果把排中律关于在两个互相否定的思想中排除中间可能的要求，解释为排中律似乎否认客观事物在发展过程中存在着过渡性中间状态，或否认客观事物之间的过渡和转化，那么这种解释无疑是一种形而上学的观点，也是对排中律的曲解。比如，生物中的眼虫，既具有动物特征又具有植物特征，是介于动物、植物之间的一种中间过渡性的生物。排中律并不否认也不可能否认其客观存在。

但是，根据排中律的逻辑要求，在"动物、植物之间存在着中间过渡阶段"与"动物、植物之间不存在中间过渡阶段"这两个互相否定的命题中，必须承认其中必有一真，不能认定其同假。在"眼虫有某些动物特征"与"眼虫没有某些动物的特征"、"眼虫有某些植物特征"与"眼虫没有某些植物的特征"这两组互相否定的命题中，每一组中同样是必有一真，不能同为假。如果我们对两个互相否定的命题都加以否认，那就违反了排中律的逻辑要求。

简而言之，同一律要求在同一思维过程中，思想要保持自身同一；矛盾律要求在同一思维过程中，对同一个思想不能既肯定它又否定它，要求思想前后保持一贯，无矛盾；排中律则要求在同一思维过程中，对两个互相否定的思想应当明确地肯定其中之一是真的，不能含糊其词，不能模棱两可。即使是在辩证思维的过程中，在运用唯物辩证法的规律去分析现实矛盾及基于这种矛盾而引起的事物的辩证运动时，也同样需要保持思维的确定性、无矛盾性和明确性，因而也同样需要遵守这三条规律的逻辑要求。当然我们也必须明确，为了获得关于思维对象的某种新的知识（推出知识），仅靠遵循这三条规律的逻辑要求是不够的，还必须具有关于对象的相应具体的科学知识。这就是说，遵守同一律、矛盾律和排中律的逻辑要求只是我们获得正确认识的一个必要条件，而不是充分条件。

练习题及解析

红星中学的四位老师在高考前对某理科毕业班学生的前景进行推测，他们特别关注班里的两个尖子生。

张老师说："如果余涌能考上清华大学，那么方宁也能考上清华大学。"

李老师说："依我看，这个班没有学生能考上清华大学。"

王老师说："不管方宁能否考上清华大学，余涌都考不上清华大学。"

赵老师说："我看，方宁考不上清华大学，但余涌能考上清华大学。"

高考结果证明，四位老师中只有一人的推测成立。如果上述断定是真的，则以下哪项也一定是真的？

A. 李老师的推测成立

B. 王老师的推测成立

C. 赵老师的推测成立

D. 如果方宁考不上清华大学，则张老师的推测成立

E. 如果方宁考上了清华大学，则张老师的推测成立

题目解析：正确答案为 E。题干中张老师和赵老师的推测形式分别是"如果 P，则 Q"和"P 并且非 Q"，它们互相矛盾，根据矛盾律和排中律，其中必有一个推测成立且只有一个推测成立，而另一个推测不成立。又有条件"四人中只有一人的推测成立"，因此李老师和王老师的推测均不成立，即事实上余涌考上了清华大学。因此，如果方宁考上了清华大学，则张老师的推测成立，即 E 项为真。

第五节　逻辑的基本规律在语言表达中的应用

在交谈、辩论中，人们常说"你说的不合乎逻辑""他的演说缺乏逻辑性"。这些现象许多都是由于违反逻辑规律造成的。逻辑规律不是人们主观臆造的，而是经过长期的思维实践总结出来的，因此它对人的思维活动具有规范作用。违反了它，就会造成思维和表达上的混乱。我们在谈话中必须遵守逻辑的基本规律。其实，最初的逻辑就产生于辩论中。"辩证法"一词出自古希腊语，本意为"对话"，原指通过争辩进行推理论证。

这一节，我们主要具体论述逻辑的基本规律在交谈和辩论中的实际作用，分为三个部分：一是针对同一律，提出"交谈有律，首属同一"；二是针对矛盾律，提出"矛盾之说不能共存"；三是针对同一律，提出"两论相抵，务必排中"。

一、交谈有律，首属同一

1. 明确概念，本义第一

在交谈和辩论中，使用的每一个概念或判断都必须是明确无误的，这是同一律最基本的要求。谈话中为了避免误解，有时对使用的概念必须明确其本义。在表达中，如果运用的概念含混不清，又不加以明确，不但会导致误解，而且会造成事与愿违。

例：隋文帝杨坚最初很嫌弃他的长子杨勇，下令废除杨勇而立杨广为皇太子，并且准备让杨广继承皇位。但是，杨坚临终之时，突然得知杨广竟要奸污自己的宠妾宣华夫人陈氏，于是想紧急召杨勇进宫，拟改立太子，令其继承皇位。病榻之上的杨坚，又气又急地呼喊："召我儿！"由于"我儿"指示不清，被杨广和一些奸臣利用，杨广篡夺了皇位。

人们在交谈中使用概念要明确，不能含混也不能偷换概念，这也是同一律的要求。偷换概念常被用来构成幽默的对话。

例：有一位老母亲劝儿子不要再去从事股票交易，她对儿子说："股票交易是一场危险的赌博，今天赢了，明天就会输掉。"儿子安慰母亲说："妈妈，那我以后就隔一天去一次吧！"

母亲说的"今天""明天"只是个虚指，不是指时间上先后相继的两天，而儿子却故意做这种理解，构成了幽默对话。

2. 不容混淆，有错必纠

同一律的要求对人们的思维、表达具有制约作用，凡交谈、辩论中出现的违反同一律的错误，必须予以纠正。

例：现有人给一家种子公司写了一封信，信上写道："请寄一些无籽西瓜的种子来。"对于这件事，A、B、C三人争论了起来。

A说："简直是无稽之谈。无籽西瓜怎么会有种子？认为无籽西瓜有种子，就等于说，无籽西瓜有籽，这岂不是矛盾的？"

B说:"凡是种子植物都是有种子的,西瓜是种子植物,所以无籽西瓜应该是有种子的。这是推理的结论。可事实上无籽西瓜确实一颗籽也没有,因而事实上是没有种子的。看来,推理和事实是两码事。"

C说:"无籽西瓜当然有种子。不过要从无籽西瓜中直接取得种子是不可能的,但是可以通过别的途径取得无籽西瓜的种子。我看籽和种子是两码事。"

正如C所说,"籽"和"种子"是两个不同的概念,A和B将两者混为一谈,视为同一,是违反同一律的。C揭示了A和B的思维错误。

例:在中国近代,有的人推崇文言,反对白话,认为文言比白话简练。他们举例说,白话所说的"这一个学生或那一个学生",如果用文言则可说"此生或彼生",用字少,简练得多。鲁迅先生为此特意著文《此生或彼生》进行剖析。他说:"这五个字,至少可以有两种解释:一,这个秀才或那一个秀才(生员);二,这一世或是未来的别一世。"鲁迅先生认为概念的运用必须明确无误,"此生或彼生"虽然用字较少,但有歧义,容易造成混淆。

这种分析,实质上就是对同一律的运用。人际交往中不但有逻辑因素,还有情感因素、道义因素,明确使用概念是交际成功的第一要义。

3. 明知故犯,巧用同一

首先,概念含混是违反同一律的,应在交谈或辩论中予以避免。但是,有时可以以含混对含混,使人受到含混的教训,以此揭露含混之弊,这可视为同一律的反用。

例:公孙龙骑着白马过函谷关,守卫说,人可以过关,马不行。公孙龙却反驳道:"公孙龙是龙吗?"并论证了白马非马的观点,巧舌如簧地留下了"白马非马"的故事。

其实,这里公孙龙的诡辩,就是巧用同一律去挖掘观点,守卫口中的"白马是马","是"是"属于"的意思,公孙龙的"白马不是马","是"是"等于"之义。

其次,在某些特定场合,出于特殊需要,故意对概念予以置换,来表达自己不便直说的意思,这也可视为同一律的反用。

例:据《太平广记》记载,李素接替杜兼任职后,身为河南令的韩愈询问一名官吏:"李素与杜兼相比,政绩谁好谁坏?"这位官吏答道:"将兼来比素。"显然,这是答非所问,转移了论题。其实,这个回答很有技巧。汉乐府中有一首名为《上山采蘼芜》的诗,其中有"新人工织缣,故人工织素……将缣来比素,新人不如故"的诗句。意思是说,原来的媳妇善于织缣,新娶的媳妇善于织素,拿缣来比素,新娶的媳妇不如原来的。答者将"缣"与"素"偷换成了"杜兼"和"李素",暗示"新人不如故"之意,表明李素为官不如杜兼。

最后,利用言辞的歧义进行转移也是反用同一律的交谈技巧。

例:有一天,唐伯虎家对门的富翁为其母亲过生日,请唐伯虎作画题诗。唐伯虎大笔一挥,一幅《蟠桃献寿图》顷刻而就。而后又题诗四句。第一句是"老妇不是人"。"不是人"三字是骂人之语,四座皆惊。唐伯虎又写了第二句"好像南海观世音"。举座叫绝。第三句是"生下儿子是个贼"。富翁一见十分不悦。第四句是"偷得蟠桃献星魁"。富翁于是转怒为喜。

一首诗为何能如此引起波澜迭起？就是因为唐伯虎一再"转移论题"。"不是人""是个贼"本是恶语，但有歧义，唐伯虎故意以"观世音""齐天大圣"进行更换，结果使大家转怒为喜。

例：苏联诗人马雅可夫斯基有一次发表演说，一个听众挤到他的面前，指责他的演说带有偏见，还嚷道："我应当提醒你，拿破仑有一句名言——'从伟大到可笑，只有一步之差'。"马雅可夫斯基看了看那人与自己的距离，用赞同的口吻说："不错，从伟大到可笑，只有一步之差。"

马雅可夫斯基借题发挥，把"从伟大到可笑，只有一步之差"回敬给对方，并没有改变一个字，只是改变了说话人与听话人的位置，也就是改变了这句话的语用条件，由于发话人不同了，其所指的对象也就不同了。虽然这句话的内容未变，但实际上已改变了原来发话者的用意，这也可视为一种巧用同一律的论辩技巧。

二、矛盾之说不能共存

1. 自相矛盾，必陷困境

自相矛盾违反矛盾律。一个事物、一种现象，在一定的条件下，不可能既是它又不是它。矛盾律对人们的思维活动提出的要求是在同一思维过程中，对同一事物，不能做出互相否定的断定。如果不是在同一思维过程中，或者不是对同一事物，出现了矛盾之说，不受矛盾律的约束。

例：

爱迪生与一个想进爱迪生实验室工作的年轻人之间有一段对话：

年轻人：我有一个伟大的理想，那就是我想发明一种万能溶液，它可以溶解一切物品。

爱迪生：什么？！那么，你想用什么器皿来放置这种万能溶液？它不是可以溶解一切物品吗？

年轻人被问得哑口无言，自陷窘境，其原因是年轻人的话包含着矛盾："万能溶液"，如果要用器皿来装，就不可能"万能"。

例：鲁迅的小说《狂人日记》中的狂人，有这样一段叙述："原来也有你！这一件大发现，虽似意外，也在意中；合伙吃我的人，便是我的哥哥！"

"意外"与"意中"是矛盾的，但并不违反矛盾律，因为它们所指的并非同一对象。"意外"是就天伦常情说的——吃弟弟的竟是自己的哥哥。"意中"是就封建社会的本质说的——封建社会是个人吃人的社会。

故意以矛盾的说法分指不同的事物或同一事物的不同方面，造成一种自相矛盾的假象，实际并不违反矛盾律，这是一种交谈、辩论的技巧。

2. 言言相悖，言实相悖

违反矛盾律的自相矛盾主要有以下两种表现。

一是自己所说的话前后产生了矛盾，这是自身言论中的矛盾，即"言言相悖"。

例：清代李伯元的小说《官场现形记》第五十三回有"制台见洋人"的情节。巡捕报："有客来拜。"话音未了，只听啪的一声响，那巡捕脸上早就被大帅打了一个耳刮子。接着听制台骂道："混账玩意儿！我当初怎么吩咐的？凡是我吃着饭，无论什么客来，不准上来回。你没有耳朵，没有听见？"说着抬起腿来又是一脚。巡捕道："回大帅，来的不是别人，是洋人。"啪哒一声，制台举起手来，又打了巡捕一个耳刮子，接着骂道："混账玩意儿！我当是谁，原来是洋人，为什么不早回，叫他在外头等了这半天？"

制台大人对同一件事做出了截然相反的表态，结果在自己的言论中产生了前后矛盾。

二是自相矛盾的错误，表现在自身的言论与行动之间，是"言实相悖"。在交谈、辩论中，自相矛盾的错误大多不甚明显，有时其中不可共存的判断很隐蔽，因此揭露其错误往往需要一个过程。

例：《孟子·滕文公上》中记有陈相与孟子的一段交谈。战国时的陈相，本来崇信儒家学说，到滕国后，见到农家许行，接受了他的"君臣并耕，以物易物"，反对社会分工的思想，放弃了儒家观点。一天，陈相在孟子面前称赞许行的观点，孟子与他展开了辩论：

孟子：许行是自己种粮食吃的吧？

陈相：是的。

孟子：许行是自己织布做衣服穿吧？

陈相：不是，许行的衣服是买来的。

孟子：许行的帽子是他自己织的吧？

陈相：许行的帽子是用粮食换来的。

孟子：许行为什么不自己织布做帽子呢？

陈相：因为会耽误种地。

孟子：许行做饭用的锅和耕地用的农具都是自己做的吗？

陈相：不是，也是用粮食换来的。

孟子：既然许行反对社会分工，为什么要用粮食与其他行业的人去交换呢？

……

许行在言论上反对社会分工、以物易物，而在行动上又遵循了社会分工、以物易物，言、行是矛盾的。孟子经过连续发问，将矛盾的另一方——"行"引出，由真实的行为推出与行为相矛盾的言论是假的，揭露了许行的逻辑错误。

3. 不能同真，必有一假

在含有自相矛盾错误的言论中，两个不可共存的判断常常是一方明显，一方隐蔽，因此揭露隐蔽的一方就成了揭露自相矛盾的关键。

例：英国哲学家罗素在其演说《为什么我不是基督教徒》中批判了宗教的"最初起因"的观点。他说："我年轻时头脑中对这些问题进行过认真的思想交锋，在很长一段时间里也赞成'最初起因'的论点。直到18岁那年，有一天读到约翰·斯图亚特·穆勒自传时，忽然发现这么一句话：父亲教导我说，'谁创造了我？'是无法解决的难题，因为接着人们必然会问'谁又创造了上帝？'今天我仍然认为，这句极端简单的话指出了'最初起因'这一论点的荒谬。如果说万物都要有起因，那么上帝也必有起因……"

"万物的最初起因是上帝。"这就是"最初起因"论公开申明的论点，似乎并无矛盾之处。罗素后来发现了它自身含有的自我否定意义，导出了"上帝也是有起因的"这一隐含的判断，形成了不能共存的一对判断，暴露了自相矛盾的错误。

在两个不可共存的判断中，有一个是真实的，另一个必然是虚假的，这是矛盾律的原理。运用这个原理还可以进行推理，分析复杂的对话。

例：某地发生了一起盗窃案，七名警察组成了侦破小组，经过侦察分析，认定甲、乙、丙、丁四人有重大嫌疑，而且案犯就在其中。在一次案情分析会上，A、B、C、D、E、F、G七名警察都根据自己掌握的材料，表达了自己的看法。他们的意见简述如下：

A：甲是案犯。

B：是丁作的案。

C：不是乙作的案。

D：丙肯定不是案犯。

E：我不同意 A 的结论。

F：我认为 C 说的不对。

G：一定是丙作的案。

后来，经过多方仔细的侦察，终于查出了案犯就是四个人中的一个。以此核实七名警察最初的分析，有三人的结论是错的。依据这种情况，能推出谁是盗窃犯？

在七名警察的认定中，可以看到有三对是不可共存的判断："A：甲是案犯"与"E：甲不是案犯（我不同意 A 的结论）"、"C：乙不是案犯（不是乙作的案）"与"F：乙是案犯（我认为 C 说的不对）"、"D：丙肯定不是案犯"与"G：丙是案犯（一定是丙作的案）"。由于这三对判断都具有"不能同真，必有一假"的关系，它们之中必有三个虚假判断。已知七人的分析中只有三人是错误的（虚假的），可推断出 B 的分析必然是真的，即"丁是案犯"。还可以对这一结论进行验证：由于丁是案犯，所以在第一对中，A 是假的，E 是真的（甲不是案犯）；在第二对中，F 是假的，C 是真的（乙不是案犯）；在第三对中，G 是假的，D 是真的（丙不是案犯）。

三、两论相抵，务必排中

1. 排中有术，二者择一

按照排中律的要求，两个自相矛盾的观点中一定有一个是对的，所以即为"二者择一"，没有"都不对"这种中间状态。

例：一次，两位客人在谈论一首诗时，发生了争论。甲说："这首诗是拜伦之作。"乙说："这首诗不是拜伦之作。"二人固执己见，相持不下，无奈，只好请主人来裁决。主人十分自傲地说:"恐怕你们二位谁也没猜对。"

甲和乙到底谁说对了并不重要,值得研究的是主人的说法。我们虽不知道他们谈论的是什么诗,也不知道作者是谁,但可以判定主人的说法违反了排中律。

关于这首诗的作者,只有两种可能,即这首诗是拜伦之作及这首诗不是拜伦之作,没有别的可能。既然如此,主人说甲、乙的说法都不对,就不妥了。在交谈中,对于具有矛盾关系的两种情况,必须肯定一个,不能都不肯定,这就是排中律的要求。"排中"就是"排除中间可能",不允许有第三种情况存在。如果遇到具有反对关系的两种情况,则不能应用排中律。矛盾关系不存在第三种可能,而反对关系存在第三种可能。所以,排中律要求二者择一,只适用于处理矛盾关系,不能适用于处理反对关系。也就是说,排中律只适用于"仅有两种情况"且"它们互相矛盾"时,如果有第三种或更多种情况,则不适用排中律。

例:《韩非子·外储说左下》中记载,齐桓公将要立管仲为仲父,对群臣说:"我想立管仲为仲父,同意的站在左边,不同意的站在右边。"东郭牙偏偏"中门而立"。齐桓公说:"我立管仲为仲父,命令同意的站在左边,不同意的站在右边,你为什么站在中间?"东郭牙说:"凭着管仲的智慧和果断,能谋天下、行大事吗?"齐桓公说:"能。"东郭牙说:"您把管理国内外大事的权力全都授予他,借着您的势力来治理齐国,不会有什么危机吧?"

东郭牙"中门而立",是对齐桓公的做法采取了不完全赞同的态度。由于在"完全同意""完全不同意"之间存在着"不完全同意"的第三种可能(分权而治),因而对"完全同意"和"完全不同意"的两种态度都不表示肯定,并不违反排中律。

例:《尹文子》中记载,尹文子去见齐宣王,齐宣王不说话,只是哀叹。尹文子问:"您为什么哀叹?"齐宣王说:"吾哀叹国中没有贤人。"尹文子说:"假如国人都是贤人,谁会处于您之下?"齐宣王说:"国人都是不屑之人,行吗?"尹文子说:"国人都是不屑之人,谁来治理朝政?"齐宣王说:"贤人和不屑之人都没有,可以吗?"尹文子说:"不成。有贤之人,有不屑之人,所以您可以高高在上,众臣居于下位,选拔贤人,罢退不屑之人,所以才有上下之分在。"

这段对话涉及两对判断:"国人都是贤人"与"国人都是不屑之人"、"国人没有贤人"与"国人没有不屑之人"。这两对判断都是可以同假的反对关系判断,都有第三种情况,即"国人有贤人,有不屑之人"。尹文子就是采取了存在第三种情况的说法,对齐宣王的如上两对判断都给予了否定,这并未违反排中律。

2. 双双否定,不置可否

违反排中律所犯的错误,表现可有不同,但实质上无异。对交谈中两个相互矛盾的说法进行双双否定,是违反排中律的一种典型表现。

例:

甲:我觉得企业搞精简机构、裁员减薪来度过经济危机是不好的。

乙:我不这样认为。

甲:那么,你觉得企业搞精简机构、裁员减薪度过经济危机是好的吗?

乙：我也不这样认为。

在对待"企业搞精简机构、裁员减薪度过经济危机"的态度上，肯定还是否定，二者必居其一，而乙却对这两者都加以否定，违反了排中律。

在交谈中，对两个互相矛盾的说法"不置可否"，采取回避的态度，是违反排中律的又一种表现。

例：

"布里丹之驴"是以14世纪法国哲学家布里丹（Jean Buridan）的名字命名的悖论：一头毛驴，对任何事情都不置可否。一天，它快饿死了，面对身旁的两捆干草，竟拿不定主意，不知吃哪捆好。最后，它终因犹豫不决而死去。

对两种互相矛盾的情况，采取"不置可否"的态度还是"双双否定"的态度，没有质的区别，只是在方式和态度上有区别，都违反了"必须肯定一真"的排中要求。

例：狮子指定熊、猴子和兔子做他的大臣。一天，狮子想吃掉他们。为了寻找借口，他张开血盆大口，问熊："你说我嘴里发出来的气味怎样？"熊说："大王，您嘴里的气味很不好闻。"狮子大怒，吼道："你犯了叛逆罪，竟敢诽谤国王，要被处以死刑。"于是，狮子将熊吃掉了。而后，狮子又张开大口去问猴子，猴子吓得浑身颤抖，忙说："大王，您嘴里的气味非常好闻。"狮子又发怒了："你是个会撒谎又会拍马屁的家伙，绝不能留下。"说完，把猴子也吃掉了。最后，狮子又去问兔子。兔子说："十分抱歉，大王，我最近正伤风，闻不出味，等我休息几天再回答您。"狮子放掉了兔子，让他回去休息几天，兔子当然逃之夭夭了。

熊和猴子的厄运教育了兔子，兔子自知说"好闻"与"不好闻"都将葬身于狮子的血盆大口，只好采取"不置可否"的态度以求脱身。从思维规律说，兔子是错了，但从斗争策略说，其做法是合情的。

3. 不能同假，必有一真

排中律的原理也适用于推理。如果某事物情况只存在两种可能，那么它们的关系是非此即彼，不能同真，也不能同假。因而只要知道其中一个是假的，那么另一个必然是真的。

例：

有个国家，实行一种奇特的刑罚：对于犯有重罪的人，都要先将其监禁起来去服苦役，期满后，再采取抓字条的办法，来决定服刑者的生死。抓字条，是在一个特制的木箱里放两张字条，一张字条上写有"生"字，另一张字条上写有"死"字。服刑人抓到写有"生"字的字条就被释放，抓到写有"死"字的字条就被处决。皇帝跟前有位公正廉明的御前大臣，由于受到宫中小人的嫉恨，被诬告谋反，从而被昏庸的皇帝治了罪，被送去服苦役。服役期满，按规定要抓字条定生死。那些奸臣、小人想：如果御前大臣抓到了"生"字被释放，以后东山再起，岂不是后患无穷？于是，他们又想出了一条毒计。他们用重金收买了掌管刑罚的官吏，让他们在两张字条上都写上"死"字。这样，御前大臣无论抓到哪张，都是必死无疑的。一位正直善良的人，将这一阴谋泄露给了在苦役场的御前大臣。这位机智的大臣，绞尽脑汁，想出了一个极妙的对付办法。抓字条的时候，御前大臣十分镇静。他从箱子里毫不迟疑地抓出一张字条，连看也没看，就揉成小团放进嘴里吞了下去。不明真相的国王一看，说："既是这样，那就看看箱子里剩下的那张吧！"剩下的那张字条上当然写有"死"字。皇帝一推想，御前大臣吞下的一定是写有"生"字的字条，于是就下令把他放了。

"生"和"死"是仅有的两种可能，由箱子里写有"死"字（不是"生"字）的字条推知，吞下去的不会是"死"字，由此又可推知吞下去的只能是"生"字。御前大臣就是利用"生"和"死"不可同假的关系，以智慧战胜了那些邪恶的小人，赢得了生的机会。

第八讲

论证及其语言表现形式

第一节 非形式逻辑与论证逻辑

一、非形式逻辑

（一）非形式逻辑的含义

本书的前七讲所涉及的都是形式逻辑中的经典内容。那么，与形式逻辑相对的非形式逻辑又是什么呢？首先，我们要搞清楚什么是"形式"。简言之，"形式"一词有三层含义：一是指柏拉图哲学中形而上学意义上的"形式"；二是指现代逻辑所注重的语句、陈述的结构和形式意义上的"形式"；三是根据一套规则体系而相应展开一个程序或过程意义上的"形式"。非形式逻辑的核心概念就是"论证"。

非形式逻辑既是一门经验性、描述性的学科，也是一门关于规范性的学问，因为它还启示人们应该怎样合理地进行思维、交流和辩论。非形式逻辑贴近现实生活，注重实用性，在当今的初等逻辑学与哲学教育中扮演着重要角色。在美国和加拿大的几乎每一所大学，以及在大洋洲、英国和世界其他一些地区，都有为低年级本科生开设的逻辑学入门或批判性思维的课程，这往往是进修其他人文社会科学或法律类课程的必修课，而非形式逻辑通常是这类课程教学的主要内容。非形式逻辑思维的训练有助于提升学生批判性地分析、评估与建构论证的技能，引导学生实际识别形形色色的逻辑谬误与诡辩，并培养学生建设性地进行理性交流与探讨的习惯。

亚里士多德的《工具论》是方法论取向的著作，其中《论辩篇》和《辩谬篇》的焦点是论证，《前分析篇》则以推理为核心。因此，从源头上说，逻辑是关于推理的，也是关于论证的。一般而言，形式逻辑以推理形式及其有效性为研究对象，而非形式逻辑以实际论证分析与评估的非形式方法和规范为理论指导。从地域上说，非形式逻辑起源于北美。在其发展过程中，最有影响力的人物是加拿大温莎大学的拉尔夫·约翰逊（Ralph H. Johnson）和 J. 安东尼·布莱尔（J. Anthony Blair）。他们的《逻辑的自我辩护》是第一个强调非形式推理具体例子的导论性教科书之一。根据约翰逊的界定，我们这里对非形式逻辑下个定义：非形式逻辑是对日常话语中的论证进行分析、解释、评估、批评和建构的一个逻辑学分支。从更广的论证研究领域来看，非形式逻辑被看作论证研究的逻辑学进路。

（二）非形式逻辑的演变、立场及研究对象

非形式逻辑起源于19世纪60年代以社会和政治运动为特征的，和高等教育相关的呼吁。可以说，它的出现与逻辑课堂教学改革联系密切：人们要求有一种处理日常推理的方法。非形式逻辑起初试图用直接取自报纸、电视和其他大众传媒的推理、论证和辩论的实例取代早期教科书［如欧文·M. 柯匹（Iriving M. Copi）等的《逻辑学导论》的早期版本］中那些人为创制的例子。为了分析这种推理，非形式逻辑家受到先前一些分析日常语言论证著作的重大影响。亚里士多德对谬误的处理及其修辞学理论成为讨论和研究的一般基础。南佛罗里达大学的史蒂芬·N. 托马斯（Stephen N. Thomas）的《自然语言中的实际推理》被看成是非形式逻辑的奠基性著作（1958年初版）。此书展示了分析、评估出现于自然语言语境如著作、论文、演说、社论、交谈中的实际的推理或论证的技巧，提出了"自然逻辑"的一般方法。它可以不使用逻辑教科书的传统方法（如真值表、文恩图），而用另外的图解表示论证的结构（包括科学的、哲学的、数学的、政治的、宗教的、伦理的、归纳的、演绎的、模态的、语义的、语形的等），表明这些技巧如何被用于分析包括许多正面的和反面的情形，以及识别其推理是模糊的、复杂的或紊乱的会话中的论证。此书分析了论证的结构、评估、语义分析、非形式谬误、决策与论证分析和哲学推理。

非形式逻辑学家有一些共同立场：一是关注运用于现实公共生活的、真实的、基于自然语言的论证，这些论证往往具有天然的含混性、歧义性和不完备性。二是将论证看作一种辩证过程、交互式文本，而不是命题语句之间静态的形式化关系。三是对是否仅靠演绎逻辑和标准的归纳逻辑就能充分地刻画所有的（甚至于主要的）合乎逻辑的论证模式持严厉的怀疑态度。四是一方面认为评估与分析论证存在一定的规范、标准，而这些规范和标准是逻辑性的，而不完全是修辞性的；另一方面认为"演绎有效性""归纳强度"等形式逻辑的基本概念不足以刻画论证的丰富性和多样性。五是力求发展一种超越演绎逻辑与归纳逻辑的更加全面、完整的关于推理的理论。六是认为对各种非形式化谬误的研究应该是逻辑研究的一个重要部分，一个关于论证本质的基本理论应该能为理解各种非形式化的谬误提供合理的框架。七是不满于将形式逻辑作为讲授分析、评估和建构论证的主要载体，认为逻辑学训练应该有助于培养人们的批判性思维及分析与解决问题的能力，能够对人们的社会生活产生更显著、更直接的影响；认为从非形式化方面对逻辑推理与论证进行理论探讨，对哲学的其他分支，如认识论、伦理学及语言哲学等，具有积极的影响。

非形式逻辑的主要研究对象是普通人在现实生活中所使用的真实的论证。论证是人们表达思想的重要载体，是用来说服他人并影响他人的观点和立场的有力工具，是进行理性探讨、深化认识的主要形式。好的论证有说服力，让人无可辩驳，而糟糕的论证则苍白无力。有的论证貌似合理，有很大的迷惑性，实则经不起推敲，在逻辑上站不住脚。非形式逻辑致力于发现、分析和发展人们在日常生活中运用与分析论证的标准、程序和模式，它并不先天地排斥形式化方法，但鉴于形式化方法在普通人的日常生活中的应用极为有限，非形式逻辑与传统逻辑学研究的形式化取向大异其趣。

非形式逻辑不等于修辞学。好的修辞能够吸引人、打动人、说服人，是好的论证必不可少的元素，然而，一个好的论证不能仅靠华美的词藻和磅礴的句式取胜。非形式逻辑学家认为，一个真正有力的论证离不开理性的力量，如果一个论证的前提不能在逻辑上为结论提供合理的支持，纵有再好的修辞也最终经不起理性的检验。虽然人们在日常生活中普遍地使用论证，并具备一定的分析、鉴别论证的能力，但人们也容易采用一些貌似合理实则荒谬的论证结构，并为许多似是而非的论证所迷惑。非形式逻辑的一个重大研究领域是人们在现实生活中容易犯下的各种各样的逻辑谬误，如偷换概念、转移话题、进行人身攻击、以势压人、以众压人、循环论证、不适当地诉诸权威、不适当地诉诸情感、窃取论题、得寸进尺等。非形式逻辑学家研究这些谬误发生的条件与场合，分析其迷惑性的本质，并力图对各种各样的谬误做出合理的分类与概括。

（三）非形式逻辑的表现形式

对于非形式逻辑的本质，我们可以暂时不去做深入追究，但是可以从它的一些表现形式来进行分析，这样可以帮助我们深化对该学科的基本理解。

第一，非形式逻辑不能脱离传统形式逻辑的基本内容和要求。传统形式逻辑是非形式逻辑的基本组成部分，没有传统形式逻辑作为基础，非形式逻辑也就失去了根基。传统形式逻辑在人们的日常思维和科学研究中占有重要地位，发挥着重要作用。爱因斯坦曾说："西方科学的发展是以两个伟大的成就为基础，那就是：希腊哲学家发明形式逻辑体系（在欧几里得几何学中），以及通过系统的实验发现有可能找出因果关系（在文艺复兴时期）。"[1] 西方科学的发展得益于希腊哲学家发现的演绎逻辑和近代哲学家发现的归纳逻辑这两个基础，它们对于今天科学的发展也是有重要作用的。不过，应该如何发挥它们在日常思维和科学研究中的作用却需要研究。

第二，非形式逻辑的基本功能是培养和训练人的思维能力。这种思维能力主要是指人的理论思维能力和逻辑思维能力。恩格斯曾经指出，"一个民族想要站在科学的最高峰，就一刻也不能没有理论思维"[2]，"但理论思维仅仅是一种天赋的能力。这种能力必须加以发展和锻炼，而为了进行这种锻炼，除了学习以往的哲学，直到现在还没有别的手段"[3]。恩格斯还指出，自马克思主义哲学产生以后，"在以往的全部哲学中还仍旧独立存在的，就只有关于思维及其规律的学说——形式逻辑和辩证法"[4]。在

---

[1] 爱因斯坦. 西方科学的基础和中国古代的发明：1953年写给J.E.斯威策的佳信［M］//爱因斯坦文集：第1卷. 许良英，范岱年，编译. 北京：商务印书馆，1976：574.

[2] 恩格斯. 自然辩证法［M］//中共中央马克思恩格斯列宁斯大林著作编译局. 马克思恩格斯选集：第三卷. 北京：人民出版社，1972：467.

[3] 恩格斯. 自然辩证法［M］//中共中央马克思恩格斯列宁斯大林著作编译局. 马克思恩格斯选集：第三卷. 北京：人民出版社，1972：465.

[4] 恩格斯. 反杜林论［M］//中共中央马克思恩格斯列宁斯大林著作编译局. 马克思恩格斯选集：第三卷. 北京：人民出版社，1972：65.

这里，恩格斯所说的逻辑就是指古希腊哲学家所发现的演绎逻辑和近代哲学家所发现的归纳逻辑，也就是我们现在常说的传统逻辑或普通逻辑。问题是，恩格斯所说的这种理论思维能力的培养，究竟应该通过怎样的方法和方式来实现呢？是直接让其阅读相关逻辑著作、传授传统逻辑知识，还是进行有针对性的思维能力训练呢？显然，前一种方式的作用不能被完全否定，但后一种方式也许更有利于对思维能力的培养。这就需要我们利用非形式逻辑。

第三，非形式逻辑是思维形式和思维内容的结合，也是思维的确定性和不确定性的结合，它体现了多种思维方式的运用。非形式逻辑需要突破形式逻辑所给予我们的界限和限制，如逻辑一定是形式的，不是形式的就不是逻辑。实际上，这样的逻辑是仅仅就形式逻辑来说的。我们的形式逻辑教科书往往也突破了这一界限。比如，我们的形式逻辑教科书在讲论证（证明）和反驳时就会涉及论据（前提）的真实性问题。教师在讲授推理时也会涉及前提的真实性问题，而这些问题就不单纯是形式上的问题。如果一个推理的前提为假而形式没有问题，我们宣布该三段论是有效的，但这并不能让人感到充分满意。而形式上不正确的推理却也可以有一定的说服力。例如，"有些青年人不是共产党员，所以，有些共产党员不是青年人"。前提和结论都真实，但形式上是不正确的。非形式逻辑就是要解决这样的问题。

第四，形式逻辑强调的是思维的确定性，辩证法体现的是思维的不确定性，而非形式逻辑则是二者的完美结合。

例：H 市戒毒所收容了一批当地吸毒犯，其中发现有艾滋病毒感染者。另据有关统计数据显示，近年来该市的艾滋病毒感染和发病率呈明显上升趋势。其感染途径，按照感染率排序，排在第一位的是静脉注射吸毒，排在第二位的是同性恋，排在第三位的是卖淫嫖娼。除此以外，没有其他途径。由上述前提出发，我们要问的是：这批吸毒犯中是否有用静脉注射方式吸毒的？

从确定的要求来说，回答应该是肯定的，因为静脉注射吸毒是近年来 H 市艾滋病毒感染的首要途径。但是考虑到不确定性因素，结论可能是否定的，因为可能这一次 H 市所收容的艾滋病毒感染者中并没有由静脉注射吸毒导致的，而可能都是其他途径导致的。所以，对非形式逻辑问题的解答需要我们将确定性和不确定性充分结合起来。

第五，对于大学生来说，将逻辑形式加以实例化，能使其更容易接受抽象的逻辑结构和逻辑形式，所以通过对逻辑结构的实例化分析，可以进一步培养大学生系统追究逻辑结构和逻辑形式的意识。

二、论证逻辑

（一）形式逻辑与论证逻辑

迄今为止，形式逻辑，包括传统形式逻辑和被称为现代形式逻辑的数理逻辑，都把研究的中心放在推理上，它们的主要目的是揭示推理的有效性，即推理形式的有效性。从这个意义上说，它们是关于推理的逻辑，我们可称之为推理逻辑。毫无疑问，推理逻辑在确定推理的有效性方面是极为成功的。然而，一旦进入论证的领域，其局限性就暴露无遗。传统形式逻辑虽然涉及论证，对论证的结构、方法、规则等进行了研究，但对论证的研究是很简单、肤浅的。它关于论证的理论，在很大程度上只是关于概念、判断、推理和逻辑基本规律的理论的重复。一接触丰富多样的实际论证，传统形式逻辑往往就显得"虚弱无力"，甚至顾此失彼，难以自圆其说。我们不妨举个简单的例子。请看下面的论述：

勤出成果：马克思辛勤劳动，艰苦奋斗 40 年，阅读了数量惊人的书籍和刊物，其中做过笔记的就有 1 500 种以上，写下了《资本论》；司马迁从 20 岁就开始漫游生活，足迹遍及黄河、长江流域，并遍阅古籍，汇集了大量社会素材和历史素材，写下了历史巨著《史记》；德国伟大诗人歌德前后花了 58 年时间，搜集了大量的素材，写出了对世界文学界和思想界产生很大影响的诗剧《浮士德》；我国年轻的数学家陈景润，在攀登科学高峰的道路上翻阅了国内外上千本有关图书，通宵达旦地看书学习，取得了震惊世界的成就。

这段话表达了一个显然并不复杂的论证。它用一系列事实论证了"勤出成果"这个论题。那么，这个论证所用的论证方式是什么呢？按照传统形式逻辑的理论，回答大概是"简单枚举归纳推理"。所谓简单枚举归纳推理，就是由一类事物中的部分对象具有（或不具有）某种属性，并且没有遇到相反情况，推出这类事物都具有（或不具有）这种属性的一般性结论的推理。但是，上述论证的论题"勤出成果"是一般性结论，即"凡勤奋者都能出成果"吗？我们不是可以轻易举出许多虽勤奋却没有出成果的人的例子吗？假如"勤出成果"是一个全称命题，那它岂不是要因存在着相反情况而被推翻了？

有人可能认为，"勤出成果"不能被理解成勤奋是出成果的充分条件，而应被理解成勤奋是出成果的必要条件。也就是说，"勤出成果"应理解为一个假言命题，而且不能理解为充分条件假言命题，而只能理解为必要条件假言命题，即"只有勤奋才能出成果"。但问题并没有解决。首先，勤奋固然是出成果的必要条件，但出成果的必要条件绝不仅仅是勤奋。比如，一个人要出成果，首先要活着，要身体健康，要有健全的大脑（呆傻的人出不了成果），要做事（什么都不做出不了成果）。而要活着，就不能不喝水、不吃饭。那么，人们为什么只说"勤出成果"，而不说"活着出成果""大脑健全出成果""做事出成果"，甚至"喝水出成果""吃饭出成果"呢？其次，如果"勤出成果"的意思只是勤奋是出成果的必要条件，那么就应该去列举那些因不勤奋而不能出成果的例子。比如，某某是个懒汉，整日游手好闲，结果一无所有；某某饱食终日而无所用心，结果虚度一生；某某贪图安逸，不求进取，到头来一事无成……但这些能作为"勤出成果"的论据吗？再次，如果"勤出成果"的意思是勤奋是出成果的必要条件，即表达的是一个必要条件假言命题，那么上述论证中用的推理就不能说是简单枚举归纳推理，因为简单枚举归纳推理的结论不能是一个假言命题。那么，上述论证中运用的又是什么推理呢？对此问题，传统形式逻辑也只能是无能为力的。分析如此简单的论证，传统形式逻辑已经捉襟见肘，更不用说更复杂的论证了。①

论证所展现的则是丰富多样的思维内容。人们在实际论证中所运用的丰富多样的命题和推理，远远不是形式逻辑所能涵盖的。许多论证的论题、论据、论证方式，都难以甚至根本无法被纳入形式逻辑所研究的那些形式。面对大量这样的论证，形式逻辑自然不会有用武之地。与形式化相联系的是精确化。形式逻辑研究逻辑形式讲求的是单义性、规范性，而人们对论证的运用则体现着日常语言的模糊性和实际思维的灵活性。对于那些含义深刻的论题、错综复杂的论据、灵活多样的论证方式，硬要用形式逻辑进行精确的刻画，实在是勉强。即使这样的刻画是可能的，也未必有益于对论题、论据的分析及对论证的有效性的评价。例如，"转基因食品有利（不利）于人类发展""克隆有利（不利）于人类的发展"等论题的含义，绝不是通过精确的形式分析所能弄清的。而人们对这些论题所做的论证是否有效，也绝不仅仅是靠精确的形式分析就能判明的。可见要解决论证问题，就需要有一种不同于形式逻辑的，不那么形式化、精确化的逻辑，这就是我们所说的论证逻辑。

（二）论证逻辑的含义

论证逻辑不苛求精确的形式分析，而是讲究一般的论证方法。正如我们已经指出的，由于日常语言的模糊性和实际思维的灵活性，要对每个日常论证都进行精确的形式分析是不可能的。实际上，这种精确的形式分析也是不必要的。试想一下：论证者在进行实际论证（如做几何证明题）时，有多少人关心过自己运用了哪些推理形式？而不了解自己所运用的推理形式，并不会影响他们正确地进行论证。对于一般论证者来说，方法比形式重要得多。掌握论证的方法，才是进行论证的关键所在。当然，具体的论证方法是多种多样的，论证逻辑的任务只是揭示那些具有普遍性的一般逻辑方法。此外，论证逻辑关注思维内容的真实性。论证与推理不同，推理是从若干命题推出某个命题，作为推理前提的命题可以是真实的，也可以是虚假的。人们研究推理，关心的只是前提与结论之间的逻辑联系，形式逻辑正是在这个意义上来研究推理的有效性的。论证则不同，论证是用若干已知真实的命题来确定某个命题的真实性（或虚假性），作为论证的论据的命题必须是真实的，否则论题就不能确立。因此，研究论证，就不能不关心论据的真实性问题。如果再考虑到省略推理在论证中的运用，论据的真实性问题就显得更为重要。如果允许任意补充前提，那么任何一个论证形式的有效性问题都可以转化为论据的真实性问题。请看下面的论证：

① 这种硬盘的质量相当不错，所以肯定不是走私货。

② 地球是圆的，这可以从以下论据得到证明：其一，船向陆地驶来时，陆地上的人总是先见桅杆后见船身；其二，站得越高，就看得越远；其三，人们能够进行环球旅行。

在不补充其他前提的情况下，这两个论证都犯了"推不出"的错误：某种硬盘的

---

① 吴坚. 论证逻辑刍议［J］. 中山大学学报（社会科学版），2003（S1）：105－109.

质量好坏与其是不是走私货无必然的逻辑联系；由"船向陆地驶来时，陆地上的人总是先见桅杆后见船身""站得越高，就看得越远""人们能够进行环球旅行"不能推出地球是圆的。但是，若给例①补充前提"凡质量相当不错的硬盘都不是走私货"或"如果这种硬盘的质量相当不错，那么它就不是走私货"，给例②补充前提"如果船向陆地驶来时，陆地上的人总是先见桅杆后见船身，站得越高就看得越远，并且人们能够进行环球旅行，那么地球就是圆的"，则这两个论证的错误就不再是"推不出"，而是"论据虚假"了。可见对于允许运用省略推理的日常论证来说，论据的真实性问题甚至比推理的有效性问题更为重要。当然，我们可以对省略前提的补充进行某些限制，但是这种限制本身也仍然不能不涉及命题的真实性问题。无论如何，思维内容的真实性问题都是无法回避也不应回避的。"只管形式，不管内容"的逻辑绝不是论证逻辑。

论证逻辑注重论证的有效性和说服力。论证逻辑以研究论证为己任，当然不能不涉及论证的评价问题。首先要说明的是，这里所谓论证的有效性不是指论证形式（论证中所用推理形式）的有效性。对于日常论证，不能只做出纯形式的评价。纯形式的评价不但可能是无意义的（形式有效但论据虚假的论证绝不优于形式无效而论据真实的论证，而且在允许补充前提的情况下，二者是完全同一的），而且可能根本无法进行。仍以对"地球是圆的"的论证为例，有人认为，只要对上述例②增加以下两个论据，就可以使该论证变为有效的：其一，地平线在大陆的任何地方都是圆形，所见远近一致；其二，月食时，投在月球上的地影都是圆形。在不补充任何前提的情况下，上述例②的错误是"推不出"，即论据与论题之间无必然的逻辑联系，而增加了两个新论据后则变为可以推出，即论据与论题之间有必然的逻辑联系。然而，无论是推不出还是推得出，在这里，纯形式的分析都是不可能的。我们根本说不出该论证（无论是增加新论据之前还是增加新论据之后）运用的是何种逻辑推理，更无法精确地写出它所运用的推理形式。似乎是经验在起作用，形式的分析完全让位于内容的分析。也就是说，就日常论证的分析而言，不但论据的真实性涉及思维内容，而且论据与论题之间的逻辑联系也可能涉及思维内容。因此，论证逻辑对论证的评价是一种密切结合思维内容的评价。与形式逻辑对推理有效性的单一性、精确性评价不同，论证逻辑对论证有效性的评价具有综合性、模糊性的特点。形式逻辑仅关心推理前提与结论之间的逻辑联系，而这种逻辑联系完全通过精确的推理形式来刻画。而论证逻辑则要从论据、论题、论证方式（论据与论题联系的方式，不简单地等同于推理形式）等方面对论证进行综合考察，并较多地借助对论证内容的分析来对其有效性做出近似的评价。思维内容的真实性问题是一个极其复杂的问题，它与人们的思想观念、知识经验、社会实践、真理观等都有密切联系。

在考虑论证的有效性时，应与其说服力密切联系起来。论据的真实性往往只是相对的，关键在于人们是否确信它是真实的；论据与论题之间有无充分的、必然的逻辑联系也往往具有相对性（人们很难说清怎样就是充分的，甚至什么是必然的都可以有不同的解释），关键在于人们是否确信或者能否使人们确信它们之间有充分的、必然的逻辑联系。这些都涉及论证的说服力问题。从重视说服力的意义上说，论证逻辑更具有实用性，而不像形式逻辑那样更具有理论性。

（三）论证逻辑的内容

不同于形式逻辑的论证逻辑应包括哪些内容呢？简单地说，论证逻辑应包括一切与论证有关的内容，大体包括以下几个方面。

1. 论证概说

论证概说包括什么是论证、论证的组成、论证的作用等内容。

2. 立论

立论即确立某种理论、观点，亦即常说的证明。它包括以下内容：

（1）论题的提出和分析。论题的分析包括对论题的语形分析、语义分析及语用分析。语形分析是指对论题的结构、形式、类型等的分析。语义分析是指对论题的基本含义的分析，包括对论题中所包含的主要概念的内涵和外延的分析，对论题中的各主要概念与论题以外的相关概念的比较分析，对论题的整体语义分析等。语用分析是指对论题的语境、背景等的分析。对论题的语形分析必须与对论题的语义分析和语用分析结合起来，只有这样，才能真正地把握论题的实质，弄清论题的本来面目。

（2）论证方式的确立，即根据论题的类型，确定论证的方向、方法、过程和步骤等。论题类型的确定对论证方法的选择具有重要意义。对不同类型的论题，可采用不同的论证方法。比如，对联言论题可采用联言论证法，对假言论题可采用假言论证法（包括条件证明法、连锁推导法等），对全称论题可采用归纳论证法、分情况论证法等，对许多论题还可采用反证法。

（3）论据的收集和整理，即根据论题和论证方式收集有关的论据，并对论据进行筛选、分析、归类、整理。

（4）论证的组织，即按照既定的论证方式把论据组织起来，建立起完整、严密的论证过程。

（5）论证的检验，包括对论题的检验（是否明确、无歧义），对论据的检验（是否真实可靠），对论证过程的检验（是否合乎逻辑，是否有充分的论证性和说服力）。

3. 驳论

驳论即驳斥某种理论、观点，亦即常说的反驳。它包括以下内容：

（1）对论题的反驳。首先对论题进行语形、语义及语用分析，然后在此基础上确定反驳的方式、方法。像立论一样，针对不同类型的论题，可采用不同的反驳方法。比如，对全称论题可采用列举反例法，对假言论题可采用破除条件法（确定原有条件关系不成立），对许多论题还可采用归谬法。

（2）对论据的反驳，即找出论敌的论证中所采用的虚假的或未经证实的论据，并根据这些论据的类型确定反驳的方式、方法。

（3）对论敌的论证过程的反驳，即揭露论敌在论证过程中存在的错误，如论据与论题不相干、论据不足、以人为据等。反驳论敌的论证过程时可采用分析说明法、逻辑类比法等。

4. 论证中的谬误

对论证中的各种谬误，特别是诡辩，要进行全面、集中、深入的分析、研究、批判，以确保论证始终沿着正确的轨道前进。

总之，论证逻辑应关心论证的全过程，对论证进行全面、系统的研究。建立论证逻辑是一项新的工作：一方面，它要以现有的理论、知识为基础，吸收形式逻辑、语言逻辑、非形式逻辑、批判性思维等的有关成果；另一方面，它又要有所创新、有所突破、有所前进，真正体现出自己的特点，发挥自己的特殊作用。

第二节 论证概述

一般而言，论证可以狭义地理解为论题，也可以广义地理解为论证的过程。因此，"一个论证是有效的"有两种解读方式：一是经过一系列论证过程得到的结论（论题）是有效的；二是由论据、论证图式经过系列演绎过程得到论题的全部过程是有效的。在第二个意义上，论证也叫论辩。

一、论证的实质与作用

人们在认识世界的过程中是具有主观性的，不可避免地在视角、标准或认识水平等方面存在差异，从而对同一对象的认识常常会产生种种意见或观点的分歧。比如，有半杯水的时候，有的人说"杯子里还有半杯水"，有的人说"杯子里只有半杯水了"。那么，我们究竟该如何确定一个主张的真假，并为消除分歧创造条件呢？这就提出了有关论证的问题。

我们可以通过两个途径来确定一个论证的真假。

第一种是实践检验。这是一个援引经验事实或通过实践活动来判定一个主张与它所反映的对象是否一致，进而是否真实的过程。比如，要判定"该地区的泉水中有大量细菌"这个主张是否真实，只需对该地区的泉水进行取样，然后从样本中任取一滴水，将其放在玻璃片上，用显微镜来观察即可。若通过显微镜果真观察到大量细菌，则该主张就是真的；反之，则是假的。这就是运用科学实验手段检验论证的真假。

第二种是逻辑论证，即通过援引一个或一些真实性已经得到断定的或者至少被论证所涉各方共同接受的命题作为理由，并借助推理来确定另一个命题是否真实的思维形式。我们学过的复合推理的知识，包括三段论推理，均可被运用到此处。以下面的选言推理为例：

王教授的心脏病是环境性的，因为有关王教授的心脏病只有两种可能，要么是遗传性的，要么是环境性的，而经过多名医生的会诊，王教授的心脏病被确诊为不是遗传性的。

这里，为了确定"王教授的心脏病是环境性的"这一主张是否真实，我们可以引用"王教授的心脏病要么是遗传性的，要么是环境性的"及"王教授的心脏病不是遗传性的"这两个业已断定为真的命题作为前提，然后运用有效的选言推理否定肯定式进行推理，即可判定该主张是真的。但是推理跟论证是不同的，对此上面几讲已提及。

就实践检验与逻辑论证的关系来说，一方面，二者在认识过程中具有不同的地位。检验认识是否具有真理性的最重要标准只能是实践，逻辑论证只是实践检验的一种间接方式或认识真理的辅助工具。这不仅是因为在逻辑论证中，作为理由的命题的真实与否，归根到底是由实践来判定的，而且是因为逻辑论证赖以进行的推理的形式经过千百万次的重复实践才得以固定下来而成为具有公理性质的东西。另一方面，人们常常运用逻辑论证来确定某一主张的真实性或可接受性等，进而说服他人接受或放弃该主张。作为一种言语的、社会的和理性的活动，逻辑论证有助于人们消除分歧、谋求共识、协调行动，对于培育公民的批判性思维能力、推进社会的民主化和法治化、提升社会的合理化程度具有重要的意义。

二、论证的三要素

从论证的定义看，论证是由一组有内在结构联系的命题系列或命题集组成，其基本要素包括论题、论据和论证方式，如图 8-1 所示。

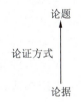

图 8-1　论证的三要素

1. 论题

论题也叫论点或主张，作为论证的命题序列中的那个真假需要确定的命题。在论证中，论题必须符合以下两个规则：

（1）论题必须清楚、确切。
（2）论题必须始终保持一致。

2. 论据

论据也称理由或根据，是确定论题真实性的判断。一般而言，论证之所以是必要的，就在于论题的真假并不明显或尚未得到确定，于是就需要援引论据来判明其真假，因此论据的可信度应该高于论题。论据的数量与层次是由确立论题是否真实的具体需要来确定的。论据有基本论据与非基本论据之分，前者是在论证中最先引用或无须其他理由支持的论据，后者是在论证中由其他理由支持的论据。总之，在论证中，论据须符合以下规则：

（1）论据必须是已知为真的判断。
（2）论据的真实性不应该依据论题的真实性来论证。

3. 论证方式

论证方式也称支持关系，即论据与论题的支持关系。这种关系通过推理体现出来，因此论证方式本质上是一种推理关系。由于推理有多种类型，不同的推理对论题的支持强度也不同，加之支持论题的论据往往不止一个，而每个论据与论题的支持关系也不尽相同，因此一个具体论证通常包含多种支持关系。

论证方式应该是由论据能够推出论题的方式，而违反论证规则会犯"推不出"的逻辑错误。"推不出"有以下几种表现形式：

（1）论据与题干不相干。
（2）证据不足。
（3）以相对为绝对。
（4）以人为据。

三、论证和推理的关系

论证和推理有着密切的联系。一方面，论证是借助推理来进行的。论据相当于推理的前提，论题相当于推理的结论，论证方式反映了论据与论题之间的推理关系。前几讲提到过，概念、命题、推理都是重要的思维形式。任何论证过程都是运用推理的过程，任何论证都必须借助推理。没有推理就无法构成论证。另一方面，论证和推理是有明显区别的：首先，二者体现的思维进程不同。论证总是先有论题，然后再围绕论题寻找相关的论据，这相当于从结论到前提的过程。推理则相反，它总是从前提向结论过渡。其次，从结构上看，论证往往比推理复杂。一个最简单的论证可以由一个推理来完成，但复杂的论证常常由多个推理构成。进一步看，构成一个复杂论证的多个推理，既可能是多个属于同一推理类型的不同推理，也可能是分属多个推理类型的不同推理。因此，论证是推理的综合运用。最后，论证必定要求断定论据的真实性，否则论证的目的就难以实现，即必须证实或证伪一个命题。而不进行论证过程的推理，如出于思维训练或娱乐目的而进行的推理，则既可以在真命题与真命题之间进行，也可以在真命题与假命题之间进行，甚至还可以在假命题与假命题之间进行。这就是说，这种推理并不要求断定前提的真实性，它更为关注的是前提和结论之间的逻辑联系。

四、证实与证伪

论证是对一个命题的真实性或虚假性进行判定，因此根据论证目的的不同，论证又包括证实与证伪。

所谓证实，亦称证明，就是借助真实性已经得到断定或至少被论证所涉各方共同接受的命题来确定另一命题的真实性。所谓证伪，也叫否证，就是借助真实性已经得到断定或至少被论证所涉各方共同接受的命题来确定另一命题的虚假性。

就证实与证伪的关系来说，对命题 p 的证实实际上就是对 p 的矛盾命题 $\neg p$ 的证伪；反之，对 p 的证伪，也就是对 p 的矛盾命题 $\neg p$ 的证实。例如，当我们以"水银是金属"和"水银不是固体"作为论据来证"有些金属不是固体"时，实际上也就证伪了该命题的矛盾命题，即"所有的金属是固体"。

五、论证中的语言学

语言是论证最主要的载体。论证过程中的论点和论据、支撑和反驳都依赖于语言表达。论证是有关思维的，自然就与语言有着撇不开的关联。在导论部分，我们有提到语言和思维的关系，著名的"萨丕尔－沃尔夫假说"认为，人们对世界的认识受制于所在民族的语言，由此，不同民族的语言差异也会反映在其论证方式上。汉语和英语语言在形态、语音、语法、文字等方面存在差异，其论证也呈现出了明显不同：中国论证善于大量引经据典，并使用隐喻、推类、寓言、铺排等具有很强的文学性的间接论证方法；西方论证更侧重使用演绎论证、归纳论证、类比论证、实证论证等方法。

语言学研究可以区分为形式、语义、语用等层面，这一区分也投射在论证研究中。在传统的论证定义中，论证被视为一个序列和结构。英国学者苏珊·哈克（Susan Haack）以形式论证的方式定义了非形式论证，将论证统一地视为用一串合规的语句展示一个陈述到另一个陈述的过渡，认为非形式论证可以被看作由自然语言的语句（或陈述，或命题）组成的一个序列。这种以论证结构为分析对象的研究可以视为一种语形研究。[①] 而认为论证是以某种方式，由一系列为真的命题推出另一个为真的命题的观点，是一种语义的视角。引入论证主体并将论证纳入具体语言文化环境中加以动态考察的研究，则是基于语用的视角。另外，论证除了论点、论据和论证方式之外，还与语言本身，尤其是修辞密切相关。自 20 世纪中叶开始，伴随着对实践推理的关注，形式论辩学、非形式逻辑、语用论辩学、新修辞学、语义学方法、话语分析法、自然逻辑、语义－语用法、隐喻的逻辑分析等一系列论证理论应运而生，并呈现出异常活跃的状态，这可视为论证以语用为主体对语法和语义的综合。此研究视角更贴合论证作为一种言语行为而具有的动态性、复杂性特征。这一论证方法正在向认知科学、社会学、传播学等领域延伸，并产生了丰富的研究成果。

论证与语言密不可分，论证研究和语言研究互为补充。正如非形式逻辑的创始人加拿大学者拉尔夫·约翰逊（Ralph Johnson）和安东尼·布莱尔（J. Anthony Blair）所呼吁的那样，论证研究应该面向生活世界，针对真实语言和具体文本给出合理的分析模型。只有如此才能为论证实践提供有针对性的语言策略，进而为构建自身话语体系提供有效的理论指导。

---

① 金立，论证理论与实践的四个面向 [J]，光明日报，2022－08－15（15）.

第三节　论证的拓展结构

一、扩展结构的含义和常用术语

论证的基本结构刻画的是由一个论据支持一个论题的论证，但实际语境中的论证结构远比基本结构要复杂。

当论证有一个以上的前提时，前提与结论之间构成的支持关系就可能产生不同的结构，因而论证方式就有不同的性质。这种性质不仅直接制约着论证结构的分析和图解，也影响着论证的评估。

例：死刑不能防止人们犯死罪。对理智清醒的人来说，他们在作案时认为自己不会被捕，否则就不会去犯死罪。此外，许多犯了死罪的人精神错乱，他们意识不到自己的非理性行为所导致的可怕后果。

上述论证包括如下要素：

论题：C——死刑不能防止人们犯死罪。

论据：P_1——对理智清醒的人来说，他们在作案时认为自己不会被捕。

　　　P_2——许多犯了死罪的人精神错乱。

　　　P_3——精神错乱者意识不到自己的非理性行为所导致的可怕后果。

该论证的结构如图 8-2 所示。

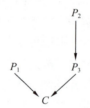

图 8-2　论题和论据的关系图

其中，C 是论题，P_1 和 P_3 是支持它的两个论据，但 P_3 本身又是一个为 P_2 所支持的论题。

在刻画实际语境中的复杂论证的结构时，有必要区别不同层次的论题、论据和论证。以下就是一些用来指称论证扩展结构的各组成部分的常用术语：

（1）论证链：论证中各个论据与论题构成的整个支持关系。

（2）步骤：论证链中任何单个的推理或论证链中的一个支持关系。

（3）主论题：论证链的最终结论。

（4）主论证：由主论题及其直接论据构成的论证。

（5）主论据：直接支持主论题的论据。

（6）子论题：论证链中除主论题之外的任何一个步骤的结论。

（7）基本论据：论证中最先引用或无须其他理由支持的论据。

(8) 非基本论据：子论题，论证中为其他理由所支持的论据。

(9) 子论证：由子论题及其论据组成的论证。

在上例中，论证链由 P_1 支持 C、P_3 支持 C 及 P_2 支持 P_3 三个步骤组成；主论题是 C；主论证是 P_1 支持 C、P_3 支持 C；主论据是 P_1、P_3；子论题是 P_3；基本论据是 P_1 和 P_2；非基本论据是 P_3；子论证是 P_2 支持 P_3。

二、论证扩展结构的类别

当论证拥有不止一个论据时，多重论据之间的不同组合及其对论题的不同支持关系，就会呈现出不同的扩展结构。无论是主论证还是子论证，论证的扩展结构通常可以分为线性结构、组合结构、收敛结构、发散结构四种。

（一）线性结构

线性结构指的是论据对论题的支持是一种直线式的关系，即一个论据支持一个子论题，且该子论题又作为非基本论据支持另一个子论题，如此等等。

例：买卖人体器官，如心脏、肾脏、角膜等，应被认定为非法。允许买卖器官将不可避免地导致只有富人才负担得起移植费用，这是因为无论是何种稀缺的东西被当作商品来买卖，其价格总是不断攀升的。

该论证包含如下要素：

论题：C——买卖人体器官，如心脏、肾脏、角膜等，应被认定为非法。

论据：P_1——允许买卖器官将不可避免地导致只有富人才负担得起移植费用。

P_2——无论是何种稀缺的东西被当作商品来买卖，其价格总是不断攀升的。

其结构如图 8-3 所示。

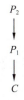

图 8-3　线性结构论证图

当论据本身的真实性或可接受性有待确定时，线性的支持关系的存在就不可避免。在这种结构中，每一个论据或子论证都对确定主论题的真假有所贡献，但它们只有作为整体才能为主论题的真实或虚假提供充分的支持。任何一个步骤出现问题，都会使整个论证链受到影响。

（二）组合结构

组合结构指的是两个或两个以上的论据共同支持一个论题的支持关系。让我们再看前例：

王教授的心脏病是环境性的，因为有关王教授的心脏病只有两种可能，要么是遗传性的，要么是环境性的，而经过多名医生的会诊，王教授的心脏病被确诊为不是遗传性的。

该论证包含如下要素：

论题：C——王教授的心脏病是环境性的。

论据：P_1——王教授的心脏病只有两种可能，要么是遗传性的，要么是环境性的。

P_2——王教授的心脏病被确诊为不是遗传性的。

其结构如图 8-4 所示。

图 8-4　组合结构论证图

在组合结构中，如果没有其他论据的配合，任何一个论据对于确定论题的真假都仅仅是必要的，而不能单独为论题之真假提供充分的支持。一旦其中任何一个论据被断定为假或被论证所涉各方共同认为不可接受，整个论证就不能成立了。

（三）收敛结构

收敛结构指的是一种两个或两个以上的论据分别独立支持同一个论题的支持关系。

例：你们家应该装日光浴室，这有几条理由：首先，可以享受部分免税；其次，能减少供暖支出；第三，如果安装正确的话，还能在夏天用它给屋子降温。

该论证包含如下的要素：

论题：C——你们家应该装日光浴室。

论据：P_1——可以享受部分免税。

P_2——能减少供暖支出。

P_3——如果安装正确的话，还能在夏天用它给屋子降温。

其结构如图 8-5 所示。

图 8-5　收敛结构论证图

具有收敛结构的论证实质上是由支持同一论题的多个独立论证构成的，任何一个独立论证都分别有助于确定论题的真实与否，因此其中任何一个独立论证不可接受，都并不意味着整个论证的崩溃。当然，所有的独立论证整合在一起，则为论题提供了较之单个独立论证更强的支持。

（四）发散结构

发散结构指的是同一个论据支持两个或两个以上论题的支持关系。

例：史密斯不是杀人凶手，因此罗宾逊与犯罪无关，顺便说一句，也因此格雷格太太的悲伤不过是为了掩盖手枪被人发现这一事实。

这一论证包含如下要素：

论题：C_1——罗宾逊与犯罪无关。

C_2——格雷格太太的悲伤不过是为了掩盖手枪被人发现这一事实。

论据：P——史密斯不是杀人凶手。

其结构如图 8-6 所示。

图 8-6　发散结构论证图

从论证的扩展结构来看，整个论证链只能有一个主论题，否则将被视为不止一个论证，因此发散结构实际上只有在子论证中才有意义。

事实上，实际语境中的论证结构并不那么单一，常常表现为多种结构的综合运用。

例：

反对克隆人，主要有以下三个理由：首先，不安全。虽然克隆技术近几年发展迅速，但目前克隆动物的成功率仅为 2% 左右，贸然用到人身上，若克隆出畸形、残疾、夭折的婴儿，是对人的健康和生命的不尊重与损害。科学界普遍认为，由于我们对细胞核移植过程中基因的重新编程和表达知之甚少，克隆人的安全性没有保障，对待克隆人必须慎之又慎。其次，可能影响基因多样性。克隆人的"闸门"一旦开启，人们很有可能会以多种多样的理由来要求克隆人或"制造"克隆人，从而出现所谓的"多米诺骨牌效应"。第三，有损人的尊严。

对于公认的"人是目的而非工具"及"每个人都享有人权和尊严"的伦理原则，生命科学界和医疗卫生界自然也要遵循，然而对人进行克隆，恰恰背离了这些原则。

上述论证包含如下要素：

主论题：C——反对克隆人。

非基本论据（子论题）：P_1——克隆人不安全。

　　　　　　　　　　　P_2——克隆人可能影响基因多样性。

　　　　　　　　　　　P_3——克隆人有损人的尊严。

基本论据：P_4——克隆技术近几年发展迅速……

　　　　　P_5——科学界普遍认为……

　　　　　P_6——克隆人的"闸门"一旦开启……

　　　　　P_7——对于公认的"人是目的而非工具"……

其结构如图 8-7 所示。

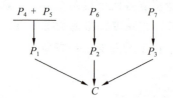

图 8-7　多种结构综合运用论证图

这一论证综合运用了多种论证结构。其中，P_1、P_2 和 P_3 作为论据分别独立支持论题 C，构成了一个收敛结构；P_4 和 P_5 共同作为论据，支持 P_1，形成了一个组合结构；P_6 支持 P_2，P_2 又支持 C，这是一个线性结构；P_7 支持 P_3，P_3 又支持 C，这也是一个线性结构。

第四节　论证的种类与方法

按照论证方式（论证中所运用的推理形式），论证有演绎论证和归纳论证之分；按照论证方法（是否对论题直接进行论证），论证又有直接论证和间接论证之别。我们可以根据论据与论题之间的关系来对论证进行分类：在有些论证中，论据和论题之间有必然关系；在另一些论证中，论据和论题之间只有或然关系。论据与论题之间的这种关系，也是我们把论证分为演绎论证与归纳论证的一种依据。对于某些论题，我们要直接论证它的真实性是比较困难的，在这种情况下，我们就可以先论证这个论题的矛盾论题的虚假性，从而论证这个论题的真实性。但是，对于另一些论题，我们可以不通过论证矛盾论题的虚假性来论证某一论题的真实性，而直接论证该论题的真实性。根据论证的这一特点，我们把论证分为间接论证和直接论证。

一、演绎论证和归纳论证

（一）演绎论证

演绎论证是运用演绎推理来进行的论证。演绎论证在许多逻辑书中又叫作"证明"。从思维进程的角度看，演绎推理通常是由一般性知识的前提出发，推出表达个别性或特殊性知识的结论，因此演绎论证的特点就在于用表达一般原理的论据来判定表达个别或特殊的事实的论题是否真实，有效的演绎推理的前提与结论之间具有必然性的联系，因此使用演绎推理有效式论证能够保证从论据的真得出论题的真。演绎论证的特点在于它的论据往往是一般的原理，而论题往往是特殊的场合。

演绎推理有联言推理、选言推理、假言推理、二难推理、三段论推理等。运用这些推理进行的论证都属于演绎论证。

（二）归纳论证

归纳论证是运用归纳推理来进行的论证。从思维进程的角度看，由于归纳推理是由表达个别性或特殊性知识的前提过渡到表达一般性知识的结论，因此，归纳论证的特征就在于论据是关于个别或特殊知识的命题，论题则是表达某种一般性知识的命题。归纳论证的特点在于它的论据是某些特殊的场合，而论题是一般的原理。

例：对于"铜加热之后，体积增大；铝加热之后，体积增大；铁加热之后，体积增大；铜、铝、铁都是金属；所以，金属加热之后，体积就膨胀"这一归纳论证，论据和论题虽然都是真实的，但论题的真实性尚未建立起来。因为人们并没有对所有金属毫无遗漏地进行观察，而这种观察是很难做到的。如果我们对金属体积膨胀的原因加以分析，就会知道金属体积的大小取决于该物体分子之间距离的大小，对金属进行加热会引起金属分子之间凝聚力减弱，相应的分子之间的距离就会增加，金属的体积就会膨胀。对金属体积膨胀原因进行科学分析后，经过演绎推理，得出结论的是"对任何金属进行加热，其体积都要膨胀"。这样，论据与论题之间就具有必然关系了。

从前提和结论之间联系的性质看，由于归纳推理亦即或然性推理（不完全归纳推理、类比推理等）前提的真实性并不必然保证结论的真实性，因此仅仅运用或然性推理来进行论证，并不能对论题的真假做出具有必然性的判定。至于完全归纳推理和科学归纳推理，由于前者实质上是一种前提蕴涵结论的必然性推理，后者是一种包含演绎因素因而结论具有较高可靠性的推理，所以单独使用这两种推理的论证，仍然可以对论题的真假做出具有必然性的判定，或者做出较之一般归纳论证更为可靠、更有说服力的判定。

二、直接论证和间接论证

（一）直接论证

直接论证就是从论据的真实性出发直接判定论题的真实性的一种论证方法。

这里所说的"直接"，既不是指论据只有一个（直接论证与直接推理不同），也不是说论据只有一层（论据可以划分为基本论据与非基本论据等不同层次），而是说它不是首先通过断定另一些命题的虚假性来迂回地证明论题的真实性。

例：

论题：得民心者得天下。

论证步骤：

（1）提出论题：得民心者得天下。

（2）给出论据：中国两千多年朝代更替、社稷兴衰的历史，无不展现出民心向背是取得天下的关键。

（3）所以，"得民心者得天下"为真。

从论证使用的推理形式来看，直接论证既可以借助演绎推理来进行，也可以援引归纳推理来进行。

（二）间接论证

间接论证是通过援引另一些命题的虚假性作为逻辑中介来迂回地证明论题的真实性的一种论证方法。间接论证通常采用三种方法：反证法、选言证法和归谬法。

1. 反证法

反证法是通过确定与论题相矛盾的命题（反论题）的虚假来确定论题的真实性的间接论证。反证法的主要步骤：首先，假定反论题为真，并从中引出谬误的推断；其次，根据归谬原则，即根据充分条件假言推理的否定式，从否定谬误的推断导出对反论题真实性的否定（断定反论题的虚假）；最后，根据排中律"两个互相否定的命题不能同假"，从反论题的虚假推断出论题为真。反证法的结构可以表述如下：

求证：A

证明：（1）设$\neg A$。

（2）$\neg A \rightarrow B$。

（3）$\neg B$。　［（2）＋（3），归谬原则］

（4）所以，$\neg(\neg A)$。［（4），排中律］

（5）所以，A。

这里，所谓谬误的推断（B），包括三种情况：第一，推断本身与实际不符，或与已知的真理性认识相悖；第二，推断本身包含逻辑矛盾；第三，推断与其所依据的假定相矛盾。从反论题引出的推断只要满足这三种情况中的一种，就是谬误的推断。例如，下文运用反证法论证了"生于忧患，死于安乐"。

舜发于畎亩之中，傅说举于版筑之间，胶鬲举于鱼盐之中，管夷吾举于士，孙叔敖举于海，百里奚举于市。故天将降大任于是人也，必先苦其心志，劳其筋骨，饿其体肤，空乏其身，行拂乱其所为，所以动心忍性，曾益其所不能。

人恒过，然后能改，困于心，衡于虑，而后作，征于色，发于声，而后喻。入则无法家拂士，出则无敌国外患者，国恒亡，然后知生于忧患，而死于安乐也。

论证结构如下：

论题：p（生于忧患，死于安乐）。

证明：假设$\neg p$（并非生于忧患，死于安乐），

由$\neg p$（并非生于忧患，死于安乐）推出q（入则无法家拂士，出则无敌国外患者），

由q（入则无法家拂士，出则无敌国外患者）推出（国恒亡），即$\neg q$，

所以，p。

2. 选言证法

选言证法，又称淘汰法或穷举法，运用选言推理的否定肯定式进行论证，通过确定由包括论题在内的几种可能情况所组成的选言命题中除论题外的其余可能都是虚假的，从而确定该论题的真实性。

其论证过程：为了证明论题p，先让与论题p及与之有可能同时成立的其他命题q、r构成一个选言命题"或p，或q，或r"，然后再确定q、r为假，即"非q且非r"，最后根据选言推理否定肯定式的规则，由否定其余各支（q、r）就可肯定另一支（p），推出p，证明论题p的真实性。其结构如下：

论题：A

证明：(1) 或者 A，或者 B，或者 C，或者 D。
(2) $\neg A$。
(3) $\neg C$。
(4) $\neg D$。　［(1)＋(2)＋(3)＋(4)，选言推理的否定肯定式］
(5) 所以，B。

例：在《建立巩固的东北根据地》一文中，毛泽东对"建立巩固根据地的地区，是距离国民党占领中心较远的城市和广大乡村"的证明就是运用了选言证法：

"建立这种根据地的地区，现在应当确定不是在国民党已占或将占的大城市和交通干线，这是在现时条件下所作不到的。也不是在国民党占领的大城市和交通干线的附近地区内。这是因为国民党既然得了大城市和交通干线，就不会容许我们在其靠得很近的地区内建立巩固的根据地。……因此，建立巩固根据地的地区，是距离国民党占领中心较远的城市和广大乡村。"①

在这里，毛泽东先列举了与待证论题相异的可能成立的两个论题，即建立巩固的根据地，一是可以"在国民党已占或将占的大城市和交通干线"，二是可以"在国民党占领的大城市和交通干线的附近地区内"，然后通过对它们的否定，确定自己所要证明的论题的真实性。

选言证法的关键是判定除待证论题以外其余可能成立的论题均为虚假，于是作为论据的选言前提不仅要努力穷尽对象情况的全部可能性，还必须对待证论题以外的其他各种不同论题一一予以否定，所以选言证法实质上是选言推理的否定肯定式和完全归纳推理的联合运用。

联系到实际语境中论证结构的复杂性，人们在诉诸论证以消除分歧、谋求共识和协调行动的过程中所使用的论证策略其实并非那么单一，常常是多种论证方式或方法的综合运用。比如，直接证明和间接证明常常结合在一起运用。

例：毛泽东同志在《关于正确处理人民内部矛盾的问题》一文中说"马克思主义是一种科学真理，它是不怕批评的。如果马克思主义害怕批评，如果可以批评倒，那么马克思主义就没有用了"②。

关于间接论证要注意以下两点：

第一，只有论题的矛盾命题才能作为矛盾论题，论题的反对命题不能作为矛盾论题。因为我们由一个命题的反对命题是假的，不能必然推出这个命题是真的。

第二，在利用充分条件假言推理，从否定后件 q 进而否定前件（矛盾论题）p 时，必须注意"如果 p，那么 q"是否真正成立。只有在"如果 p，那么 q"为真时，才能由否定 q 进而否定矛盾论题 p。

3. 归谬法

归谬法是一种常用的反驳方法。这种方法由被反驳的命题（对方的论题或论据）

---

① 毛泽东. 建立巩固的东北根据地 [M] //毛泽东选集：第四卷. 北京：人民出版社，1991：1179－1180.
② 毛泽东. 关于正确处理人民内部矛盾的问题 [M] //毛泽东选集：第五卷. 北京：人民出版社，1977：363－402.

合乎逻辑导出一个荒谬的结论,从而揭露它的虚假性。

例:"逆境有利于出人才"的命题,不但经不住事实(历史的和现实的)检验,而且也经不住逻辑的推敲。试想,如果"逆境有利于出人才"的命题能够成立,那么我们为了造就更多更好的人才,就应该为青少年去创造"逆境"了,如此推演下去,"改善办学条件""创造良好的家庭环境"不都反而不利出人才了吗?真是荒谬之极!

归谬法的一般步骤如下:

第一步:要证明一个论题 p 为假,就先假定 p 为真。

第二步:从 p 出发,合乎逻辑地推出一个明显虚假的结论 q。

第三步:运用充分条件假言推理的否定后件式,由 q 为假必然推出 p 为假。

归谬法所使用的主要推理形式是充分条件假言推理的否定后件式,这是它与反证法的相同之处。它与反证法的不同之处有二:反证法的目的是确定 p 为真,而归谬法的目的是确定 p 为假;反证法在运用充分条件假言推理得出"非 p 假"的结论后,还要根据排中律推断 p 为真(尽管在语言表达中这一步可以省略),而归谬法在用充分条件假言推理得出" p 假"的结论时,就已经完成了它的使命。归谬法的步骤示例如下:

被反驳的命题: p

证明:(1)假定 p 为真。

(2)如果 p 为真,则可合乎逻辑地推出 q。

(3) q 为假。所以, p 为假。

在语言表达中,归谬反驳的过程可以省略为一个充分条件假言命题。

例:① 如果这辈子杀什么下辈子就变什么,那么这辈子杀人下辈子就会变成人了。

② 如果存在的就是合理的,那么社会上存在的杀人、强奸、抢劫、贪污腐败等行为不都变成了合理行为吗?

这些语句实际上都是归谬反驳。

归谬法还有一种特殊的形式叫作"导出矛盾法",即从被反驳的论题合乎逻辑地推出逻辑矛盾来。

例:古希腊学者克拉底鲁曾鼓吹"对任何事物所做的肯定或否定都是假的",这等于说"世界上的一切判断都是假的"。对此,亚里士多德等人曾给予有力的批驳:如果我们承认"世界上的一切判断都是假的",那么,"世界上的一切判断都是假的"这个判断本身就是真的(因为它符合"事实");如果我们承认"世界上的一切判断都是假的",那么,"世界上的一切判断都是假的"这个判断也是假的(根据三段论推理)。这个判断不可能既是真的又是假的,所以,我们不能承认世界上的一切判断都是假的。

导出矛盾法的推理过程如下:

被反驳的命题: p。

证明:(1)如果 p 为真,则可合乎逻辑地推出 q。

(2) 如果 p 为真，则可合乎逻辑地推出 $\neg q$。
(3) 根据矛盾律，q 与 $\neg q$ 不能同为真，所以，p 为假。

归谬反驳是一种逻辑力量非常强而语言表达又非常简洁的反驳方法，在驳论性文章和辩论中得到广泛的应用。

第五节　论证的规范

任何一个正确的思想都必须经过严密的逻辑论证，才能达到以理服人的效果。因此，思维具有论证性就构成了合乎逻辑的思维的一个重要特征。从逻辑的角度看，论证的说服力主要是由充足理由原则（有的著作或教材也称其为充足理由律）决定的，因此充足理由原则就构成了有说服力的论证应当遵守的基本原则，并在论题、论据和论证方式三个方面具体化为有说服力的论证应当遵守的逻辑规则。论证的基本原则和逻辑规则统称为论证的规范。

一、论证的基本原则：充足理由原则

（一）充足理由原则的基本内容

充足理由原则的基本内容：在思维过程中，任何正确的思想必然有其充足理由。或者说，在论证过程中，一个论题被确定为真，总有其充足理由。

充足理由原则的公式：A 为真，因为 B 为真，并且由 B 能推出 A。

公式中的 A 表示论证的论题，亦可称为推断；B 表示用来确定 A 为真的一个或一组命题，即论据，也可叫作理由。由于 B 为真且由 B 能推出 A，所以 B 就构成 A 的充足理由。由此可见，所谓充足理由，就是一个正确思想赖以成立的真实而充分的根据。有了这样的根据，就能合乎逻辑地推出另一个思想，因此理由和推断之间的关系是充分条件的关系。

（二）充足理由原则的逻辑要求

充足理由原则要求人们在任何一个论证中，都必须为论题提供充足理由。具体地说，充足理由原则对于论证的逻辑要求包括三个方面的内容。

1. 真实性或可接受性

对于一个有说服力的论证而言，其理由应当是已经判明为真的命题，或者至少是被论证所涉各方共同接受的命题。

2. 相关性

一个有说服力的论证，其论据与论题之间应当具有意义内容上的关联。

3. 充足性

一个有说服力的论证，其论据应当为论题提供足够的支持。所谓足够的支持，就是说从论据能推出论题，或者说，论据与论题之间应当有逻辑联系，后者进一步表现为推理形式是有效的，或者论据与论题之间的联系是合理的。

例：一名数学老师向一个学生提问："7 是质数吗？"这个学生想了想，回答说：

"7是质数。"老师又问:"为什么呢?"这个学生回答说:"根据质数的定义,质数就是只能被1和它自身整除且大于1的自然数,而7这个数只能被1和它自身整除并且大于1,所以7是质数。"

这个学生对"7是质数"的论证就是符合充足理由原则的逻辑要求的:论据真实,论据与论题相关,而且推理合乎逻辑(使用了有效的三段论第一格 AAA 式)。

(三)违反充足理由原则要求的常见逻辑错误

违反充足理由原则要求的常见逻辑错误有以下三种。

1. 虚假论据或论据不可接受

比如,和平主义者主张"反对一切战争",他们的理由是"一切战争都是不正义的",但后者是一个虚假的或为大众所不可接受的全称命题,因为只要有战争,就会有正义战争和非正义战争之分。因此,和平主义者的言论就犯了"虚假论据或论据不可接受"的错误。

2. 相关谬误

一般地说,相关谬误大多是基于论据与论题在心理上相关,而不是在意义内容上即逻辑上相关而产生的。它利用语言表达情感的功能,以言辞来激发起人们心理上的同情、怜悯、恐惧、崇拜等,以引诱人们接受或拒绝某一论题。下一讲对相关谬误有更为详细的介绍。

3. 推不出

如果论据和论题之间没有逻辑联系,推理不符合逻辑,就会犯"推不出"的逻辑错误。例如,有人说:"如果一个人是运动员,那么他就要经常锻炼身体。我不是运动员,所以我不需要经常锻炼身体。"这一论证所使用的推理形式是无效的充分条件假言推理的否定前件式,尽管满足了真实性和相关性的要求,但由于推断不是从理由中合乎逻辑地推出的,因此整个论证并没有满足充足性要求,犯了"推不出"的错误。

需要指出的是,没有有说服力的论证往往可能同时违背充足理由原则的多个要求。例如,使用虚假论据或论据不可接受,不仅违反了真实性或可接受性的要求,事实上也犯了"推不出"的逻辑错误。从某种角度看,所有相关谬误不仅没有满足相关性要求,而且都犯了"推不出"的错误,因为论据对论题的支持强度不够。

二、论证的逻辑规则

(一)关于论题的规则

1. 论题应当明确

论证的目的在于确定论题是否真实。只有论题本身清楚明白,论证才能有的放矢,才能找到适当的论据和恰当的论证方式,否则就会犯"论旨不明"的逻辑错误。为了使论题明确,论题所涉及的概念,尤其是核心概念就必须明确,避免使用含混或有歧义的概念。论旨不明实质上是违反同一律要求的一种表现。

2. 在同一论证过程中，论题应当保持同一

在同一论证过程中，只能围绕已经确定了的论题展开论证，应始终按照论题所断定的内容去论证，不能下笔千言，离题万里。如果在同一论证过程中，无意或有意地把两个不同的论题这样或那样地混淆或等同起来，从而用一个论题去代替原来所论证的论题，以致造成论题不同一、不一贯，就会犯"转移或偷换论题"的逻辑错误。这种错误常常表现为无意或有意地扩大或缩小了论题断定的内容，这就是"论证过多"或"论证过少"的逻辑错误。所谓论证过多，就是实际论证的论题所断定的内容比原定论题所断定的内容多；所谓论证过少，就是实际论证的论题所断定的内容比原定论题所断定的内容少。

（二）关于论据的规则

1. 论据应当已知为真或者至少被论证所涉各方共同接受

论据已知为真或者至少被论证所涉各方共同接受是论证有说服力的重要条件。如果违反这条规则，就会犯"虚假论据""预期理由""以相对为绝对"等逻辑错误。

"虚假论据"，指的是在论证过程中引用假命题作为论据。比如，亚里士多德曾说"地球是宇宙的中心，因为日月星辰都是围绕地球转的"。由于"日月星辰都是围绕地球转的"是一个假命题，所以亚里士多德用这个命题作为论据，就犯了"虚假论据"的错误。

一个有说服力的论证不仅要求论据是真实的或者至少被论证所涉各方共同接受，而且要求论据的真实性是已知的或者说得到判明的。如果在论证中使用真实性尚未得到确认的命题作为论据，就要犯"预期理由"的错误。例如，有人为了证明"火星上有人存在"，提出如下论据："用望远镜观察火星，可以发现上面有不少规则的条状阴影，而这就是火星人开凿的运河。"这个论证之所以被认为是不成功的，就在于论据（"火星上的规则的条状阴影是火星人开凿的运河"）的真实性并未得到确认。

"以相对为绝对"指的是把一定条件下的真命题当作无条件成立的真命题，并以此为论据来展开论证。比如，在标准大气压的条件下，水在100℃时沸腾，如果不顾气压条件，认为在青藏高原上沸腾的水的温度也是100℃，这就犯了"以相对为绝对"的逻辑错误。由于命题在特定条件下的真实性在超出了其成立的时空范围后未必一定成立，这种错误实质上也是在论据的真实性上出了问题。

2. 论据的真实性不应当依赖论题来说明

在同一论证过程中，论题的真实与否是依赖论据来确定的。如果同一论证过程中论据的真实性又要依赖论题来说明，论题与论据互为论据，实际上就会导致包括论题在内什么也未能得到证明，从而犯了"循环论证"的逻辑错误。

例如，有人试图用在海岸上看远处的航船总是先看见桅杆后见到船身这一现象来证明地球是圆的。但是，若进一步追问：为什么在海岸上看远处的航船总是先看见桅杆后见到船身呢？这又有待于"地球是圆的"这一论题被证明。这里，由于论据的真实性还得依赖论题的真实性得到证明，因此这种论证其实就是一种循环论证。

(三）关于论证方式的规则

论证方式反映了论据对论题的支持关系。有说服力的论证对论证方式的逻辑要求是由论据应当能推出论题，否则就会犯"推不出"的错误。常见的"推不出"有以下几种情况。

1. 论证过程使用了无效的推理形式

比如，有人说："这个人是篮球运动员，因为篮球运动员都是高个子，而这个人是高个子。"这个论证使用了三段论，由于违反了"中项在前提中至少周延一次"的规则，尽管两个论据都是真的，但论据与论题之间并没有必然的逻辑联系，所以结论并不一定为真。

2. 论据与论题不相关

论据与论题不相关是指论证过程中所使用的论据可能是真实的，但与所要论证的论题毫无意义内容上的联系。例如，一个年轻人在谈及自己学习不好的原因时说："我脑袋小，知识装不进，学习不好的原因就在这倒霉的长相上。"由于学习的好坏同长相的好坏（脑袋大小）毫不相关，这个年轻人用"我的长相不好"作为论据来证明"我学习不好"，就犯了"推不出"的错误。

3. 论据不足

论据不足是指论证过程没有遵守增强归纳推理（更广泛一点来说，还包括溯因推理和类比推理等）合理性的基本原则，所提出的论据对于确定论题的真假虽然必要但不充分。如毛泽东在驳斥亡国论者时曾指出："亡国论者看到敌我强弱对比的一个因素，从前就说'抗战必亡'，现在又说'再战必亡'。如果我们仅仅说，敌人虽强，但是小国，中国虽弱，但是大国，是不足以折服他们的。他们可以搬出元朝灭宋、清朝灭明的历史证据，证明小而强的国家能够灭亡大而弱的国家，而且是落后的灭亡进步的。如果我们说，这是古代，不足为据，他们又可以搬出英灭印度的事实，证明小而强的资本主义国家能够灭亡大而弱的落后国家。所以还须提出其他的根据，才能把一切亡国论者的口封住，使他们心服，而使一切从事宣传工作的人得到充足的论据去说服还不明白和还不坚定的人们，巩固其抗战的信心。"① 从毛泽东的这段论述中，可以看出论据充足、全面的重要性。

4. 以人为据

以人为据是指在论证过程中不以事实和真实性已得到确认的科学原理为论据，也不去考察与该论题有关的人的言论是否真实，而仅仅以他们的权威、地位、品德等作为论据。通常所说的"因人废言""因人纳言"等就犯了这种错误。

---

① 毛泽东．论持久战［M］//毛泽东选集：第二卷．北京：人民出版社，1991：450－451．

第六节　论证的建构与评估

论证的建构与评估是论证活动总体中相互联系着的两个方面。理性地建构有说服力的论证，不仅有助于主体间消除分歧、谋求共识和协调行动，而且构成了评估一个论证是否有说服力的一项基本逻辑要求。

一、论证的建构

在实际的生活、学习和工作中，人们常常自觉或不自觉地在进行论证，但常常有不少人对自己实际进行的论证"胸中无数"——要论证什么，模糊不清；如何论证，不明不白。自以为言之成理，持之有据，实际上不过是提出了一些虚假的或片面的论据。那么，究竟该如何正确建构并有效进行论证呢？关键在于论证者必须从论证所涉各方共同接受的论据出发，通过有效的或合理的推理程序，确立自己所要主张或拒绝的命题。具体地说，论证的建构通常包含如下步骤。

（一）确立论题

建构论证的中心是确定论题。一般而言，除了在少数情况下论题是事先确定而不得加以调整、修改或更换的外，在其他论证活动中，即使我们对某一命题的真假毫不怀疑，在将它作为论题进行论证之前，也有必要对其加以严格的批判性考察，以确保其明确和清晰，而进行这种考察的一个行之有效的方法就是充分发挥想象力以寻找反例。如果考察的结果表明不存在明显的反例，便可以着手论证，否则就应首先设法消除反例。有些反例实属语言方面的误解，可以通过表达的精确化加以排除；若遇到无法消除的反例，就只能对原先的命题做出实质性的修改。这种批判性考察对于论题的确定非常重要，能使我们节约时间和精力，避免对不可能的东西徒劳地进行论证。

（二）寻求共识

一个有说服力的论证，仅仅具有明确的论题是不够的，它还必须有强有力的理由来支持论题。作为论证出发点的那些论据应该是真实的或者至少为论证所涉及各方所共同接受的，也就是说，这些论据应该是论证所涉各方的一种共识，它构成了论证得以展开的基础。

在明确了自己在哪些方面、在多大程度上与论证所涉的其他方具有共识后，论证者接下去就可以确立共识中的哪些内容可以用来支持论题。一般而言，这一过程表现为由结论（论题）追溯其前提，由获得的这些前提追溯更为基本的前提。结果一般是或者达成共识，于是论证得以进行；或者发现无法达成共识，于是结论必须被修改或抛弃。在这一过程中，仍须继续寻找反例。任何一个步骤上出现的思想如果不能通过这种批判性检验，它就应该接受修改。总之，一个有说服力的论证应当建立在论证所涉各方具有基本共识的前提之上，否则就会犯"论据不可接受"的逻辑错误，导致论证难以取得成功。

（三）考察并说明反例

作为论证所涉各方的共识而被接受的那些论据，并不能完全免受质疑。在建构论证时，论证者有必要对实际存在或可能存在的一些否定其论证的现象、思想或论证（通常为反例）做出说明：或者说明它们与自己的论证在实质上并非不相容，或者说明它们数量极少或强度极弱，不足以影响自己的论证。这种说明如果成功，将有助于强化原来的论证，提高其可信度。而对反例采取回避的态度，则会妨碍自己论证的成功进行。

（四）以清晰的方式组织整个论证

以清晰的方式组织整个论证，既是逻辑的要求，也是语用的要求。就前者而言，在建构论证时，一方面要警惕把那些似是而非的命题，或者是与论题貌似有关而其实无关的命题作为论据；另一方面也要防止在运用推理以确定论题的真假，以及在不同层次的论据之间建构复杂而多层次的推理关系时，出现逻辑错误。

从语用的角度看，论证绝不是要点的简单堆砌，它应该以论证对象所能接受的方式得到组织。通常，论证的语言表达应该注意六点：其一，一开始就以明确而清晰的方式表达出自己的论点；其二，对较为复杂的论证进行分段；其三，通过使用隐含陈述、代词和指示词等来避免过多的重复；其四，适当地使用语言联结词；其五，如果使用简单的语句能够清楚地表达自己的思想，就不要使用复杂的语句；其六，对较为抽象的主张应提供必要的具体事例加以说明。

二、论证的评估

如何确定一个论证是否有说服力呢？这就提出了有关论证评估的问题。基于充足理由原则的逻辑要求，论证的评估主要包括三个方面的内容：评估论据的真实性或可接受性、评估论据与论题之间的相关性、评估论据对论题的支持强度。

论证的评估可以有不同的方法和程序，下面介绍论证的评估包含的几方面工作。

（一）解释文本，重建论证

解释文本主要解决的是这样一个问题，即写出或说出的话语中是否包括一个论证，如果包括的话，这个论证是什么及它的结构是怎样的。要解决这个问题需要做到以下几点。

1. 识别论证

要在自然语言中识别出作为论证的命题序列，主要的线索是论证标识词，即用以识别论题与论据的语词。由于论证是通过推理来确定论题的真假，因此论证标识词其实也就是前面提到过的推理标识词。一般来说，常见的论题标识词有"所以""因此""由此可见""总而言之""可以推断""其结论定""我（们）认为"等；常见的论据标识词则有"因为""由于""根据""鉴于""考虑到""举例来说"等。如果没有发现论证标识词，就应该通过分析文本所处的语境来识别其中是否包含论证；如果语境没有提供识别论证的线索，那么还可以根据文本作者的意图来判定其中是否包含论证。

2. 补充省略论据以重建论证

对于实际语境中的论证，论证者出于各种目的，往往不完全明确表述其所使用的每一个论据。为了准确评估论证，就有必要在分析论证结构之前将那些省略了的或者隐含的论据清楚地显示出来。一般来说，在进行这种补充以重建论证时，应遵守三个原则：第一，只增加论证者认为理所当然的论据；第二，只增加那些与原论证具有相关性的论据；第三，增加的论据不能仅由已被表述的推理构成；第四，如果许多不同的命题都满足上述原则，那么就增加最能支持论题的那个或那组论据。

例如，在"老张是个丑角，所以小李不会喜欢他"这个论证中，我们可以补充的省略论据有以下几种：

小李不喜欢任何丑角。

小李不喜欢任何种类的演员。

小李从来就不喜欢任何人。

如果老张是丑角，那么小李不喜欢他。

根据上述原则，用"小李不喜欢任何丑角"来补充省略论据最能支持论题，因而补充这一条最为合理。

3. 图解论证以揭示论证的结构

论证的图解包括三个步骤：第一步，将文本中的论证标识词用方括号括上；第二步，用圆括号标记出每个命题并依次编号；第三步，按照前述论证结构一节所介绍的方法图解论证。

例：①（为了有效地评估论证，就需要发挥想象力）。②（有些人毫无想象力）。③（有些人不能有效地评估论证）。显然，④（没有哪个醉汉能有效地评估论证）。[因此] ⑤（有些人是醉汉）。

至此，我们已经完成了图解论证的前两个步骤，再进行第三步，其论证结构如图 8-8 所示。

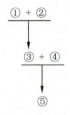

图 8-8　论证结构示例

不难看出，这一论证的主论题是⑤；主论证的结构是一个由③和④共同支持⑤的组合结构，其中③是非基本论据，④是基本论据；子论证是①和②共同支持③，其结构也是组合结构，①和②均是基本论据。

（二）评估论据

评估论据，就是判定论据是否真实、是否可接受。论据有基本论据和非基本论据之分，论据的评估也就相应地展开为对这两种论据的评估。

首先，评估基本论据。在实际论证中，可以充当基本论据的命题大致有六种：① 哲学或各门科学中的一般原理；② 科学中的基本定义或公理等；③ 有关经验事实的命题；④ 表达证人证言的命题；⑤ 陈述个人观点的命题；⑥ 没有根据或无法评价的命题。这些命题的真实性或可接受性大致分为四个层次：①和②的真实性通常无须辩护，可接受性不证自明；③的真实性小于前两者，但一般情况下也是可接受的，不过它并不否定有例外的情形；④和⑤的真实性需要通过进一步的论证来确立，其可接受性也是不确定的；⑥则是根本无法确定真假或可接受与否的命题。在评估基本论据时，应该先判定基本论据究竟属于上述六种命题中的哪一种，然后结合论证所属的实际语境或对话领域来评估其真实性或可接受性。

其次，评估非基本论据。非基本论据也就是子论证的论题，即子论题。对非基本论据的评估具体展开为三个方面：子论证的论据是否真实或可接受？子论证的论据与子论题之间是否具有相关性？子论证的论据是否给子论题提供了足够的支持？

在评价基本论据和非基本论据的可接受性时，还应检查它们是否彼此一致和相容。如果论据本身不一致，即论据本身包含逻辑矛盾或者可以推出逻辑矛盾，那么这就意味着从这些论据可以推出任何结论，因此将一组不一致或自相矛盾的命题作为论据是不可接受的。

（三）评估相关性

评估相关性，就是判定论据与论题之间是否存在意义内容上的关联。实际生活中的论证，其论据和论题之间总是存在某种共同的意义内容，使得论证者可以从论据想到或推出论题。正是这种共同的意义内容潜在地引导、制约着从论据到论题的思维进程。因此，在评估论证时，就必须注意论据与论题之间的这种内容上的相关性，去判定论据与论题之间是否既有内容上的关联（这是充足理由原则的基本要求之一），又在内容上没有完全等同（否则就是循环论证，抑或根本没有论证的必要）。

（四）评估支持强度

评估支持强度，就是判定论据为论题的真假提供了何种程度的支持。由于这种支持是通过推理来实现的，因此评估论证的支持强度，实质上也就是评估论证所使用的推理，更具体一点说，评估推理的前提与结论之间的联系性质。

一般来说，前提与结论的联系性质可以被划分为三种：一是有效的，即前提为真时结论必然为真，或者说，在前提为真的所有可能世界中结论为真的概率是100%。二是合理的，即虽然前提为真时结论并不必然为真，但在前提为真的所有可能世界中结论为真的概率大于50%。三是不合逻辑的，即在前提为真的所有可能世界中结论为真的概率小于50%。尽管这三种划分，尤其是后两种划分不是很精确，但对于判定实际论证中论据对论题的支持强度已经够用了。

基于如上理解，在评估只包含单一理论的论证的支持强度时，只需弄清楚前提与结论的联系性质属于哪一种情况就可以了。但是，如果一个论证包含多个推理，那么要评估其支持强度，在通常情况下就应根据如下规则来进行。

规则1：如果一个论证所包含的多个推理均是有效的，则该论证的支持强度在总体上便是有效的。

规则 2：如果一个论证所包含的多个推理均是或然性推理，或者是必然性推理与或然性推理的混合，但不包含不合逻辑的推理，那么该论证的支持强度或者是合理的，或者是不合逻辑的，这取决于这个论证所包含的或然性推理的数目及其合理性程度（有例外）。

规则 3：如果一个论证所包含的多个推理中存在着不合逻辑的推理，那么该论证的支持强度便是不合逻辑的（有例外）。这样，在分析出论证结构的基础上，根据上述确定支持强度的规则，我们就可以对论证中包含的各个推理进行评估，按照前提与结论的联系性质的不同在表示推理的箭头旁标上 V（有效）或 R（合理）或 F（不合逻辑）。如果论证句包含不止一个推理，则要把依据上述规则对各单一推理所进行的评估综合为对论证的支持强度的总体评估。

仍然是这个例子：①（为了有效地评估论证，就需要发挥想象力）。②（有些人毫无想象力）。③（有些人不能有效地评估论证）。显然，④（没有哪个醉汉能有效地评估论证）。［因此］⑤（有些人是醉汉）。

我们尝试对该例所表述的论证的支持强度进行评估。不难发现，从①和②出发，借助有效的充分条件假言推理的否定后件式，③必然为真，所以①和②对③的支持强度是有效的。但是，在③和④对⑤的支持中，由于推理违反了三段论的"两个否定前提不能得出结论"这条规则，故该支持强度就是不合逻辑的。由于③和④对⑤的支持是整个论证链的主论证，因此根据上述标准就可以确定该论证总的支持强度为不合逻辑，如图 8-9 所示。

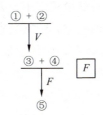

图 8-9　论证支持强度不合逻辑图示

从论证的结构来看，上面三条规则主要针对的是线性结构和组合结构，即一个命题所得到的支持或者来自另一个单个命题，或者来自另外几个命题的组合。但是，如果在一个论证中某命题同时受到其他多个命题的独立支持，即如果一个论证的结构是收敛结构的话，判定支持强度的规则 2 和 3 就有例外。例如：

①（不会是他作案。）［因为］②（他心地一向很善良），而且③（他当时不在场。）④（不在场怎么作案呢？）

这一论证的特点在于：①既受到②的支持，也受到③与④的共同支持。我们可以对②对①的支持强度进行两种不同的分析。如果认为与②共同支持①的那个省略前提为"心地善良的人通常不会作案"，则由②到①的支持强度是具有较高合理性的；如果认为省略的前提是"所有心地善良的人都不会作案"，由于这个命题明显不真实，因此与②结合无法支持①。根据补充省略论据以重建论证应遵守的原则，我们把该论证的省略论据确定为"⑤心地善良的人通常不会作案"。

根据前面确定的评估论证支持强度的规则 2，这个论证总的支持强度应该是合理的。但常识告诉我们，在③和④均为真的情况下，①必然为真。这就是说，不管②是否对其提供了支持，①已经得到了足够的支持。因此，这个论证总的支持强度就应该是有效的，如图 8-10 所示。

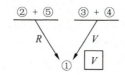

图 8-10　论证支持强度有效图示

基于对上例的分析，我们可以为具有收敛结构的论证的支持强度的评估确立一条新的规则，即规则 4。

规则 4：在具有收敛结构的论证中，总的支持强度等于它所包含的最强的支持强度。

第七节　论证的削弱与强化

日常生活与科学研究中的论证常常不是一次完成的，它总是处于各种现实的或隐含的对话之中。在存在意见或观点分歧的情况下，对话一方的论证总是会受到另一方的质疑和批判，而受到质疑和批判的一方，唯有通过自我辩护才能使自己的论证日臻完善。在这种批判与辩护的往复运动中，如何削弱和强化一个论证的问题就被提了出来。

一、论证的削弱

论证的削弱，就是降低一个证明中论题的真实性、论据的可信度，或者降低论据对论题的支持强度。削弱论证最为有力的形式就是通常所说的反驳。反驳是对某一具体证明过程或立论的论题的证伪，即用已经断定为真的或被论证所涉各方共同接受的命题去确定另一命题的虚假性或某一证明过程不能成立。

反驳一个论证，往往有如下三种方法。

（一）反驳论题和论据

反驳论题即论证对方论题的虚假性，反驳论据即论证对方的论据为假或不可接受。常见的反驳论题和论据的方法有两种。

1. 直接反驳

直接反驳是从已断定为真的或被论证所涉各方共同接受的命题出发直接确定对方论题的虚假性或论据的虚假性（或不被论证所涉各方共同接受）。在进行直接反驳时，可以采用两种不同的方法。

第一，直接列举出与对方论题或论据相矛盾的事实。例如，有人主张"任何数的平方都大于这个数本身"，要反驳这一论题，就可以提出"设一个数为 n，当 $0 \leqslant n < 1$ 时，n 的平方就小于或等于这个数 n 本身"。这样，通过直接提出与对方论题相反的事例，就驳倒了对方的论题。

这种引用事实直接反驳的方法，也可用于反驳论据。例如，1949 年，美国国务卿艾奇逊（Acheson）致信总统杜鲁门（Truman），大谈美国与中国的"友谊"，其论据是"用庚子赔款来教育中国学生，在第二次世界大战期间废除治外法权，以及战时和战后对中国的大规模援助等等"。毛泽东在《"友谊"，还是侵略？》一文中指出，美国"参加八国联军打败中国，迫出庚子赔款，又用之于'教育中国学生'，从事精神侵略""治外法权是'废除'了，强奸沈崇案的犯人回到美国，却被美国海军部宣布无罪释放""'战时和战后的对华援助'……帮助蒋介石杀死几百万中国人"[1]。这里，毛泽东通过引用事实直接反驳了艾奇逊所列举的论据。

第二，归谬反驳。归谬反驳是以对方的论题或论据为前件（理由），推出一个或几个谬误的后件（推断），然后根据归谬原则，即根据充分条件假言推理的否定式，由否定后件到否定前件，从而确定对方的论题或论据为假（或不可接受）。鲁迅曾在《作文秘诀》一文中对"作文有秘诀"进行了反驳："现在竟还有人写信来问我作文的秘诀。……假使有，每个作家一定是传给子孙的了，然而祖传的作家很少见。"[2] 这个反驳就是运用归谬法对论题所做的直接反驳。

2. 间接反驳

间接反驳是先证明被反驳论题或论据的矛盾命题的真实性，然后根据矛盾律确定被反驳论题的虚假性或论据的虚假性（或不被论证所涉各方共同接受）。

例如，有人主张"所有鸟都会飞"，我们不同意这一论题，但并不去直接否定它，而是做出如下的证明：鸵鸟是鸟，但鸵鸟不会飞，可见有的鸟不会飞。这里，我们运用三段论首先证明了被反驳论题（"所有的鸟都会飞"）的矛盾命题（"有的鸟不会飞"）的真实性，然后根据矛盾律确定被反驳论题的虚假性。

需要指出的是，反驳论题与反驳论据在削弱或反驳论证中并不具有同等的地位。事实上，驳倒了对方的论据，只是论证了对方用以判定论题真实性的理由是错误的，从而判明对方的证明不能成立，这并不意味着对方的论题必然就是虚假的。因为驳倒了论据，只是否定了理由，根据充分条件假言推理的规则，否定前件（理由）并不能必然否定后件（推断）。例如，《古今谭概·塞语部》记载有如下一则"苏公论佛"的故事：

范蜀公不信佛，苏公常求其所以不信之故。范云："平生事非目见即不信。"苏曰："公亦安能然哉，设公有疾，令医切脉，医曰'寒'则服热药，曰'热'则服寒

---

[1] 毛泽东．"友谊"，还是侵略？[M] //毛泽东选集：第四卷．北京：人民出版社，1991：1505—1506．
[2] 鲁迅．作文秘诀 [M] //鲁迅全集：第四卷．北京：人民文学出版社，2005：628．

药。公何尝见脉而后信之？"①

这里，苏东坡用归谬法对范蜀公进行了反驳：如果你非眼见即不信，那么你不见脉就应当不相信医生的切脉，但你又为什么相信切脉呢？虽然苏东坡驳倒了范蜀公不信佛的论据"非目见即不信"，但其反驳并未判明论题"不信佛"本身是假的。所以，如果要论证对方的论题的虚假性，不能仅仅反驳论据，必须对对方的论题进行反驳。

（二）反驳论证方式

反驳论证方式就是指出从对方的论据出发推不出所要证明的论题，即揭露对方在证明过程中犯有"推不出"的逻辑错误，或者使用了无效的推理形式，或者没有遵守增强归纳推理（也包括溯源推理、类比推理等）结论可靠性的原则，或者论据与论题不相关，或者以人为据，等等。例如，有人提出这样的论证：只有不畏艰难险阻，才能登上科学高峰。王师傅在工作中不畏艰难险阻，所以他登上了科学高峰。要反驳这一论证，我们可以直接指出这一论证使用了无效的必要条件假言推理的肯定前件式，犯了"推不出"的错误。

当然，从论据推不出论题并不表明论题或论据必然是假的，因此驳倒了对方的论证方式并不等于就驳倒了对方的论题或论据。不过，如果在证明过程中犯有"推不出"的错误，那至少表明其论题的真实性并未得到确立，或者其真实性变得可疑了。

在具体的反驳过程中，反驳论题、反驳论据和反驳论证方式并不是各不相干、彼此孤立的，而总是相互补充、相互结合在一起的。至于在某一具体反驳过程中究竟采用哪些方法及按怎样的顺序来使用它们，则需要根据具体情况来确定。

练习题及解析

1. 噬菌体是一种病毒，它能够"捕食"细菌，目前随着医疗中植入技术的发展，越来越多的患者接受着诸如导尿管、心脏支架等医学植入装置，但随之也带来了细菌感染的风险，因此一些研究人员认为如果噬菌体吸附在植入装置材料表面，再将装置材料放入患者体内，就可以避免植入装置引发的感染。以下哪项为真，最能削弱上述结论？

A. 植入医学装置的患者，一般通过服用抗生素来防御细菌感染

B. 有细菌的场所就可能有相应噬菌体的存在，只是存在数量的差异

C. 噬菌体能够攻击致病细菌，但有时也会"捕食"有益的细菌

D. 一些噬菌体进入机体内后，无法适应体液环境，难以保持活性

题目解析：

第一步，找到题干论点：如果噬菌体吸附在植入装置材料表面，再将装置材料放入患者体内，就可以避免植入装置引发的感染。论点是一个复合命题，是直接削弱论证题，即"噬菌体吸附在材料上且被放入体内→可避免感染（如果就，前推后）"。第二步，找反论点：噬菌体已经吸附在植入装置材料表面，并且被放入

---

① 冯梦龙. 冯梦龙三大异书 [M]. 2版. 杨军等，点评. 长春：长春出版社，2009：286.

了患者体内，但是无法避免植入装置引发的感染（"$p \rightarrow q$"的否命题是"$p \land \neg q$"）。第三步，在选项中找出反论点的等值命题：A 选项说的是抗生素，与论点无关，排除；B 选项说的是噬菌体数量，排除；C 选项说的是噬菌体的优缺点，排除；D 选项表达的意思就是噬菌体已经吸附在植入装置材料表面，并且被放入了患者体内，但是难以保持活性，也就是说无法避免植入装置引发的感染，这正是反论点的等值命题。故本题选择 D。

2. 德国经济在席卷全球的金融危机当中受到的冲击与其他发达国家相比较小，主要原因是德国经济建立在先进制造业的基础上，德国的机械装备和汽车制造业保持了很强的竞争力。一些人根据德国的例子得出结论：只有具备较高的制造业竞争水平，一个国家的经济才有高度的稳定性。以下哪项如果为真，最能质疑上述结论？

A. 有些制造业不发达的国家在金融危机中受影响较小
B. 某国制造业不发达，该国经济一直动荡不安
C. 有些国家保持长期经济稳定，却没有发达的制造业
D. 有些国家制造业很发达，但经济并没有长期保持稳定

题目解析：

第一步，找到题干论点：只有具备较高的制造业竞争水平，一个国家的经济才有高度的稳定性。论点是复合命题，所以是直接削弱论证题，即"经济有高度稳定性→具备强大的制造业（只有才，后推前）"。第二步，找反论点：经济有高度稳定性，但不具备强大的制造业。第三步，在选项中找到反论点的等值命题：只有 C 选项表达的意思和反论点是一致的，A、B、D 选项都不能削弱论点。故本题选择 C。

二、论证的强化

一个论证在受到质疑和批判后，论题本身的真实性很有可能变得不确定，论据的真实性（或可接受性）有可能变得不明显，论据对论题的支持强度也有可能有所降低，在此情况下，论证的强化就非常必要。所谓论证的强化，指的是提高一个证明中论题的真实性、论据的可信度，或者是提高论据对论题的支持强度。常见的强化论证的方法有以下几种。

（一）强化论题

论题之所以需要强化，除了论据的可信度、论据对论题的支持强度等方面可能存在缺陷外，也可能是因为论题及其所涉及的关键性概念在含义上存在含混或歧义，以至于引起他人的质疑或否定。如果是后一种情况，就有必要根据有关论题的逻辑规则对论题予以澄清，放弃不恰当的表述方式，使论题不仅含义明确，而且在论证过程中保持同一。

例如，有人主张"儒家思想可以抵御西方歪风"，这一论题的关键性概念就是"抵御"。"抵御"具有不止一种含义，既可以指"有效的防御，就像是御敌于国门之

外",也可以是"把西方歪风的潮流压低,要抵抗敌人不一定要在国外作战"。如果不明确论题中的"抵御"究竟是在哪种含义下使用的,就很容易导致他人对论题的误解,甚至质疑或否定论题的真实性。反过来,如果及时澄清了"抵御"的含义,则有助于强化论题,增强其真实性。

(二)强化论据

当现有论据被驳倒,或者现有论据的真实性或可接受性需要进一步辩护时,就有必要对论据进行强化以确保论证取得成功。常见的强化论据的方法有二:其一是用新的论据取代被驳倒的论据,通过重新建构论证来确定论题的真实性或可接受性;其二是在论证中构造子论证,尽可能援引真实性通常无须辩护、可接受性不证自明的命题作为基本论据,来为现有论据辩护,使命题的真实性变得明显和确定,并更易于接受。

例如,在前文讲解论证的线性结构时所举的例子中,为了证明"买卖人体器官应被认定为非法",论证者将"允许买卖器官将不可避免地导致只有富人才负担得起移植费用"作为理由。如果有人质疑这一论据的真实性,论证者就可以援引"无论何种稀缺的东西被当作商品来买卖时,其价格总是在不断攀升的"来进行辩护。而当后者的真实性仍然遭到质疑时,论证者甚至可以援引"这是由价值规律决定的"这一真实性通常无须辩护、可接受性不证自明的论据来做进一步的辩护,从而不断地强化现有论据以确保论证取得成功。

(三)强化论证方式

论证方式之所以需要强化,往往是因为从论据推不出论题,这可能是因为论证采用了无效的推理形式,或者是现有论据虽然真实或可接受但不足以确定论题的真假,抑或是现有论据与论题之间不相关,等等。以此为前提,强化一个论证的论证方式通常有以下途径:

如果可能,尽量使用必然性推理来构造论据与论题的支持关系,通过有效的推理形式来确保对论题真假的判定;如果难以使用必然性推理而只能使用或然性推理来建构论证,就应该按照增强或然性推理结论可靠性的基本原则,通过补充必要的论据,使现有论据与论题之间的相关性得以显现,或者与现有论据结合起来,增强对论题的支持强度。当然,也可以换一个角度对论题进行重新论证,以使论题获得相较于原有论证角度更为有力的支持。

例如,有考古学家认为"人类早在旧石器时就有了死后复生的信念",其理由是"在发掘出的那个时代的古墓中,死者的身边有衣服、饰物、武器等陪葬物"。当有人质疑这一论证的论据与论题之间缺乏相干性,或者认为论据没有为论题提供足够支持时,考古学家就可以补充一条新的论据,即"陪葬物是为了死者在复生后使用而准备的",来强化论证方式,从而不仅使现有论据与论题的相关性清楚地显现出来,并且将新的论据与现有论据结合起来为论题的成立提供更为充分的支持。

作为强化论证的不同途径,虽然强化论题、强化论据和强化论证方式有所不同,但它们总是联系在一起的。至于究竟在某一具体强化过程中采用哪些方法,则需要根据具体情况来确定。

第九讲

逻辑中的语言学

通过对逻辑学与语言学的分析可以看出，逻辑学与语言学几乎是同步产生的，如西方逻辑学起源于亚里士多德时代，西方的语言学同样如此，而中国的语言学产生于春秋战国的百家争鸣时代，此时期也是墨家名辩逻辑发展的时代。由此观之，逻辑学的产生与语言学的产生是同步的，这绝不是巧合，而是因为对逻辑的研究离不开语言表达，离不开对语言的分析，这也使逻辑学研究的对象与语言学研究的对象之间有了交集，尤其是早期逻辑学的发展，更是与语言有着密不可分的关系，甚至逻辑学所研究的一部分问题直接就是语言学的问题。逻辑学的发展离不开语言学，反之，语言学的发展也离不开逻辑学，二者是相辅相成的。但我们也应当看到，逻辑学毕竟不是语言学。我们在寻求二者的相同之处时，也要注意二者的区别，不可将二者混为一谈。自18世纪以来，随着哲学的语言学转向，语言与逻辑这两个本来就联系密切的事物在两大学科间出现了相互融合的态势：语言学给逻辑学提供语言素材，产生了逻辑语言学；逻辑学给语言学提供分析方法，产生了语言逻辑学。产生交叉性的新科学是逻辑学与语言学交叉融合取得的最瞩目的成就，此后两大学科加速渗透融合，产生了一系列的成果。

第一节 逻辑学与语言学

一、作为一门学科的逻辑

在当代，对于作为一门学科的逻辑，我们能够辨析出它的以下几种含义。

第一，逻辑是对某些人工形式语言的数学性质的研究，如一阶或二阶形式语言、模态语言、范畴语法等。这类语言可以作为研究推理和论证的框架。因此，对这类语言的研究是一种逻辑研究。这种研究具有相当程度的数学复杂性。

第二，逻辑是对有效推理（尤其是自然语言中的有效推理）规则的研究。亚里士多德的三段论就是这种意义上的逻辑，日常意义上的"逻辑"的含义也主要与这种概念有关联。

第三，逻辑是对一类特定的真理或事实——逻辑真理或逻辑事实的研究。这种意义上的"逻辑"是一门描述某些真理或事实的科学。但逻辑真理是最一般性的真理，在这种意义上，逻辑学不同于具体的科学（如生物学）。但是，逻辑的目的是获得某种特定的真理，它又类似于具体科学。

第四，逻辑是指对思想或判断，或者思想形式或判断形式的最一般特征的研究。这样，我们共有四个逻辑概念：其一，对人工形式语言的研究；其二，对形式有效推理的研究；其三，对逻辑真理的研究；其四，对判断的一般特征或判断形式的研究。对人工形式语言的研究为对形式有效推理的研究和对逻辑真理的研究提供了一种框架；逻辑始于语言，由特定语言的语法或者语义所刻画的特定关系可以延伸到自然语言，如我们可以把对人工形式语言（如一阶语言、模态语言等）作为研究自然语言推理的框架，而自然语言的推理在这种框架内得到严格和系统的表述。

二、逻辑学的语言转向

随着路德维希·维特根斯坦（Ludwig Wittgenstein）和约翰·朗肖·奥斯汀（John Langshaw Austin）的著作相继问世，逻辑的"自然语言转向"开始出现。稍后受弗里德里希·路德维希·哥特洛布·弗雷格（Friedrich Ludwig Gottlob Frege）的意义理论、阿尔弗雷德·塔尔斯基（Alfred Tarski）的语义学、可能世界语义学和形式语言学，特别是诺姆·乔姆斯基（Noam Chomsky）的生成语法的多重影响，出现了逻辑的形式语义学的转向，这种转向带来的是蒙太格语法（Montague Grammar）、范畴语法、广义量词理论、话语表征理论和情景语义学及一大批相关衍生品。与逻辑的数学转向不同，逻辑的语言学转向是逻辑的一种技术输出。1950—1960年，在乔姆斯基完成了他的自然语言的句法学研究之后，许多语言学家将注意力从语法学转向语义学。人们自然地假定自然语言中句子的意义是按照与反映在自然语言中的语法结构相同的方式，即由它的成分语词的意义建构起来的。因此，问题的关键就在于描述意义的结构。人们能够从20世纪早期罗素的命题理论和"逻辑形式"中看到这种解释的最初的实施。但是早期的做法的目的性并没有得到清楚的阐述。大约在20世纪70年代，生成语义学开始使用来自一阶逻辑的技术分析自然语言语句。理查德·M.蒙太格（Richard M. Montague）通过使用逻辑的工具，进而为自然语言的一些断片的句法和语义提供了相当精确的分析。需要指出的是，自蒙太格直到今天，许多自然语言语义学研究者已经发现他们所需要的逻辑技术远远超出了一阶逻辑。近来一阶证明论的一些工具出人意料地出现于语义分析的讨论中，足见语言学家对来自逻辑和可能世界语义学及内涵语义学的算子和工具是多么地感兴趣。这与20世纪70年代蒙太格语义学问世之初，来自语言学界的震惊、排斥和来自哲学逻辑领域的怀疑、冷漠形成鲜明对比。

三、逻辑原理和语言知识

运用一些语言知识去理解逻辑原理，会使逻辑原理更加简单。语言是思维的物质外壳，逻辑学要研究思维形式和规律，就必然涉及语言。西方学术思想，在罗马后期到 11 世纪大学创建时，已经发展出一个具体的规模。传统上，西方学院派的训练可以分为小学与大学，小学包括文法学、修辞学与逻辑学，三者皆与语言的应用有关；大学包含算术、几何、天文学与音乐。小学包含的三门训练，在公元前 4 世纪的古希腊已经发展成熟。逻辑与修辞是任何学术训练的基本条件。传统上逻辑是求真的推理工具，而修辞则为使用语言说服人的手段，两者都与语言的使用有关。

我们前文已经提过，亚里士多德是西方逻辑学的始祖，其经典著作是《工具论》。但是，如果翻开《工具论》仔细阅读，就会发现其中大量涉及的是语言问题。亚里士多德的研究成果比较集中地反映在《工具论》中的两篇：《范畴篇》和《诠释篇》。在某种意义上，这两篇著作可视为语言学的最初著作。《范畴篇》中已出现了"语法家"一词。亚里士多德论述了如何划分概念和概念之间的关系，并分析了语言的一些基本性质，指出了语言意义的共同性和客观性，以及语词的部分与整体的关系。比如，《范畴篇》一开始就讨论"同名异义""同名同义"与"引申词"的问题，以及"简单词"与"复合词"的问题，这些既有其重要的逻辑学意义，也有其语言学意义。《诠释篇》则重点讨论了"名词"与"动词"的定义、"句"的定义，以及"简单命题"与"复合命题"的问题。在《诗学》一书中，亚里士多德认为："言语作为一个整体，包括下列各部分：单音、音缀、连词、冠词、名词、动词、格、语句。"[①] 即使是亚里士多德在《工具论》中所重点讨论的推理式（当时主要是三段论式），也无一不是自然语言分析概括的结果。

不但是在逻辑学领域，亚里士多德在语言学领域也占有特殊的地位。亚里士多德将命题句子分解成语词，把语词分类为"主项"和"谓项"（有的学者称之为"主词"和"谓词"），这个和今天我们语法上常用的"主语"和"谓语"的概念很相似。亚里士多德也注意到了表层结构一样的句子在解析之后并不相同。比如，表层结构为"主语＋谓语"的句子，其解析可能完全不同，例如：

① Socrates is flying.

② Every man is flying.

这两个句子虽然都可以被看作主谓结构，但其否定形式大不一样：

① Socrates is not flying.

② Every man is not flying. /Not every man is flying.

亚里士多德认为例②的否定结构有两种形式：一种是对谓词"is flying"的否定，另一种是对主语"every man"的否定。

与亚里士多德几乎是同时代的斯多葛学派同样对逻辑有深入的研究，除此之外，斯多葛学派对语义问题的研究，特别是对真值的性质的研究达到了当时的最高水平，如著名的"说谎者悖论"就是该学派提出来的。当一个人说"我所说的都是假话""我正在说谎"之类的话时，如果他确实是在说谎，那么他所说的就是真的；如果他所说的是真的，那么他就是在说谎。简化版的说谎者悖论如下：

---

① 转引自李先焜. 论语言学与逻辑学的结合 [J]. 湖北大学学报（哲学社会科学版），1994（5）：1—6.

（A）这个语句为假。

如果（A）为真，那么"这个语句为假"为真，如此一来，（A）一定为假。从（A）为真的假设推导出（A）为假的结论，矛盾。

如果（A）为假，那么"这个语句为假"为假，如此一来，（A）一定为真。从（A）为假的假设推导出（A）为真的结论，也矛盾。

"说谎者悖论"直到 20 世纪才由波兰逻辑学家阿尔弗雷德·塔尔斯基最终解决，而他的解决方案也成为塔尔斯基语义学的理论基础。这个解决方案大体就是就方法论而言，任何理论研究都必须区分对象语言（object language）和元语言（meta-language）。对二者的混淆导致了"说谎者悖论"的产生。

四、语言的哲学转向

语言是明晰沟通的意图和探究心灵的渠道，也是贯通隐性真实的表达力量。心智抑或思维之所以能够超越语言的束缚，就在于人脑中存在意象性的思维。诚然，知识的获得并非可描述的逻辑推演，而是基于头脑的意会能力。西方哲学研究围绕知识问题的论辩经历了三个阶段。第一阶段的代表人物是柏拉图，他立足于本体论哲学，认为"理式"是哲学的核心，进而剖析了客观存在、认知对象和运行客体三者之间的关系。笛卡尔作为第二阶段的代表人物，从主客体认知关系出发，致力于对西方哲学认识论转向的探究。第三阶段以哲学的"语言转向"为核心靶向，围绕逻辑实证主义、言语行为理论、生成语言学三条线索进行研究。在该阶段，罗素的"摹状词"理论、维特根斯坦的"语言图像说""语言游戏说"、索绪尔的"共时语言学"皆为语言哲学知识论的生成做出了卓绝贡献。值得关注的是，西方哲学"语言转向"研究的勃兴为学界提供了全新的认知基础。毋庸赘言，贯彻西方哲学（主要是认识论）始终的核心问题是知识问题。在经验主义哲学看来，知识源于经验，是对感觉、知觉印象的归纳和概括。而理性主义哲学的范畴却将知识体系归纳为主体理性的主观推演。

第二节　语用预设中的逻辑

语用学（pragmatics）简而言之就是一门研究语言使用的学问。它兴起于 20 世纪 70 年代，主张语言学的研究应兼顾形式语言学家所重视的内在语言能力（competence）和形之于外的语言表现（performance），因此各种丰富的语言现象皆应列入研究内容。语言的使用离不开其所在之语境，涉及的层面广泛，社会与文化等亦在其间，其运作机制固然复杂，但透过语用学研究，语言与人类认知得以结合，语言学可以透过语言一窥人类心智之本质。语用学的研究源于语言哲学家赫伯特·保罗·格里斯（Herbert Paul Grice）所提出的合作原则与四大准则，此为众多语用理论之滥觞。研究语言对话机制的学者，根据格里斯的研究，发展出许多不同的语用学理论，试图厘清人类复杂的沟通机制。除了语用的理论之外，许多学者也将相关概念与语言学的其他子领域做结合，尝试从语用学的角度来解释语言中如句法（syntax）、语意

(semantics) 与语言变迁 (language change) 等面向。在实际应用上，语用学一如其名地扮演着举足轻重的角色，无论是在语言教学、媒体传播方面还是在信息科技各方面，皆有所着墨。

我们这里所要详细探讨的是语用学中的"语用预设"与逻辑的交叉。预设也叫"前提"，最早是由弗雷格于 1892 年提出的。20 世纪 50 年代，英国语言学家彼特·斯特劳森 (Peter Strawson) 发展了弗雷格的这一思想，将这类语言现象看作自然语言中的一种推理关系。他指出，从自然语句中任何一个有意义的语句都能推导出一个预设，该预设可表现为另一个语句。预设因此进入了语言学习的研究范围。语用学认为任何话语都有预设和陈述。预设是话语中的已知部分，是谈话双方共有的背景知识；陈述话语中的未知部分是话语包含的新信息。谈话双方不能没有共同的背景知识，否则谈话就不能进行下去。

一、从语义预设到语用预设

20 世纪 60 年代，预设进入语言学领域并成为逻辑语义学的一个重要概念。从狭义上说，一个句子一经形成，预设就已寓于句义之中，这就是语义预设，即完全抛弃了语境的影响因素。从广义上说，将预设看成是交际双方预先设定的先知背景信息，是语用预设。

例：① 他没有戒烟。
② 他正在抽烟。
③ 他没有戒烟，因为他从来就没抽过烟。

单纯从逻辑语义学的角度看，②是①的预设，即①说出时已预设了②。然而如果把①放到③的语境中，预设②就被取消了。语义预设忽略了语境，只强调两个句子之间的真值条件和语义关系。如果句子存在一个预设，不论其为真还是为假，都有一个预设。但事实上，预设并不总是真实的，在某种语境下预设可以是不真实的，或者是可以被取消的。

随着语义预设研究的发展和语用概念的涌现，越来越多的语言学家认识到预设不仅是语义现象，还是一种语用现象。预设不仅涉及命题之间的关系，在多数情况下，还涉及命题、语境等多种因素。

二、语用预设的含义

语用预设也叫语用前提，是指言语交际双方都已经知道的常识，或者听到话语之后根据语境可以推理出来的信息。它并不在话语的表面显示出来，而仅仅被包含在话语之中。

例：① 王刚的哥哥是博士。（语用预设：王刚有个哥哥。）
② 你停止打老婆了吗？（语用预设：你打了你的老婆。）

这个回答不论是否定（没有停止）还是肯定（停止了），其预设相同，均为"你打了你的老婆"。

我们可以对语用预设做一个总结：语用预设是自然语言中的一种推理关系，从自然语句中任何有意义的语句都能推导出一个背景假设（预设），该预设可以表现为另一个语句。语用预设是一个语言表达式自身所包含的使该表达式得以成立的前提性思想。

对于上述定义，我们可以做下面两点解释：

首先，语用预设作为一个语言表达式自身所包含的前提与推理中讲的推出结论的前提有着根本的区别：一个语言表达式的预设所讲的前提实际上是表达者在该语言表达式中所假定的交际者双方共同承认的思想，如果这个语言表达式成立，那么这种交际者双方共同承认的思想就存在；如果这种交际者双方共同承认的思想不存在，那么这个语言表达式本身就不能成立。推理的前提则是相对于结论而言的，它与结论之间的关系是推出和被推出的关系。

其次，一个语言表达式的语用预设与该语言表达式的肯定和否定无关，也就是说，无论是肯定一个语言表达式，还是否定一个语言表达式，该语言表达式自身所包含的预设都是不会改变的，如"你停止殴打你的老婆了吗"。

三、语用预设的特点

（一）共知性

正因为一个语言表达式的预设是交际者双方共同承认的思想，所以所有的预设都具有共知性的特点。所谓共知性，是指预设的前提性思想是语言表达式本身所包含的交际双方所共同知道的背景知识。预设是交际双方没有必要明确讲出来的那部分信息，这充分体现出语言使用的经济原则。虽然预设不是在语句的字面上直接表现出来的，但它必须是谈话双方共知的或者能够推导出来的先决条件。这一点对交际的成功尤为重要。例如，两名同事上班时在楼外相遇，发生了如下对话：

甲："没开车？"

乙："我车单号。"

在这轮对话中，双方共知的信息是"今天的日期是偶数""由于交通管制，汽车分单双号行驶""乙有车，且平时上班开车"。

再如，《红楼梦》中凤姐在送给林黛玉茶叶时说了一段话：

"不用去取，我打发人送来就是了。我明儿还有一件事求你，一同打发人送来。"黛玉一听，顺着她的意思说："这是吃了他们家一点子茶叶，就来使唤人了。"没想到凤姐说："你既吃了我们家的茶，怎么还不给我们家做媳妇？"

凤姐的话中有一个语用预设，即"吃茶"相当于"女子受聘"。宋代《梦粱录》记载了当时杭城婚嫁中以茶为聘礼的风俗。明代郎瑛的《七修类稿》也解释了这个风俗："种茶下子，不可移植，移植则不复生，故女子受聘，谓之吃茶。"这样的风俗最迟在宋代就已经很普遍了，一直延续至今，所以后来才有"好女不吃两家茶"之说。如明代《醒世恒言》也说过"从没见过好人家女子吃两家茶"。这里，吃茶等于女子受聘这个文化背景需要发话人和受话人共享，是一种背景信息，有一方不知，就会导致交际失败。

(二) 合适性

预设要和语境紧密联系，一个语句的实际运用就存在这么一个预设的条件，即在语用上该语句的语境是合适的。语用预设体现的就是话语及其语境之间的切合性。只有在一定的语境条件得到满足之后，话语本身或非字面意义才能被人们理解。比如：

老师对坐在后门的同学说：请把门关上。

这句话只有在下面的语境中才是合适的，即预设为以下三项：

A. 有一扇双方都知道的门。

B. 这扇门在老师讲话时是开着的。

C. 学生有能力完成关门动作。

缺少 A、B、C 任意一项，预设都不合适。这三个前提性思想就是交际双方所共知的信息，而且也是语言表达式本身所包含的。

预设的共知性包含以下三种情况：

(1) 预设往往是谈话双方共知的信息，它与语境紧密结合。语境明确，预设就能被双方或多方了解，对于说话人说出的话，听话人能根据语境做出不同的反应。

(2) 预设的共知性要通过说话人的话语暗示出来，并能让听话人理解。

(3) 预设的共知性只限于说话的双方，第三者如果不了解预设而只依靠语境是难以真正理解说话双方的对话内容的。

(三) 隐蔽性

预设是没有明确直接地表现出来的语句，它总是蕴藏在所表达的语句之中，由语境和话语暗示出来。一个语句在交际中具有表层信息和内部信息。语句的表层信息是交际者已知信息和未知信息的集合，语句的内部信息则是交际者的已知信息。预设是语句的内部信息，但它表现为表层信息。因此，人们只有通过分析语句的表层信息，才能揭示暗含在语句内部的预设。例如：

中国台北人有喝豆浆加鸡蛋的习惯。在一条街上相邻开着两家豆浆店，A 店铺豆浆卖得好，鸡蛋也卖得好，B 店铺豆浆卖得好，鸡蛋却卖得少。B 店铺的老板留意观察后发现，在顾客买了豆浆后，A 店铺的服务员通常会问顾客："您是加一个鸡蛋，还是加两个鸡蛋？"结果，顾客有的会加一个，有的会加两个；而在自家店铺内，顾客买了豆浆后，服务员通常会问："您需不需要加鸡蛋？"顾客通常不加鸡蛋。

这里就是服务员利用了语用预设，"您是加一个鸡蛋，还是加两个鸡蛋"的语用预设是"您需要加鸡蛋"。受话人常常因为要集中精力处理语面信息而忽略了预设所传递的信息，进而默认了预设的内容。所以，这种隐蔽性常常会被利用，如一些广告用语：

为什么脑白金在北京如此热销？

这句广告语隐藏着的预设就是脑白金在北京非常热销。预设潜移默化地为消费者所接受，进而脑白金被默认为销售得非常火爆。

（四）动态性

说话人依据语境往往可以对预设进行改变，从而实现自己的语用意图。例如，《三国演义》中有这么一个小故事：

刘备派左半军伊籍出使东吴，而孙权想给伊籍来个下马威。伊籍拜见孙权，孙权说："你为无道之君做事，真是受难为了！"伊籍回答道："不就是为你行个礼吗？只不过一拜之事，算不上受难为。"

孙权口中的"无道之君"指的是刘备，而伊籍在对话中巧妙地将其转化为"孙权"，让孙权吃了亏。这就是伊籍利用语境改变了语用预设。

再比如：

在中华人民共和国成立初期美国代表团访华时，曾有一名记者问周总理："为什么中国人喜欢低着头走路，而我们美国人总是抬着头走路？"在场所有人都听出了记者的言外之意。而周总理不慌不忙、面带微笑地回答："这并不奇怪，因为我们中国人喜欢走上坡路，而你们美国人喜欢走下坡路。"

周总理改变了他的预设，对提问人的语句给予了不同的解释，占据了说话的有利位置，使对话朝着有利于自己的方向发展。

四、不同类型语句的预设

传统逻辑中的直陈句，一般指的是直接表达直言命题的简单句，也叫陈述句。而与之相应，表达复合命题的复合句则是非直陈句。但是对直陈句和非直陈句的另一种分类方法是从语言形式的角度进行的：人们通常把直接表达命题的陈述句叫作直陈句，而把疑问句、命令句、感叹句等语句叫作非直陈句。这样，我们就有了两类不同分类情况下的非直陈句。

包含预设的语言表达式并不仅仅局限于直陈句，两类不同分类情况下的非直陈句，即复合语句及疑问句和命令句等语句形式也都有预设问题。

下面我们首先来看两个复合句预设的例子：

① 如果我不认真学习英语，那么我的大学英语四级考试就不会过关。

这句话作为一个条件复句表达一个充分条件假言命题，它表示"我不认真学习英语"是"我的大学英语四级考试就不会过关"的充分条件。然而，不管这句话的前件和后件的真假情况如何，它们都预设了两个命题的存在，即"我学习英语""我将参加英语考试"，而这两个预设命题又进一步预设"我"的存在。假如这些预设所反映的思想不存在，那么说话者说出的这个条件复句本身就是不能成立的。

② 王老师的女儿读初中，并且刘老师的女儿与她在一个班。

这句话作为一个并列复句表达一个联言命题，它表示"王老师的女儿读初中"与"刘老师的女儿与她在一个班"是同时存在的情况，对这句话的否定是"或者王老师的女儿不读初中，或者刘老师的女儿与她不在一个班"。无论王老师的女儿是不是读初中，也无论刘老师的女儿是不是与王老师的女儿在一个班，这句话与它的否定都预设王老师的女儿是学生，也预设刘老师的女儿是学生，并且这两个预设又分别预设王老师有女儿和刘老师有女儿，并且还预设王老师的存在和刘老师的存在。

我们再来看几个疑问式语言表达预设的例子：

① 本届世界杯的冠军是巴西队，还是德国队？

这句话是一个选择问句，它以"本届世界杯的冠军或者是巴西队，或者是德国队"这个选言命题为前提，因此这个选言命题就是这个选择问句的预设。无论回答者回答本届世界杯的冠军是巴西队，还是回答本届世界杯的冠军是德国队，"本届世界杯的冠军或者是巴西队，或者是德国队"这个选言命题总是真的。另外，"本届世界杯已决出了冠军""巴西队参加了本届世界杯足球比赛""德国队参加了本届世界杯足球比赛"也都是这个选择问句的预设。"本届世界杯的冠军或者是巴西队，或者是德国队"是"本届世界杯的冠军是巴西队，还是德国队"的核心预设，而其他预设属于非核心预设。

② 本届世界杯的冠军是巴西队吗？

这句话是一个是非问句，它以"本届世界杯的冠军或者是巴西队，或者不是巴西队"这个选言命题为前提，因此这个选言命题就是这个是非问句的核心预设。无论回答者回答本届世界杯的冠军是巴西队，还是回答本届世界杯的冠军不是巴西队，"本届世界杯的冠军或者是巴西队，或者不是巴西队"这个选言命题总是真的。另外，"本届世界杯已决出了冠军""巴西队参加了本届世界杯足球比赛"也是这个是非问句的预设。

③ 老张问老李："你戒烟了吗？"

虽然此问句也是一个是非问句，但是它又具有自身的特点，即包含着一个答话者尚未明确表示承认的思想，即"老李过去吸烟"，这个被包含的思想就是这个问句的预设。包含答话者尚未明确表示承认的思想在内的问句在逻辑上叫作复杂问语。对于复杂问语，答话者不能直接回答"是"或"否"，因为如果这样回答，就等于承认了问话者问话中隐含的那个自己尚未明确表示承认的思想。对于复杂问语的正确回答应该是首先澄清问话中预设的思想。比如，就这里的复杂问语来说，无论老李是回答"戒了"，还是回答"没戒"，都等于承认自己过去吸烟。假如老李过去不曾吸烟，那么对于这个他尚未明确表示承认的思想，他必须首先在回答中予以澄清。

实际上，这个问句的预设主要是其中的"你戒烟了"的预设，无论是对这个语言表达式进行肯定，还是进行否定，"你曾经吸烟"是"你戒烟了"这句话能够成立的前提。如果老李过去本来就不吸烟，那么老张问话中的"你戒烟了"就是不能成立的。因此，在这种情况下，这个问句也是不能成立的。

④ 哪个队是本届世界杯的冠军？

这句话是一个特指问句，它以"至少有一个对象，它属于参加本届世界杯比赛的足球队，并且它是冠军"这个复合命题为前提，因此这个复合命题就是这个特指问句的核心预设。无论回答者回答"巴西队是本届世界杯的冠军"，抑或是回答"德国队是本届世界杯的冠军"，抑或是回答"土耳其队是本届世界杯的冠军"，这个核心预设对于该特指问句来说总是真的。当然，"本届世界杯已决出了冠军"是这个问句的预设。

就一个疑问句来说，如果设 B 是语言表达式 A 所预设的思想，那么只有 B 成立，才有对 A 的直接回答。或者也可以说，当 B 是语言表达式 A 所预设的思想时，无论对 A 的直接回答是肯定的，还是否定的，思想 B 总是存在的。虽然有时回答者的回答并不是直接的，而是属于那种以否定预设思想为内容的回答，但是这种回答并不能排除问话中所包含的思想 B。在这种情况下，预设思想 B 作为交际双方共同了解的前提只是说话者的一种假定。比如，老张对老李的"你戒烟了吗"的回答可能既不是"戒了"也不是"没戒"，而是"我过去根本就不吸烟"。后者作为一种否定对方问话中预设思想的回答，并不排除问话者的问话的确预设了"老张过去吸烟"。即使这种预设事实上是假的，它也是交际双方都能了解的，而且是以问话者假定为真的形式包含在问话者的问话当中的。

下面我们再来看看命令式语言表达（祈使句）预设的情况。

在一个命令式的语言表达式中，除去一个语言表达式的语言成分所揭示的预设外，预设往往还以发出命令的其中一部分原因的形式被包含在这种语言表达式的意义中，无论接受命令者会不会按照这个命令句的要求去做，这种命令句的意义所包含的这种前提思想总是存在的。例如，我们之前提到的句子：

请把门关上！

这是一个命令句。从这个语言表达式的语言成分所揭示的预设来看，这句话显然预设门的存在；而从这个语言表达式的意义来看，这句话显然还预设"门现在开着"。它要求接受命令者把开着的门关上。"门现在开着"是发出命令者发出命令的其中一部分原因，而无论接受命令者会不会按照这个命令句的要求把开着的门关上，"门现在开着"都是一个前提性的事实。

就一个命令句来说，如果设 B 是语言表达式 A 所预设的思想，那么只有 B 成立，A 作为一个命令才成立。或者也可以说，当 B 是语言表达式 A 所预设的思想时，无论听话者对命令 A 的反应是执行还是不执行，B 总是真的。

第三节　语义蕴涵中的逻辑

蕴涵是指命题之间的关系。比如，对于 A 和 B 两个命题，若有 A 必有 B，则通常认为 A 蕴涵 B，可以记为"A→B"。仔细考察起来，有两种不同的蕴涵。

（一）严格蕴涵

例：① 他是中国青年。→他是中国人。

② 他买了一支笔。→他得到一支笔。

③ 他过节照样要上班。→他国庆节要上班。

不可能肯定 A 而否定 B，A、B 两个命题在意义上有依存关系。这种蕴涵还有其他表现形式。

例：④ 小王和小李是工人。→小王是工人，小李是工人。

⑤ 小王和小李是夫妻。→小王是丈夫，小李是妻子。

⑥ 小王和小李是同学。→小王是小李的同学，小李是小王的同学。

这里的蕴涵其实是复杂命题的分化。分化结果不同的关键在于"是"后面的名词性成分。例①中的"工人"是一般名词，例②中的"夫妻"是两个相对概念的名词的并列，类似的如"兄弟""师生""父子""爷孙"等。例③中的"同学"是互向名词。这类名词表示密切依存的关系，即逻辑上关系的对称性，常见的如"同乡""朋友""亲戚""对手""仇家"等。

（二）实质蕴涵

实质蕴涵的特点是"有 A 必有 B，但是没有 A 也可以有 B"。这其实是一种充分条件，即"如果有 A 就有 B，但没有 A 未必没有 B"。

例：摩擦可以生热。

上例表示如果发生了摩擦就会产生热量，但是没有摩擦未必就不能生热。

在汉语里表示充分条件还可以用"只要 A，就 B"。但需要注意的是，用"只有 A，才 B"的句子表示的是必要条件。

例：只有能修饰名词的才是形容词。

这个句子有另一层意思：否定 A 必定否定 B；肯定 B 必定肯定 A。从蕴涵的角度来说，不是 A 蕴涵 B，而是 B 蕴涵 A。很多语法书把使用"如果 A，就 B"的句子称为"假设句"，把使用"只要 A，就 B"和"只有 A，才 B"的句子称为"条件句"，这是依据词语意义的区分。如果着眼于逻辑关系，使用"如果 A，就 B"的句子与使用"只要 A，就 B"的句子宜被归为一类。而使用"只有 A，才 B"的句子与使用"如果不 A，就不 B"的句子应被归为另一类。

此外，要补充说明的是，对于用"一……就……"的复句，语法上通常认为它表示连贯关系。这是从事理的角度说的，当然不错。可是有些句子是在事理的基础上表达逻辑关系的。

例：① 一听到枪声，就知道鬼子进村了。

② 一到冬天，他的病就复发了。

这些句子可以添加"如果"，表示的是充分条件。对于用"不……不……"的紧缩复句，也可以添加上"如果"。

例：① 不碰钉子不回头。

② 不见真佛不烧香。

这其实是"如果不 A，就不 B"的句子的紧缩，属于必要条件句。

实质蕴涵用假言判断表示。严格蕴涵 A→B，肯定 A 必定肯定 B；否定 A 也必定否定 B。总之，一个句子的肯定形式和它的否定形式不可能有同样的蕴涵，但是它们可以有同样的预设。

例：① 这场雨马上会停止。

② 这场雨不会马上停止。

这两句都预设说话时正在下雨。预设是理解句子的先决条件。

例：① 你知道谁给我来过电话呢？

② 你知道谁给我来过电话吗？

例①预设有人来过电话，但不知道是谁，希望对方回答。例②预设可能有人来过电话，希望对方加以证实。句末的语气词"呢"和"吗"，使句子的预设不一样，回答的方式也有差别。这两个句子如果不用语气词就会产生歧义。语言学家朱德熙曾经谈到句末的另一个语气词"了"。他指出，"了"表示新情况的出现，但是下面的句子如何解释呢？

例：① 早就瞧见你了。
　　② 我早就报了名了。

这两个句子中都有"早"字，说明事实是前些时候就有的，能算新情况吗？原来这里包含了这样的预设：说例①这句话时，说话人预设对方并不知道别人瞧见他，从这个角度来说，当然可算新情况。对例②也可以做同样的解释，说话人认定说出来的是一种新的信息。句末的"了"，如果前面是个动词，它是"了1"（表示完成）与"了2"（表示新情况）的合并，如"春天到了""下课铃响了"。可是如何解释下面的句子呢？

例：我走了！（快分别时说的）

"走"这个动作并未完成，说话者用"了"字预设对方还不知道"我要离开"，说出来让对方知道，也属于一种新情况。

总的来说，句子的意义是由许多因素组成的。有些意义是句子本身表达的，有些意义是语境表达的。句子本身表达的意义有直接表达的，也有依据句子推断或分析出来的，后者包括蕴涵和预设。蕴涵包括严格蕴涵和实质蕴涵。用"如果"的复句有的表达充分条件，有的表达必要条件，宜分成两小类。预设不同于前提。前提是句外提供的条件，预设是依据句子分析出来的，许多语法现象宜用预设来解释。

第四节　形式语义学

一、形式语义学的概述

传统语法学家研究的大多是词语意义，而哲学家一直对句子的意义更为关注。形式语义学是指在逻辑框架内构建的关于自然语言的语义学，是一种贯彻逻辑推演和数学运算的语义学。形式语义学的落脚点是自然语言的语义，但其出发点往往是先构造对应语义运算的句法。形式语义学中影响较大的理论有蒙太格语法、广义量词理论、话语表述理论、情境语义学和类型逻辑语法。这些理论从不同的角度展开对自然语言语义的研究。

形式语义学的最显著特征是把自然语言看作现代逻辑形式化方法的处理对象，认为自然语言与逻辑语言没有实质的区别，可以通过构造自然语言形式系统的方式来解决其语义问题。具体的操作手段是建立句法和语义的对应原则，构造遵循意义组合原则的语义模型。

美国哲学家唐纳德·戴维森（Donald Davidson）的真值条件语义学和数理逻辑学家蒙太格的蒙太格语法是形式语义学的基础。1965—1970年，戴维森提出了构建自然语言真值条件语义学的设想，并相继发表三篇重要论文——《意义的理论和可学习的语言》《真值与意义》《自然语言的意义》，史称"戴维森纲领"。此后，1970—1973年，蒙太格也相继发表了三篇重要论文——《作为形式语言的英语》《普遍语法》《日常英语量化的正确处理方法》。这三篇论文所提出的语义形式化方案后来被称为蒙太格语法。

传统上，逻辑学家们在研究逻辑语句，即逻辑公式时，并不严格区分真值和意义。例如，弗雷格就常常将句子的真值直接称为句子的意义。在他的文献中，二者不仅经常被混用，甚至使用的术语也存在这种情况。在弗雷格眼中，句子的指称就是真值，因此对句子意义和真值不做区分也顺理成章。即便是在当代逻辑学研究中，这种做法也较为常见，因为逻辑学侧重的是句子之间的保真推导，即真值换算，关注的是句子的真值，并不关注句子的具体内容。作为形式语义学的基础，真值条件语义学是用句子的真值条件而非真值来表征句子的意义。二者的关系可以追溯到弗雷格对"指称"和"含义"的区分上。指称是独立于语言之外、为语言表达式所指称的对象，而含义是该对象的指称方式。

二、命题逻辑

命题逻辑，也叫命题演算或句子演算，它研究命题的真值条件：复合命题的真值是如何由其成分命题的真值及其相互关系决定的？命题是陈述句被用于描述时所表达的意义。在这一意义上，我们可以比较随意地把句子的命题和它的意义等同起来。

命题的一个重要性质是有真值，它要么为真，要么为假。复合命题的真值被认为是其成分命题的真值及所用逻辑连词的函数，或者其真值是由成分命题的真值及所用逻辑连词决定的。举例来说，如果命题 P 为真，那么其否定命题 ¬P 为假；如果 P 为假，则 ¬P 为真。这里字母 P 代表一个简单命题；符号"¬"也可以写作￣代表逻辑连词"否定"；¬P 表示对一个命题的否定，它是复合命题。其他还有四个逻辑连词：合取、析取、蕴涵、等值。这四个连词与"否定"的不同在于它们涉及两个命题，因而名为"二元连词"。相应地，"否定"被叫作"一元连词"。

对于合取、析取、蕴涵，我们在复合命题中都已经提及其真假值。

最后一个等值连词也叫双条件连词，可以用双箭头表示，是两个蕴涵关系的合取，或者说就是充分必要。它相当于英语表达式"if and only if ... then"（当且仅当……则），该复合命题取值为真的条件是当且仅当两个成分命题的真值相同，都为假或都为真。

合取关系的真值表显示，如果两个命题 P 和 Q 都为真，那么它们组成的复合命题必定为真，其中成分命题的顺序不重要。但英语中 and 的用法与此不同。即使其中的两个成分命题都为真，由 and 连接组成的复合命题也不一定都为真。在某种情况下，"He arrived late and missed the train."（他去晚了，没赶上火车）可能为真，而

"He missed the train and arrived late."（他没赶上火车，来晚了）则可能为假。

蕴涵关系跟英语中的"if ... then"的区别就更明显了。逻辑连词不考虑前件和后件之间的关系的性质；真值表显示，只要两个命题都为真，它们组成的联言复合命题即为真。也就是说，任一真命题蕴涵其他任一真命题。在逻辑上，不但复合命题"如果他是英国人，那么他说英语"的推理是有效的，而且"如果雪是白的，那么草是绿的"这一推理也是有效的。而且，根据真值表，只要后件为真，复合命题即为真，这意味着一个假前件命题也可以蕴涵一个真后件命题，如"如果雪是黑的，那么草是绿的"。但在自然语言中，前件和后件之间必须有某种因果关系或类似的关系。复合命题"如果雪是白的，那么草是绿的"听起来很古怪，而且日常谈话中没有人会接受"如果雪是黑的，那么草是绿的"这样的句子。如果要表达一个与事实相反的命题，必须使用虚拟语气，如"If snow were black, grass would be red."（如果雪是黑的，那么草是红的。）

如上文所示，命题逻辑关注命题之间的语义联系，它把简单命题作为一个不可分析的整体来对待。这种方法不足以分析如下三段论的有效推理。

All men are rational.（人都是有理性的。）
Socrates is a man.（苏格拉底是人。）
Therefore, Socrates is rational.（所以，苏格拉底是有理性的。）

要解释这些推理为什么有效，我们需要求助于谓词逻辑（也叫谓词演算），它研究简单命题的内部结构。

在这一逻辑体系里，"Socrates is a man."这样的命题分成两部分：主项和谓项。主项是表示实体的项，有关陈述是关于该实体的；谓项是把一些性质或关系赋予所指实体的项。因此，在"Socrates is a man."中，Socrates 是主项，man 是谓项。按照逻辑学的术语，这个命题可以表示为 $M(s)$，其中字母 M 代表谓词 man，s 代表主项 Socrates。也就是说，简单命题可以被看成是它的主项的函数，命题真值随主项而改变。当 Socrates 的确是人时，$M(s)$ 为真。

任何自然语言都有语义问题，汉语也不例外。包括语言学在内的许多学科都要关注自然语言的语义，但形式语义学关注的角度和方面有所不同。对于汉语的复杂语义问题，形式语义学着眼于解释这些问题的技术工具的设计。

首先，汉语的灵活语序跟语义问题有关。所谓灵活语序，是指汉语除了具有正常的语序句外，还有大量的异常语序句，而具有若干成分的正常语序句与用这些相同成分组成的异常语序句表达的逻辑语义基本相同。比如，正常语序句"我在桌子上放一本书"的相应异常语序句有"在桌子上我放一本书""我放在桌子上一本书""一本书我放在桌子上"。还可以说"我桌子上放一本书""桌子上我放一本书""一本书我在桌子上放（着）"等。上述句子有大致相同的逻辑语义，但各组成成分的句法顺序不同。按照形式语义学的句法和语义对应的原则，不同的句法表达对应不同的语义表现。怎样解释汉语中上述句法和语义不对称的现象？怎样从不同的句法表达推出相同的语义表现？这就是形式语义学需要解决的问题。从类型逻辑语法的视角可以比较简洁地解释汉语的灵活语序现象。在范畴类型逻辑的系统中可以增添新的结构规则来说明可从异常语序句对应的范畴排列推出正常语序句对应的范畴排列，从而表明正常语序句的逻辑语义是异常语序句的意义根源。

其次，汉语中是句法起独立的先行作用，还是语义起幕后的主导作用？我们在构造汉语形式系统时偏向于句法，还是照顾语义？王力先生的汉语"意合"论是说汉语是非形态语言，名词没有性、数、格之分，动词没有时态、语态之别，语序灵活意义理解在语法中起重要作用，句法的作用微乎其微。这是一种强调语义的思想。而朱德熙在《语法答问》一书中指出，与英语不同，汉语的主语和宾语的划分与语义的角色关系不大。他提出的语法观是，研究汉语语法要避免受语义的干扰，注意找结构上的共性。这是某种意义上强调独立处理句法的做法。我们倾向于采纳王力的思想，从汉语的复杂语义出发设计我们的规则。基于形式语义学的句法语义对应原则，这种语义的复杂性一定要体现在句法构造上。我们也不应放弃句法。所以"意合"论很有道理，但句法和语义同样重要。句法在前台，语义在背后，二者都不可或缺，重要的是在技术上合理描述二者复杂的对应关系，并从中概括出有关的规律。

第十讲

语言中的逻辑学

第一节　概念与语言

概念是普通逻辑的基本范畴，是思维形式（概念、判断/命题、推理）的基础，我们在之前提到了概念的语言表达形式是词或词组。从语言学上看，可以将概念看作一种语法范畴，也可以将其看作一种认知范畴。概念的表述其实就是一种"类"：事物和事物之间的分类。人类对客观事物的认识不是孤立的、静止的，而是联系的、发展的。我们会在纷繁复杂的现实中看到相似性，并以此对世界中的万事万物进行分类，同时也试图将这种分类观念在语言形式中展现出来。语言系统的发展过程就是语言形式更好地表达语言意义的过程，也就是能指系统更有效地体现所指系统的过程。体现得越完善，符号系统的整体运转就越灵活有效。因此，语言形式、语言意义、概念关联是观察词汇系统发展的主要角度。

一、语义学中的概念义

英国语言学家杰弗里·利奇（Geoffrey Leech）在 1974 年首次出版的《语义学》中则提出了如下七种意义类型：

（1）概念意义：逻辑的、认知的、外延的内容。
（2）内涵意义：通过语言所指传达的意义。
（3）社会意义：所传达的关于语言使用的社会环境的意义。
（4）感情意义：所传达的关于说话人/作者的感情、态度方面的意义。
（5）反射意义：通过同一表达式的其他意思传达的意义。
（6）搭配意义：通过词语的常用搭配传达的意义。
（7）主位意义：通过顺序和重音这种组织信息方式传达的意义。

利奇指出，第一种意义，即概念意义，构成了意义的中心部分。这种意义是"外延"的，因为它关注词语与它所指称的事物之间的联系。从这一点来看，概念意义在很大程度上与"指称"重合。但是，作为第二种意义名称的"内涵"，却不同于它在哲学讨论中的意义。我们在本教材的第二讲已经明确阐述了概念的内涵和外延之间的关系。"内涵"跟"外延"相对，表示词语所指称实体的性质。例如，"人"的外延是任何人，如张三和李四；"人"的内涵是"两足动物""直立行走""有理性的"等。而在利奇的系统中，就像在日常谈话中那样，"内涵"指的是一些附加的尤其是带感情色彩的意义。举例来说，politician（政客）和 statesman（政治家）的内涵是不一样的，前者是贬义的，后者是褒义的（前者还可以翻译为"善于玩弄权术的人"，后者还可以翻译为"治国之才"）。

第二种意义至第六种意义合起来统称为联想意义，因为解释这些意义需要依靠一种关于思维关系的基本的联想理论。最后一种意义是主位意义，这种意义是更外围的，因为它是由词序和词语重音决定的。

二、语义学中的指称论

把词语意义与它所指称或所代表的事物联系起来的理论，叫作指称论（Referential Theory）。这是一种很流行的理论。通过指明词语所代表的事物来解释词义一般说来是可能的。这种意义理论在解释专有名词和有定性名词短语时尤其有效。当我们说"影响最大的语言学家诺姆·乔姆斯基来北京大学访学"时，我们是用"影响最大的语言学家"和"诺姆·乔姆斯基"来指一个特定的人，用"北京大学"来指一所特定的高等教育机构。

然而，这种理论也有一些问题。其中之一是，当我们通过实物来解释"书桌"时，我们并不意味着"书桌"必须具有当时当地某张书桌所有的尺寸、形状、颜色和质料特点，而只是把它当作一个实例，作为某种更普遍的东西的一个例子。也就是说，在我们肉眼所见实物之外存在某种东西，这种东西是抽象的，没有物质存在，只能通过我们的思维来感知。这种抽象之物即一般所谓的"概念"。

从古希腊先贤对"概念"的研究中可以看出，在语言学成为独立的学科门类之前，"概念"是与哲学、逻辑、语言紧密交织在一起的，作为思维的结晶反映人类的共同关注，为后人的探索提供了认识论的基础和方法论的支持。但也正因如此，脱离"语言"谈"概念"，只能将"概念"研究束缚于形而上的窠臼中，无法对语言研究提供直接指导和帮助。语言符号是意义建构的基础。索绪尔提出了语言符号二元模式。符号是由能指和所指构成的心理实体，能指和所指之间的结合是产生新的符号、建构意义的基础。查尔斯·桑德斯·皮尔士（Charles Sanders Peirce）提出了符号三元模式。符号的意指过程涉及表征形式、对象、解释体之间的关系。

C.K. 奥格登（C. K. Ogden）和 I.A. 理查兹（I. A. Richards）在《意义之意义：关于语言对思维的影响及记号使用理论科学的研究》一书中提出的"语义三角"明确使用了"概念"这一术语。[①] 他们主张，词和所指事物之间没有直接关系，它们是以概念为中介的。由于语言意义与概念之间存在密不可分的关系，"概念"一直是语言

---

① C.K. 奥格登，I.A. 理查兹. 意义之意义：关于语言对思维的影响及记号使用理论科学的研究 [M]. 白人立，国庆祝，译. 北京：北京师范大学出版社，2000：171—172.

学尤其是语义学研究关注的重点。他们在前人研究的基础上提出了著名的"语义三角",即"概念、符号、所指物"三者形成的三角形关系(图 10-1),产生了巨大而深远的影响。

图 10-1　语义三角图

在图 10-1 中,三角形底边右端的"所指物",是指客观世界中真实存在的事物。顶端的"概念"是指人类的思维世界或主观世界的思想或概念,也就是意义所在。底边左端的"符号"是指人类创造使用的语言符号。"所指物"指的是客观世界,处于根本地位,因为从唯物角度看,客观世界先于主观世界,客观对象是人类思想的物质基础与核心,人类思想源于客观事物,概念是客观事物在头脑中的内化反映。概念是抽象的东西,它要通过"表意符号"(语音形式和书写形式)表达出来,即抽象的概念需要通过表意的语言符号才能表达出来,语言符号是概念的外化体现。思想决定语言符号,语言符号是概念意义的载体,符号以思想观念为基础,没有思想就不可能产生符号,语言是思想认知发展到一定程度的产物。表意符号是语义的载体,而意义是通过形式来表达的。也就是说,词是用来表达概念的。除此之外,概念与客观事物之间也有直接的关系,需要用实线来连接。这是因为意义是在客观事物的基础之上概括起来的,是客观事物在头脑中的概括反映。而表意符号与所指对象之间没有必然的联系,同一事物可以用不同的形式来表达,这也正是两者之间用虚线连接的原因。正是由于"表意符号"与"所指对象"之间没有必然的联系,所以同一个事物可以用不同的词来表示。

杰弗里·利奇也用"涵义"作为他所说的概念意义的简称。这种做法是有道理的。作为专门术语,"涵义"可以像逻辑学中的"内涵"那样使用。它可以指一个实体所具有的性质。在这一点上,"涵义"和"概念"是等价的。像"读书写字时用的一种家具,有一个平面和四条腿"这样的对"书桌"的定义也可以叫作书桌的涵义。因此,"涵义"与"指称"的区别类似于"内涵"与"外延"。前者是指一个实体的抽象属性,后者是指拥有这些属性的具体实体。换句话说,利奇的概念意义包括两个方面:涵义和指称。

然而,涵义和指称还有其他的不同之处。在某种程度上,我们可以说每个单词都有涵义,即概念内容,不然我们就没法使用或理解它;但并非每个单词都有指称。语法词如 but、if、and 不指称任何事物。"龙""鬼""凤凰"等词指的是想象中的事物,在现实中并不存在。而且,用词的所指事物来解释词义也很不方便。词所代表的事物在说话时并不总是在身边的;就算它在附近,也需要听众花一些时间来辨认出其主要特征。例如,当一个人第一次见到电脑时,可能会把显示器误认作其主要部件,认为电脑就像电视机一样。因此，也有人提出应该根据涵义而非指称来研究意义。

三、词语的涵义关系

不同的词语之间有不同的涵义关系。一些词的涵义，与其他一些词的涵义相比，可能更相似。比如，同"椅子"比起来，"书桌"与"桌子"的涵义更紧密一些；反之，可以说"书桌"与"椅子"之间的涵义差别比它与"桌子"之间的要大。而且"书桌"的涵义被涵盖在"家具"之下，或者说"家具"涵义涵盖了"书桌"的涵义。因此，一个词的涵义可以被看作它与其他词之间的一种涵义关系网络。也就是说，我们可以把涵义界定为词语之间的语义关系。而之前我们提到的指称，体现的是词与所指事物之间的关系。人们一般公认涵义关系有三种：相同关系、对立关系和内包关系。

（一）同义关系

"同义关系"是"相同关系"的专业术语。英语中的同义词很丰富。英语词汇有两个主要来源：盎格鲁-撒克逊语和拉丁语。它有很多成对的来自这两种语言的意义相同的词，如：buy 和 purchase（购买），world 和 universe（世界），brotherly 和 fraternal（兄弟般的）。

但是完全的同义关系很少见。所谓的同义词都是依赖语境的，它们总是在这方面或那方面有所不同。比如，在语境"Little Tom _____ a toy bear."（小汤姆买了一只玩具熊。）中，buy 比 purchase 更合适。它们可能有不同的内涵，还有方言的差异。比如，autumn（秋天）是英式英语，而 fall（秋天）是美式英语。英国人住 flats（公寓），乘 underground 或 tube（地铁）去上班，而美国人则住 apartments（公寓），乘 subway（地铁）去上班。

（二）反义关系

"反义关系"是"对立关系"的专业术语，它有三个主要次类：等级反义关系、互补反义关系和反向反义关系。

1. 等级反义关系

等级反义关系是反义关系中最普通的一种。当我们说两个词是反义词，如"大—小""好—坏""长—短"这样成对的词时，它们主要是形容词。每对等级反义词的成员表示的性质是程度上的差别。对一方的否定并不一定是对另一方的肯定。比如，"坏"的反义词并不一定就是"好"，还可能只是"马马虎虎"或"一般般"。这种反义词可以被副词"很"修饰：某物可能"很好"或"很坏"。

2. 互补反义关系

反义词像"活—死""雄—雌""present—absent（出席—缺席）""innocent—guilty（无辜的—有罪的）""奇数—偶数""男—女"等都属于互补反义关系。这些反义词中的成员彼此互补。也就是说，它们把一个语义领域完全切分成两半。对一方的肯定意味着对另一方的否定，对一方的否定也意味着对另一方的肯定。例如，"他活着"意味着"他没有死"，同时两者之间没有中间地带，人不能既不死又不活。汉语中的"半死不活"只能用来指仍然活着的人；如果他已的确"不活"，那么他就彻底死了，不可能只是"半死"。换句话说，这是一个二者择一的选择："是"或"不是"；它不是多项选择。所以，这种类型的形容词不能被"很"修饰。我们不能说某人"很活着"或"很死了"。它们也没有比较级或最高级。英语中的"He is more dead than alive."这个说法不是真正的比较级，它实际的意思是"说他死了比说他活着更正确"，所以要译作"与其说他活着，不如说他死了"。

在某种程度上，等级和互补两种反义关系之间的不同类似于反对命题和矛盾命题的区分。在逻辑上，如果两个命题不能同为真，但是可以同为假，则一个是另一个的反对命题，如"咖啡是热的"和"咖啡是凉的"。如果两个命题既不能同为真，也不能同为假，则一个是另一个的矛盾命题，如"这是一只公猫"和"这是一只母猫"。

3. 反向反义关系

像"买—卖""父母—孩子""丈夫—妻子""主人—客人""雇主—雇员""lend—borrow（借出—借入）""give—receive（给—拿）""老师—学生""above—below（在上面—在下面）""before—after（以前—以后）"这样成对的词构成反向反义关系。这是反义关系的一种特殊类型，因为其中的成员并不构成肯定、否定的对立，而只表现两个实体间的一种反向关系。"X 从 Y 处买了某物"意味着"Y 卖了某物给 X"。"X 是 Y 的父母"意味着"Y 是 X 的孩子"。这是从两个角度来看的同一种关系。这种反义关系典型地表现在两两相对的社会角色、亲属关系、时间和空间关系等方面；在这种意义上，它也叫作关系对立。它总是涉及两个实体，一个预设了另一个。这是它和前面两种反义关系的主要区别。

（三）上下义关系

上下义关系是一种意义内包关系。例如，"书桌"的意义内包在"家具"的意义中，"玫瑰"的意义内包在"花"的意义中。换句话说，上下义关系是一种类和成员间的关系。处于这种意义关系上位的词语是类名，叫作上坐标词；居于下位的是成员，叫作下义词。一个上坐标词通常有很多下义词，如"花"的类下面除了玫瑰外，还有牡丹、茉莉花、菊花、郁金香、紫罗兰、康乃馨等。同类中的成员叫作同下义词。

有时一个上坐标词同时是它自己的上坐标词。例如，animal（兽）可以只包括老虎、狮子、大象、奶牛、马等兽类，作为"人"的同下义词；但当它作为 mammal（哺乳动物）使用时，就与鸟、鱼、昆虫相对，是包括了 human（人）和 animal（兽）的上坐标词。它还可以更进一步成为鸟、鱼、昆虫和哺乳动物的上坐标词，与植物相对。

从下义词的角度来看，animal 是自己的下义词，也可以叫作自我下义词。

第二节　命题与语言

一、句子意义

句子的意义涉及三个语言层面，构成三种不同的意义：逻辑意义、语法意义和语用意义。

（一）逻辑意义

句子的逻辑意义一般反映语句与现实的关系。在逻辑学中，一般认为句子的逻辑意义就是句子所表达的命题的真值条件。从语言学的角度看，句子的逻辑意义是由句子中实词本身的意义和相互间的语义关系构成的，不涉及词语在句子中的语法性质。比如，下面三个句子的逻辑意义是相同的，即在逻辑上等值。

例：① 小王打破了杯子。
　　② 小王把杯子打破了。
　　③ 杯子被小王打破了。

这三个句子的语法结构各不相同，但其中的实词意义相同，语义关系也相同，"打破"是动作，"小王"是施事者，"杯子"是受事者。"施事者—动作—受事者"等语义关系就是逻辑意义。

传统逻辑学只研究陈述句（因为在大多数情况下，陈述句表示判断，命题是表达判断的语句）。但是，现代逻辑学认为命题与判断不同，一个陈述句包含命题和判断两部分，如"他是学生"可以分析为"他是学生，这是真的"，其中，"他是学生"是命题，"这是真的"是判断。疑问句包含命题，但不包含判断，如"他是学生吗？"包含命题"他是学生"，但不包含判断"这是真的"。感叹句也包含命题，如"这件衣服真漂亮！"包含命题"这件衣服很漂亮"。祈使句也可以分析为一个命题，如"你走吧！"可以分析为"说话人要求听话人走"。所以，现代逻辑学不仅可以分析陈述句的逻辑意义，而且可以分析疑问句、感叹句、祈使句的逻辑意义。

此外，传统逻辑学只研究整个命题的真值，不研究命题内部语词之间的语义关系，而现代逻辑学主要研究命题内部语词之间的语义关系。现代语义学对句子进行语义分析，主要是借鉴现代逻辑学的理论方法。

（二）语法意义

句子的语法意义是语词的语法形式所表现出来的意义，主要由语词的语法形态、虚词或语序等表示，如在上面三个句子中，"小王"有时属于主语，有时属于状语；"杯子"有时属于宾语，有时属于主语，有时属于状语。主语等就是语法意义。汉语中表示这些语法意义主要靠语序和虚词，许多语言还用各种形态变化来表示语法意义，如性、数、格、时态、语态等。

（三）语用意义

句子的语用意义是说话人说出该句子时的交际意图和交际价值。交际意图与语言环境密切相关。同一个句子，在不同的语言环境中被说出来，可能有不同的交际意图，如"今天是星期天"这个句子，说话人在不同场合说出来，可能是想提醒听话人休息，或去逛公园，或多睡一会儿，等等。这些交际意图就是句子的语用意义。又如，"客人来了"和"来了客人"这两个句子具有不同的交际价值，前者中的"客人"处于话题位置，表示"客人"是已知的、指定的；后者则表示"客人"是未知的、不定指的。这种种不同的交际价值也是语用意义。

这三种不同的意义分别由不同的学科来研究。语义学主要研究句子的逻辑意义，语法学主要研究句子的语法意义，语用学则主要研究句子的语用意义。不过，目前这三门学科的界限并不十分清楚，时有相互渗透的现象。这里主要分析语词的逻辑意义。

二、述谓结构

对句子内部的逻辑语义关系进行分析，一般采用分析谓词逻辑的方法，把一个命题分析为一个述谓结构。但具体的分析方法因人而异。这里只谈最基本的概念和分析方法。

（一）述谓结构的含义

句子的逻辑意义，在逻辑上称为命题。命题一般不包括语态、语气等情态范畴。一个命题在结构上一般可以分析为一个述谓结构。

述谓结构是句子的基本语义结构，一个简单的述谓结构由一个谓词和若干谓项组成。谓词是句义的核心成分，一般就是句子的谓语动词（或形容词），或是某些动词（或形容词）短语。

例：① 杨老师教逻辑学。
② 她很漂亮。
③ 他在山东淄博上大学。

在上述例句中，"教""漂亮""上大学"三个语词就是谓词。谓项是与谓词发生直接语义关系的语义成分，一般是名词性成分，是句子的主语、宾语或介词的宾语。谓项又称题元、变元、主目、词项等。

一个述谓结构能有多少谓项，能有什么样的谓项，是由谓词的性质决定的，如"借"必须带三个谓项意义才完整，如"老杨借给我一本书"。

（二）述谓结构的类型

述谓结构大致可以分为四种类型：简单述谓结构、复合述谓结构、从属述谓结构和降格述谓结构。

1. 简单述谓结构

简单述谓结构由一个谓词和若干简单谓项构成，谓项与谓词都有直接语义关系。所谓简单谓项，就是不包含动词的一般名词性成分。一般即为一个单句，上面所举的句子都是简单述谓结构。

2. 复合述谓结构

复合述谓结构由若干相对独立的述谓结构复合而成，也就是语法上的复句。复合述谓结构可用逻辑联结词标明各个述谓结构之间的逻辑关系，表示合取（∧）、析取（∨）、蕴涵（→）等。前文我们讲复合命题的时候已经提及，合取相当于并列关系，析取相当于选择关系，蕴涵相当于假设（条件）关系。前文中列举的复合命题的句子，多为复句，都属于复合述谓结构。

3. 从属述谓结构

当一个述谓结构的某个谓项本身包含一个述谓结构时，被包含的部分就是从属述谓结构。从属述谓结构一般相当于语法上的主语从句、宾语从句。

例：① 我知道<u>你今天不高兴</u>。
　　② 我相信<u>他不会拿钱</u>。
　　③ <u>他能这么想</u>是不容易的。
　　④ <u>全红婵得了冠军</u>是中国人的骄傲。

前两句是宾语从句，是句子充当宾语成分；后两句是主语从句，是句子充当主语成分。例①、例②中画线的部分即为宾语；例③、例④中画线的部分即为主语。

4. 降格述谓结构

当一个述谓结构的某个名词性谓项在语义上包含一个述谓结构时，被包含的部分就是降格述谓结构。降格述谓结构一般相当于语法上的定语从句。

例：他借给我的书丢了。

"他借给我的书"只是一个名词性短语，但这个名词性短语在语义上包含一个述谓结构"他借给我书"。由于这种述谓结构在形式上已经降为一个名词性短语，所以称为降格述谓结构。

三、句子图式

弗雷格是现代逻辑的奠基人和主要代表，这里我们简单介绍一下他的"句子图式"理论，从中我们可以看出语言学和逻辑学的交叉。

由于语词组合成句子的方式是多样的，句子的结构也非常复杂，认识句子结构就是认识句子复杂的组合方式。现代逻辑学家都认为哲学的主要任务是对语言进行逻辑分析。在任何语言表达中，句子都是基本单位，每一个句子都是由语词组合而成的，因而每一个句子都有自己的结构，句子结构是探讨句子的出发点，如"人跳"这个句子是由"人"和"跳"这两个语词组成的。"马跑"这个句子是由"马"和"跑"这两个语词组成的。亚里士多德当时已指出，最简单的句子必须是"名词＋动词"组合而成，"人马"（名词＋名词）和"跑跳"（动词＋动词）就不能组成句子①，这表明语词的组合不是随意的，而要符合人们使用语言的规则。在弗雷格看来，这个图式表明：一个句子是由专名和概念词构成的，每个句子都有"涵义"和"意谓"。句子的

---

① 这与语言学中句子的概念不同，语言学中一个词也可以是一个句子，如"啊！""下雨了！"

"涵义"表达的是句子中的专名和概念词所表达出来的思想，句子的"意谓"表达句子的真值。弗雷格的现代逻辑较好地解决了亚里士多德逻辑中存在的"意义""部分""真和假""简单和复合"等不清晰的问题。弗雷格在《论涵义与意谓》中是这样解释"涵义"和"意谓"的。以"康德是哲学家"为例：

句子结构：名词（专名）＋概念词（谓词）

句子结构：康德＋是哲学家

从弗雷格的句子图式可知，最简单的句子是由一个名词和一个概念词（也叫谓词）组成的，如在"康德是哲学家"中，"康德"是个专有名词，"是哲学家"是一个谓词，是对句子中名词的表述和说明，"是"在语法学中是联系主语与表语的系词，但在逻辑句法（句子的结构叫句法）中把它和"哲学家"放在一起考虑了，即"是哲学家"。

句子的涵义（思想）：专名的涵义＋概念词（谓词）的涵义

句子的涵义（思想）："康德"的涵义＋"是哲学家"的涵义

每个句子都是有涵义的，就是这个句子是有思想的；名词和谓词也各有自己的涵义，它们都是句子思想的"一部分"，因此句子的涵义是由名词涵义和谓词涵义共同构成的。但是，名词（专名）有没有含义？按照亚里士多德的"名词是指由于约定而拥有某种意义的语音"，名词是通过"约定"而有涵义的，这个解释更多的是语言学的而非逻辑的，如"康德是哲学家"和"康德是《纯粹理性批判》的作者"，这两个句子中的名词都是"康德"，但涵义是有区别的。

真值（句子的意谓）：专名的意谓＋概念词的意谓→处在概念下的对象

真值（句子的意谓）："康德"意谓的对象＋"是哲学家"这个谓词概念指称的对象

实际上，名词和谓词的涵义就在于它们意谓或指称的对象或概念，"康德"和"是哲学家"与"是《纯粹理性批判》的作者"这两个不同的谓词联结而成的句子，其涵义是有差异的，或者说，从意谓的层面来看，"是哲学家"和"是《纯粹理性批判》的作者"这两个谓词联结的对象虽然都是康德，但从涵义的层面来看，作为名词的"康德"的涵义是有差别的。由此可见，区别"涵义"和"意谓"对理解句子是至关重要的，弗雷格引发大家思考：现在探讨一个完整的直陈句的涵义和意谓。这样一个句子包含着一个思想，应该把这个思想看作它的涵义还是看作它的意谓？例如，"晨星是一个被太阳照亮的物体"这样一个句子，我们把句子中的一个词（晨星）用另一个词（昏星）代之，即"昏星是一个被太阳照亮的物体"，句子中意谓相同，但涵义不同。弗雷格得出结论：涵义是句子的思想，意谓指向的是句子的对象，因此思想不能是句子的意谓。在《对涵义和意谓的解释》一文中，弗雷格专门讨论了句子的意谓中"对象"和"概念"的区别：对象和概念是根本不同的，不能相互替代。上述如图10-2所示。

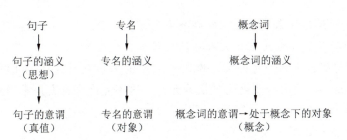

图 10-2　意谓中"对象"和"概念"的区别

四、模态命题与语言中的情态词

情态（modality）在语言学中指的是句子中说话者表达自己对言语的态度或意见。一般学者都认为情态是跟时（tense）、体（aspect）并列的语法范畴，称为 TAM。从语义的角度对情态进行定义，情态所表达的是一个可能性、必然性、必要性的概念，以及相关的允许义、义务义和意愿义。西方语言学中常常将情态助动词 may、might, can、could, will、would、shall、should、must 等所表达的意义作为基本的情态内容，语言学家常常把情态的讨论集中于对情态助动词的用法的考察之中。一般来说，情态助动词所表达的不是一个事实性的陈述，而是某种仅仅存在于心理概念之中或者是将来可能发生的场景。

情态意义反映语法形式与说话人的感情态度及表述意图的关系。句子的各种语气及语式、语态等，都属于这种情态意义。陈述、疑问、感叹、祈使等语气，以及直陈式、虚拟式、愿望式等，都与说话人的感情态度和表述意图相关。主动、被动语态也与说话人要强调什么的表述意图相关。

语言学公认的情态有以下三种类型。

1. 动力情态

在传统的定义中，动力情态指的是主语参与者有能力或潜能去完成谓语动词所表达的动作。

例：① 菲律宾拳王帕奎奥：我能轻易击败梅威瑟。
　　② 无花果可作辅助消化的药用。

2. 道义情态

道义情态在传统上一般包括了允许义和义务义的概念。但是，仅仅这样说还是不够的，道义情态还指的是说话人对所表达的内容在道德上的期望程度。道义程度涉及的既可以是社会准则也可以是个人的伦理标准，这都取决于个人对道义的不同认识和评估。道义情态涉及一个逐渐变化的语义范畴，从绝对的道义上的需要到愿望、意愿性上的程度再到可接受性。总的来说，道义情态主要包括以下三种：

(1) 允许义：某种权威力量对主语行为的允许和许可。

(2) 义务义：来自某种权威力量的命令或禁止，大多用祈使的口吻。

(3) 意愿义：表示的是主语的某种想法，这种意愿可能是主语自身的需要，也可能是外部环境的改变使主语意愿改变。

例：① 老师说你现在可以进他的办公室了。
　　② 小孩子可以调皮点，大人再调皮就说不过去了。

这两个例句都表示的是允许义。例①中权威的力量来自允许的主体"老师"。例②中是社会准则、社会大众及社会默认的允许，这种允许来自大众常识和背景知识。

例：① 你必须好好学习。
　　② 你不应该那么做。

上面这两个例句表示的是义务义，"必须"和"应该"是表示义务义的情态词。整个句子是祈使句。

例：①（小孩对妈妈说）我要吃棒棒糖。
　　② 天气很热，我要开空调。

上面两个句子表示的是道义情态中的意愿义，表示主语"我"的愿望。

3. 认识情态

认识情态指的是说话人对事态的可能性的估计，常用情态助词或情态副词来表达。

例：① 他可能这会儿出去了。
　　② 他这会儿应该在办公室吧。

从语义上看，可能性和必要性是三类情态共同拥有的特性，也被认为是情态最典型、最核心的语义。这跟逻辑上的模态命题的核心是一致的。在模态命题中，我们也区分了可能模态和必然模态。

第三节　复句之间的逻辑关系

邢福义把复句关系分成了三大类：转折类（包括突转、让转、假转）、因果类（包括因果关系、目的关系、推断关系、条件关系、假设关系）、并列类（包括并列关系、选择关系、连贯关系、递进关系）。这是迄今为止汉语学界对复句最有影响的类型划分了。邢福义主要着眼于分句之间的逻辑关系，根据分句间所蕴含的逻辑语义关系进行了划分。①

转折类往往体现出事物的发展变化突破了"临界值"，实现了根本性的"质变"。而因果类、并列类却体现为事物的发展变化还未达到"临界值"，只是在一定辖域内表现出"量变"或"关系"。转折类逻辑关系前后分句间"前轻后重"的转折意味比较明显，就言语主体的表达心理而言，通常是前一分句说出一个事实，后面的分句不是顺着这个事实推导出结论，而是说出与此相反或矛盾的情况。转折意味着有比较大的心理跨度，给人以强烈的顿宕反差。

并列类逻辑关系的前后分句间基本等重，就言语主体的表达心理而言，通常是前一分句陈述一种事实或情况，后面的分句陈述另一种事实或情况，前后分句间表达的这两种信息是平衡的、对等的，不分轻重，甚至可以交换位置。

---

① 邢福义. 汉语复句研究 [M]. 北京：商务印书馆，2001.

因果类逻辑关系处于转折类逻辑关系与并列类逻辑关系的一个中间过渡状态，就言语主体的表达心理而言，后一分句一般是顺着前一分句的意思下来的，而且比前一分句的意思稍微更进了一层，既不"前轻后重"也不"前后等重"，但分句间有明显的逻辑关系，表达的重点在后，位置不能交换。逻辑语义学通常认为结合得越紧密、依赖性越强的事物，其蕴含的逻辑差度越小；反之，结合得越松散、依赖性越弱的事物，其蕴含的逻辑差度越大。

第四节　语言文字的逻辑错误

撰写文章时，要追求语言的逻辑严密性。在实际行文过程中，容易存在一些逻辑错误，甚至在一些媒体公开发表的文章里仍存在许多典型的不合逻辑的语病。这些错误有时并不是语法错误，也不是语义错误，而是逻辑概念不清晰导致的逻辑错误。

一、概念类错误

（一）概念不明确

用概念表达思想时，概念的内涵与外延一定要明确。如果对概念的内涵或外延不明确，就会导致对概念的误用，主要表现为下列几种形式。

1. 误解概念原意

例：我们要当好深港两大特区的文明使者，就不能没有扎实的文化基础，不能没有丰富的现代科学知识。

香港是我国依法设立的特别行政区，属于省级行政区划单位。深圳是我国设立的经济特区。香港特别行政区与深圳经济特区是不一样的，不能将二者并称为"深港两大特区"。应该将"深港两大特区"改为"深港两地"，以避免对"特区"概念的误解。

2. 概念模糊

例：这个会议有一个特点，就是参加的人数极少，每次只有10余人左右。

"10余人"是10人以上的概数，这个概数后边再加上"左右"，范围就模糊了。"10余人"是比"10个人"多；"10人左右"可能是"不到10人"，也可能是"10多个人"。"10余人左右"的说法只能造成概念模糊，无法界定。因此，正确的表达应该是要么去掉"余"，要么去掉"左右"。

3. 概念重叠

例：回首反观近现代东西方社会历史演化的不同轨迹。

此例中的"回首"一词有两个义项：一是指"回头""向后扭头""把头转向后方"，二是指"回顾""回忆"。"反观"是指"反过来看""回过头看""从相反的角度来观察"。"回首"与"反观"联合使用，意思就变成了"回头回头看"，显得重复、累赘。正确的表达应该是要么删除"回首"，要么删除"反观"。

4. 误用集合概念

例：出版商去年印刷了50万本书籍，比前一年增长了14%。

此例中的"书籍"一词是书的总称，是一个集合概念。它只能用在集合体上，其前面不应加数量词，加上数量词它就变成非集合概念了。正确的表达应该是删除"籍"。

（二）明确概念所使用的逻辑方法不当

逻辑学中明确概念内涵与外延的方法有定义、划分、限制、概括等，详见第二讲，我们在这里不再赘述。

1. 定义不当

例：在生活和学习中，有时候自己的想法不被别人理解，做事方式不被别人认可，观点意见没有被人采纳。这种挫折感，就是常说的郁闷。

此例所表述的内容好像是在给"郁闷"下定义，可是犯了"定义过窄"的逻辑错误。逻辑上把下定义的形式表示为"A 就是 B"。A 表示被下定义的概念，B 表示用来下定义的概念，"就是"为下定义的联结词。下定义的最基本要求是 A 概念的外延与 B 概念的外延必须相等（完全重合），即"A 等于 B，并且 B 等于 A"。此例中的"这种挫折感"（B）只能是"郁闷"（A）的一种表现形式而非全部，因此作为定义是不恰当的。正确的表达应将"就是常说的郁闷"改为"也是郁闷的一种表现形式"。

2. 划分不当

例：研究生、博士生是大学科研团队中最具创新力的人，他们往往不受行业、经验所限，能够积极寻找新方法、新途径。

研究生包含硕士（研究）生和博士（研究）生。"研究生"与"博士生"这两个概念是"属"与"种"的关系，二者是相容的，不能并列。此例有两种改正方法：一种是将"研究生、博士生"改为"研究生（主要是博士生）"，另一种是将"研究生、博士生"改为"硕士生、博士生"。

3. 限制不当

例：脏话不能随意使用。

用"随意"限制"脏话不能使用"是不恰当的。如果说"不能随意使用"，那么这是否意味着在"不随意"的情况下就可以"使用脏话"呢？这应该不是作者的表达本意，作者想说的应该是"不能使用脏话"。此例删除"随意"即可。

4. 概括不当

例：团中央、教育部等六部委早就共同发文，要求各地重视电影的育人作用。

部委是国务院所属的部和委员会的合称，团中央是中国共产主义青年团中央委员会的简称，不属于部委，将团中央概括为部委是不恰当的。此例可将"团中央、教育部等六部委"改为"团中央和教育部等五部委"或"团中央、教育部等六单位"。

二、命题不恰当

常见的"命题不恰当"错误类型如下。

（一）主项与谓项不合

例：大学公共基础课，在许多人眼里，是一个不易出成果的岗位。

这里说"大学公共基础课"是"岗位"，显然主谓不合。"课"与"岗位"两个概念间没有相容关系，不能构成肯定性命题。此例可以改为"在大学教公共基础课，许多人认为是一个不易出成果的工作。"

（二）误用全称命题

例：要解决这些问题，需要各个国际社会共同努力。

此例中的"各个"（等同于"所有的"）是全称命题的量项，用在这里是不恰当的。因为"国际社会"只有一个，它是一个整体，没有必要在其前面加"各个"。可将"各个"改为"整个"。

（三）误用否定词

例：公办普高不得禁办复读班。

国家政策规定公办普高是不允许办复读班的。此例中因多了一个否定词，意思就变成了"公办普高可以办复读班"。这是不符合原意的。此例可删除"不得"或"禁"字。

（四）误用联言判断

例：我省水环境总体良好，全省12条主要水系达到和优于三类水质标准的断面所占比例为89.4%，明显高于全国七大水系的平均水平。

此例中有一个以"和"为联结词的联言命题，不过这个联言命题是不恰当的。"达到和优于"表示12条水系既"达到"又"优于"，即二者都存在，且都是真的，但事实上二者之间是"或者"的关系，即"达到"和"优于"不一定都存在，但至少有一个存在。也就是说，二者不一定都为真，但至少有一个为真，这应当是一个选言判断。可将"和"改为"或"。

（五）误用选言命题

例：儒家吸取其他诸家所长而使自己的学说得到发展。要么取之于道家，或取之于法家，并取之于墨家。

此例中的"要么……或……并……"的用法既不合乎语法规则，也不合乎逻辑。从逻辑角度讲，"要么……要么……"是表达不相容选言命题的联结词，"或……或……"是表达相容选言命题的联结词，"……并……"是表达联言命题的联结词。三者各有各的逻辑要求，不能混为一谈。此例中所说的儒家学说对道家、法家、墨家都有所取，没有互相排斥的意思，可将"要么"和"并"都改为"或"。

（六）误用假言判断

例：有创新型的教师，才会有创新型的学生。

此例表达的是一个"有……才……"构成的必要条件假言命题。必要条件假言命题的"前件"为假，则其"后件"必为假。在此例的这个判断中，没有"创新型的教师"，未必就没有"创新型的学生"，因此这里的"前件"不能成为"后件"的必要条件，该假言命题不能成立，可将"才会"改为"有利于培养"。[1]

---

[1] 以上"概念类错误""命题不恰当"部分的举例与解析出自郭龙生2021年发表于《秘书工作》第7期的《语言文字逻辑错误举隅：以"概念与判断"类差错为例》一文。

三、推理不合逻辑

推理要求前提与结论之间有必然联系,即从前提能必然推出结论,而且前提必须是真实的,否则就可能犯"推理不合逻辑"的错误。"推理不合逻辑"的错误主要表现为下列几种。

(一)前提有误

例:某国际旅游组织总部落户杭州后,将在政治、经济、文化、社会等方面对浙江产生深远影响。

此例表述中包含了一个推理过程,但是省略了推理的大前提。将大前提补上后,这个推理过程就成为"如果某国际旅游组织总部落户某地,就会对那里的政治、经济、文化、社会等方面产生深远影响;某国际旅游组织总部落户杭州,所以会对杭州乃至浙江的政治、经济等方面产生深远影响"。不难看出,这个大前提是一个不真实的充分条件假言命题,其前件"某国际旅游组织总部落户某地",不能必然构成其后件"对那里的政治、经济、文化、社会等方面产生深远影响",即不能充当后者的充分条件。可在"将"前加上"有可能"。

(二)前提与结论不符

例:中老年人患有关节病。如今的关节患病情况正在迅速恶化,据统计,全世界约有3.55亿人患有各种关节病。我国的关节病患者估计超过1亿人,且有年轻化的趋势。在50岁以上的中老年人群中,患关节病的比例已达80%。

用"在50岁以上的中老年人群中,患关节病的比例已达80%"来证明"中老年人患有关节病",这在逻辑上是有问题的。所得结论"中老年人患有关节病"是"所有的中老年人都患有关节病"的意思,而前提"患关节病的比例已达80%"表达的意思却是"一部分中老年人患有关节病",二者不符合。可将"中老年人患有关节病"改为"大多数中老年人患有关节病"。

(三)前提不充分

例:在经济、文化等综合国力不足的情况下,某国拼命地发展国防科技,海量地购入高科技装备,令人不免有穷兵黩武之感。

"穷兵黩武"有"使用全部武力,任意发动侵略战争"的意思,多用于形容滥用武力的好战者。此例得出"令人不免有穷兵黩武之感"的结论,其根据(前提)是不充分的,因为并没说"某国使用全部武力,任意发动侵略战争"。可将"有穷兵黩武之感"改为"有些疑问"。

(四)前提与结论缺乏逻辑联系

例:学英语,需要背诵的主要是课文,往往它们都是好文章。因此,学会背诵课文不仅能加深对课文的理解,还能熟练掌握语言知识点,包括词组搭配、词的应用等,时间长了,自然就会形成掌握学习英语不可缺少的语感了。

此例中"因此"前后缺乏逻辑联系,前者说的是背诵的内容,后者说的是背诵的作用和意义,它们之间并不存在"推出"关系。应将"因此"删除。

四、思维表达违背逻辑规律

"思维表达违背逻辑规律"的差错主要表现为下列几种形式。

（一）混淆概念

例：

儿童用品不合格非得"六一"前才说

某市工商局对市场上六大类商品进行抽检，结果发现 109 种儿童商品质量不合格……此次抽检涉及的品种、品牌之多，覆盖了大部分儿童用品，那么这些质量不合格的儿童商品……怎么可能会有百余种儿童用品质量不合格呢？

标题中用了"儿童用品"这个概念，但正文中几次出现"儿童商品"这一概念。"儿童用品"的概念的外延要大于"儿童商品"的概念的外延，二者不能混淆。例子中将两个概念交替使用，犯了"混淆概念"的逻辑错误。可将"用品"统一改为"商品"。

（二）把不同的问题混为一谈

例：某省已将未成年犯纳入九年义务教育序列。

"未成年犯"是人，不是"教育"，是无法纳入教育序列的。此例表述犯了"把不同的问题混为一谈"的逻辑错误，违反了同一律。此例的原意应该是将"未成年犯九年制义务教育纳入国民教育序列"。可在"未成年犯"后加上"教育"二字。

（三）模棱两（不）可

例：他认为，这次的预测只是一次理性的科学预测，"这样的预测我们以前做过很多，既不能算成功，也不能算不成功"。

"不能算成功"应该是对"这次预测成功"的否定，而"不能算不成功"，则是对"这次预测不成功"的否定。被否定的两个命题"这次预测成功"和"这次预测不成功"是互相矛盾的，同时否定一对互相矛盾的判断，违反了排中律，犯了"模棱两可"的逻辑错误。可将"既不能算成功，也不能算不成功"改为"虽然不能算成功，但这是一次有益的尝试"。

（四）自相矛盾

例：诚信决定成败。

此例包含两个意思，即"诚信决定成功""诚信决定失败"。这两个判断的谓项（成功和失败）是互相矛盾的，从而造成了这两个判断也是矛盾的。同时肯定两个互相矛盾的判断，违反了矛盾律，犯了"谓项自相矛盾"的逻辑错误。可将"诚信决定成败"改为"诚信与否决定成功或失败"。[①]

[①] 以上"推理不合逻辑""思维表达违背逻辑规律"部分的举例与解析出自郭龙生 2021 年发表于《秘书工作》第 8 期的《语言文字逻辑错误举隅：以"推理与逻辑规律"类差错为例》一文。

附 录

附录一　每讲重点内容的汇总

第一讲

一、要保证逻辑推理的结论为必然性，必须同时做到哪两点？
二、逻辑学的创始人亚里士多德对逻辑学的贡献有哪些？其著作《工具论》有哪些主要内容？
三、古代世界有哪三大逻辑理论（或者说逻辑发源地）？
四、语言和思维的关系是什么？
五、西方传统逻辑传入中国有哪两个阶段？
六、归纳逻辑是如何产生的？
七、什么是传统的形式逻辑？
八、逻辑学所研究的思维形式指的是什么？
九、自然语言和人工语言有什么不同？
十、"形式逻辑"的"形式"指的是什么？
十一、非形式逻辑指的是什么？

第二讲

一、概念是什么？
二、概念的内涵与外延分别是什么？
三、概念的内涵与外延的关系是什么？
四、概念与语词的关系是什么？
五、概念与词义的关系是什么？
六、概念的种类有哪些？
七、概念之间的关系有哪些？
八、明确概念的内涵和外延的方法有哪些？

第三讲

一、什么是命题？

二、命题和语句是一一对应的关系吗？

三、命题有哪些种类？请举例说明。

四、什么是推理？

五、推理有哪些种类？请举例说明。

六、什么是性质命题？

七、性质命题有哪些种类？请举例说明。

八、为什么单称命题可以被放入全称命题中？

九、"周延性"是什么意思？应该如何判断性质命题的主谓项是否周延？

十、A、E、I、O 四种命题之间的对当关系推理：

1. 上反对关系：A－E

由 A 的真可以推出 E 的＿＿＿＿；由 A 的假可以推出 E 的＿＿＿＿；由 E 的真可以推出 A 的＿＿＿＿；由 E 的假可以推出 A 的＿＿＿＿。

2. 差等关系：A－I、E－O

由 A 的真可以推出 I 的＿＿＿＿；由 A 的假可以推出 I 的＿＿＿＿；由 I 的真可以推出 A 的＿＿＿＿；由 I 的假可以推出 A 的＿＿＿＿。由 E 的真可以推出 O 的＿＿＿＿；由 E 的假可以推出 O 的＿＿＿＿；由 O 的真可以推出 E 的＿＿＿＿；由 O 的假可以推出 E 的＿＿＿＿；

3. 矛盾关系：A－O、E－I

由 A 的真可以推出 O 的＿＿＿＿；由 A 的假可以推出 O 的＿＿＿＿；由 O 的真可以推出 A 的＿＿＿＿；由 O 的假可以推出 A 的＿＿＿＿。由 E 的真可以推出 I 的＿＿＿＿；由 E 的假可以推出 I 的＿＿＿＿；由 I 的真可以推出 E 的＿＿＿＿；由 I 的假可以推出 E 的＿＿＿＿。

4. 下反对关系：I－O

由 I 的真可以推出 O 的＿＿＿＿；由 I 的假可以推出 O 的＿＿＿＿；由 O 的真可以推出 I 的＿＿＿＿；由 O 的假可以推出 I 的＿＿＿＿。

十一、什么是关系命题？请举例说明。

十二、什么是关系命题的对称性和传递性？

十三、什么是模态命题？请举例说明。

十四、什么是规范命题？请举例说明。

十五、什么是直接推理？

十六、什么是换质法推理？请举例说明。

十七、什么是换位法推理？请举例说明 A、E、I、O 四种命题是否都能运用换位法推理。

第四讲

一、什么是三段论？请举例说明。
二、三段论由哪三个部分组成？
三、为什么三段论是必然性推理，即三段论的公理是什么？
四、三段论的规则有哪些？

第五讲

一、什么是复合命题？请举例说明。
二、什么是联言命题？请举例说明。
三、什么是选言命题？它分成哪两种？请举例说明。
四、什么是假言命题？它分成哪三种？请举例说明。
五、什么是二难推理？请举例说明。
六、请举例说明联言推理的过程。
七、请举例说明选言推理的过程。
八、请举例说明假言推理的过程。

第六讲

一、什么是完全归纳推理？请举例说明。
二、什么是简单枚举法？请举例说明。
三、什么是科学归纳法？请举例说明。
四、求因果联系有哪五种方法？请举例说明。
五、什么是类比推理？请举例说明。
六、如何计算一般随机事件的概率？请举例说明。
七、什么是频率概率或统计概率？
八、什么是加权平均数？
九、什么是复杂事件的概率？

第七讲

一、什么是同一律？它有什么作用？
二、什么是矛盾律？它有什么作用？
三、什么是排中律？它有什么作用？
四、矛盾律和排中律有什么联系和区别？
五、同一律的要求与客观事物的运动变化发展是否矛盾？

第八讲

一、什么是非形式逻辑？
二、非形式逻辑有哪些代表人物和代表作？
三、论证的三要素是什么？
四、论证与推理有什么关系？
五、什么是证实？
六、什么是证伪？
七、论证的扩展结构分为哪四种？
八、论证的种类有哪些？
九、论证的逻辑规则有哪些？
十、如何建构一个论证？
十一、如何确定一个论证是否有说服力？
十二、如何削弱或反驳论证？
十三、如何强化论证？

第九讲

一、什么是语用预设？语用预设有什么特点？
二、什么是形式语义学？其代表人物有哪些？
三、什么是"蕴涵"？
四、什么是"命题逻辑"？

第十讲

一、简述语义学中的指称论。
二、语词之间有哪三种涵义关系？
三、什么是"概念意义"？
四、句子的意义涉及三个语言层面，构成哪三种不同的意义？
五、什么是述谓结构？述谓结构有哪几种类型？

附录二　部分重点内容的练习

一、逻辑形式的练习

在下列命题或推理中，哪些具有共同的逻辑形式，请用逻辑公式表示出来。

1. 一切真知都是来源于实践的。
2. 一切鸟都是卵生的，一切蝙蝠都不是卵生的，所以，一切蝙蝠不是鸟。
3. 只有水量合适，水稻才能丰收。
4. 胜者或因其强，或因其指挥无误。
5. 一切交通事故都是违章造成的。
6. 如果被告已经死亡，就不再追究其刑事责任，现在被告已经死了，所以，不再追究其刑事责任。
7. 一切偶数都能被2整除，一切奇数都不能被2整除，所以，一切奇数都不是偶数。
8. 只有充分发挥知识分子在社会主义建设中的积极作用，现代化才能实现。
9. 如果溶液是酸性的，就能使试纸变红，这瓶溶液是酸性的，所以，它能使试纸变红。

二、概念种类的练习

（一）下面画横线的概念是集合概念还是非集合概念？
1. 鲁迅的小说不是一天能够读完的。
2. 鲁迅的小说最长不超过三万字。
3. 中国人的能力并不比外国人差，不要总以为只有外国人才干得好。要相信我们中国人自己是能干好的。
4. 我是一个土生土长的中国人。
5. 中国青年是勤劳勇敢的青年。
6. 中国青年必须努力学习政治和文化。

（二）下列哪些是普遍概念，哪些是单独概念？
中国　　人　　自行车　　上海　　汽车　　南京

（三）下列哪些是集合概念？
森林　　树木　　花卉　　花儿　　丛书　　舰队

三、三段论的练习

试指出下列三段论中的大前提、小前提和结论，以及大项、中项和小项，并说明下列各三段论推理的结论是否必然为真。如果不是必然为真，它违反了三段论推理的哪条规则？

1. 海豚不是鱼，海豹不是鱼，所以，海豹不是海豚。

2. 所有恒星都是自身发光的，地球不是自身发光的，所以，地球不是恒星。

3. 每名甲队球迷都穿黄色运动服，小张穿黄色运动服，所以，小张是甲队球迷。

4. 凡当律师的都需要学好法律，我不当律师，所以，我不需要学好法律。

5. 礼貌语言是精神文明的表现，污言秽语不是礼貌语言，所以，污言秽语不是精神文明的表现。

6. 凡高收益的项目都是高风险的，有些投资不是高收益的项目，所以，有些投资不是高风险的。

7. 铁是固体，铁是金属，所以，所有的金属都是固体。

四、对当关系推理的练习

（一）已知下列命题为真，试根据命题间的对当关系，指出与其相同素材的其他三个命题的真假情况。

1. 商学院资料室的图书都是人文社科类的。

2. 有的植物是绿色的。

3. 有的英语单词不是来源于法语单词。

4. 我班有的同学正在准备报考研究生。

5. 有的国家没有很长的海岸线。

（二）已知下列命题为假，试根据命题间的对当关系，指出与其相同素材的其他三个命题的真假情况。

1. 辛弃疾所写的词都属于豪放派。

2. A公司销售的汽车有些不是国产的。

3. 所有鸡蛋都不含有三聚氰胺。

4. 所有动物都不是哺乳动物。

5. 所有Windows盗版软件都没有受到Windows正版软件制造商的黑屏警告。

（三）假设下列命题为假，试根据命题间的对当关系，选用一个与其相同素材的命题加以反驳。

1. 世上所有商人都是不讲诚信的。

2. 所有水果都是甜的。

3. 任何昆虫都不是害虫。

4. 所有人都喜欢喝牛奶。

5. 任何假币都不能用肉眼加以识别。

6. 这个球队的所有球员都来自欧洲。

7. 上午8点之前所有超市都还没开始营业。

五、复合命题的练习

（一）下列的推理属于何种形式的推理？请写出它的推理形式，并回答问题。

1. 只有认真贯彻落实党的十七大精神，才能使中国发展得更好更快。我们要使中国发展得更好更快，所以，必须认真贯彻落实党的十七大精神。

2. 某学院门口挂了一块牌子：不懂几何者禁入。某日来了一群懂几何的人。请问：这群人是否应该被允许进入？请说明理由。

3. 只有减少工业二氧化碳排放量，才能减缓温室效应。我们要减缓温室效应。请问：以上述命题为前提，能否得出必然为真的结论？如果能，结论是什么？

（二）下列各推理的结论是否正确？请简要说明理由。

1. 只有掌握正确的方法，才能学好逻辑学；小张掌握了正确的方法，所以就学好了逻辑学。

2. 小张暑假或者留校复习准备报考研究生，或者和同学去杭州玩几天；小张暑假留校复习准备报考研究生，所以，小张不能和同学去杭州玩几天了。

3. 子贡是孔子的学生，子夏是孔子的学生，子贡和子夏都是孔子的学生。

4. 我班有且只能有一名同学参加数学竞赛，或者小茆去参加数学竞赛，或者小斌去参加数学竞赛；小茆去参加了数学竞赛，所以，小斌不能去参加数学竞赛。

5. 我班同学可自愿报名参加数学竞赛，或者小茆去参加数学竞赛，或者小斌去参加数学竞赛；小茆去参加了数学竞赛，所以，小斌不能去参加数学竞赛。

6. 只有有了适当的温度，鸡蛋才能孵出小鸡；某养鸡场现在有适当的温度，所以，鸡蛋就能孵出小鸡。

7. 只有通过公务员考试才能被这个部门录取，小芸通过了公务员考试，所以，小芸被这个部门录取了。

（三）试写出下列复合命题推理的推理形式并说明其结论是否正确，如有省略的，请将省略部分补充完整。

1. 在几乎任何社会中，广告都起着关键作用，因为它们有助于将买方与卖方联结在一起。

2. 《士兵突击》是获奖作品。如果是一部作品获奖，那么它应该是一部优秀作品。

3. 只有建立必要的规章制度，生产才能顺利进行；某公司的生产没能顺利进行。

4. 只有通过相应的普通话等级考试，才能取得教师资格证。只有取得教师资格证，才能当教师。因此，不通过相应的普通话等级考试，就不能当教师。

5. 如果周四下雨且影响运动会正常进行，秋季校运动会召开时间将顺延。秋季校运动会如期召开，因此或者周四没有下雨或者虽下雨但并不影响运动会正常进行。

6. A 和 B 是两个不相等的自然数，要么 A 比 B 大，要么 B 比 A 大。A 不比 B 大。

（四）用 p、q、r 等分别表示不同内容的简单命题，并用符号表示其逻辑联结词，写出下列复合命题的逻辑形式。

1. 上海不仅是中国的大城市，而且是国际大都市。

2. 对待外国的科学、技术和文化可以有三种态度，或者是不加分析地一概排斥，或者是不加分析地一概照搬，或者是有分析、有批判地吸收。

3. 刘德华既是演员，也是歌手。

4. 国家不论大小,都有值得我们借鉴的地方。

5. 《白鹿原》的作者或者是陈忠实,或者是贾平凹。

6. 甲、乙、丙三人中至少有一个人看过《喧哗与骚动》。

7. 并非甲、乙、丙三人都看过《超人》。

8. 只有小芸、小茜同去,小耿才去。

9. 小张是学师范专业的,毕业后在一个相对确定的时段内,小张要么当老师,要么不当老师。

10. 如果人们要使工作取得预想的效果,那么就要使自己的思想合乎客观世界的规律性。

11. 小丽喜欢打乒乓球,喜欢打网球,也喜欢游泳。

六、归纳推理的练习

(一)下列结论能否借助完全归纳推理得出?

1. 瑞雪兆丰年。

2. 天下乌鸦一般黑。

3. 太阳从东方升起。

4. 我班所有同学都有选举权和被选举权。

5. 在 24 和 28 之间没有质数。

(二)下列各题中的结论是应用了哪一种归纳推理得出的?

1. 已知某些生物的活动是按时间的变化来进行的,具有周期性的节律。例如,鸡叫三遍天亮,牵牛花破晓开放,青蛙冬眠春醒,大雁春来秋往,人白天工作、夜间休息,等等。有的科学家从中得出结论:一切生物体的活动都有时间上的周期性节律。

2. 一位老师傅带着两个徒弟,想考考他们,看谁更聪明。一天,他把俩徒弟叫到面前说:"给你俩每人一箩筐花生去剥,看看每一粒花生仁是不是都有粉衣包着,看谁能先回答我的问题。"大徒弟听完,赶紧往家里跑,连饭也顾不上吃,急忙一粒粒剥起来。二徒弟却不慌不忙地回到家,先对着花生端详一番,然后把肥的、瘦的、三个仁、两个仁的、一个仁的花生分别拣了几粒,他把这几类不同类型的花生剥开,发现它们无一例外地都有粉衣包着。于是,他就得出结论:一箩筐花生中的每一粒花生仁都有粉衣包着。而大徒弟却剥了一整天,当他把最后一粒花生剥完时,才得出结论所有花生仁都有粉衣包着。当大徒弟向师傅报告答案时,二徒弟老早就把答案告诉师傅了。谁更聪明?师傅当然心中有数了。

3. 气象工作者经过长期的观察发现,清晨有露水,这天就是晴天。为什么有露水时会是晴天呢?他们研究了露水形成与天气之间的关系。在晴朗少云的夜晚,地面热量散失很快,田野上的气温迅速下降,大气低层的水汽遇冷就形成小水珠附在草上、树叶上,这就是露水。可见露水的形成需要一定的天气条件,那就是大气比较稳定、风小、天气晴朗少云。如果夜间满天是云,热不易散失,气温不易下降,露水很难出现。若夜间风大,空气对流,水汽扩散,露水也难以形成。基于这种认识,得出结论：有露水时是晴天。

4. 在第一届中日围棋擂台赛中，日方超一流棋手小林光一接连击败中方五员大将。中方主帅聂卫平收集了国内所能收集到的小林光一的对局棋谱，结果发现，凡是小林光一输时，布局都是成对角。于是，他得出结论：要赢小林光一，得让他走成对角布局。事后，聂卫平果然赢了小林光一，因为他让小林光一走成了对角布局。

七、换质法、换位法的练习

（一）用换质法对下列命题进行推理。

1. 不热爱自己祖国的人不是马克思主义者。
2. 有些劳动模范是科技工作者。
3. 一切文化都是历史现象。
4. 有些著作不是哲学著作。

（二）下列命题能否换位？如果能，请换位。

1. 有些学生曾是时代的先锋。
2. 否定命题的谓项是周延的。
3. 有的作品不是现实主义作品。
4. 凡科学都不是迷信。